문명

한국개념사총서

6

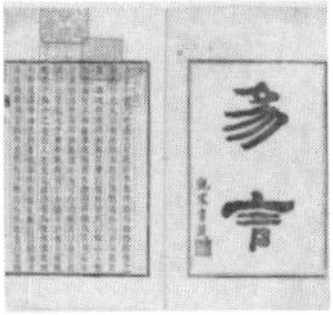

문명

노대환 지음

小花

문명

초판 1쇄 발행 / 2010년 12월 22일

지은이 / 노대환

펴낸이 / 고화숙
펴낸곳 / 도서출판 소화
등록 / 제13-412호
주소 / 서울시 영등포구 영등포동 7가 94-97
전화 / 2677-5890
팩스 / 2636-6393
홈페이지 / www.sowha.com

값 13,500원

ISBN 978-89-8410-389-4 94300
ISBN 978-89-8410-337-5 (세트)

|『한국개념사총서』 발간사 |

19세기 중엽부터 우리 사회에 격랑을 몰고 온 인문 · 사회과학의 개념들에 관하여 혼돈 상태가 아직도 계속되고 있습니다. 몇 가지 예를 들어 봅니다. 민족과 민족주의, 근대국가와 주권, 자주와 독립과 같은 핵심 개념들조차 비학문적으로 사용하고 있습니다. 이탈리아에서 19세기 통일운동 이전의 민족과, 부활(리소르지멘토)을 지향하는 민족주의 운동의 원동력이 된 민족은 서로 구별됩니다. 근대국가는 서유럽에서 등장한 독특한 정치 사회의 한 형식이며 이 형식을 지탱하는 것이 주권 개념입니다. 주권은 서양의 중세 사회나 동양의 사대 질서에서 보는 통치권과는 다른 차원의 개념입니다. 자주와 정교금령은 사대 질서의 개념이며, 독립과 내치외교는 서양 공법 질서의 개념입니다. 이런 역사적 개념을 서로 구별하지 않는 것은 반反역사적은 아닐지라도 비非역사적입니다.

인문 · 사회과학의 개념은 정태적인 것이 아니라 정치 · 사회운동을 함축하고 있는 역동적인 성격을 지니고 있어서 개념사 연구는 정치 · 사회제도의 분석을 전제로 합니다. 그리고 개념들은 장소*topos*와 시간*tempo*에 따라 그 성격이 다르게 마련입니다. 그런데 이 지적 작업을 수행하는 데 세계 정치의 중심지역 학자들보다 우리는 훨씬 어려운 위치에 놓여 있다는 것이 한국 학계의 고민입니다.

우리는 외국 학자들처럼 개념의 공시적이고 통시적인 분석, 의미론이나 명의론에 안주할 수 없습니다. 우리는 여러 장소들의 개념들의 충돌을 연구해야만 합니다. 더욱이 우리의 한반도는 독특한 역사적 성격을 지닌 장소입니다. 유럽 열강의 세계 팽창 대상지역 중에서도 오지奧地에 속하는 곳입니다. 오지의 특징은 외래 개념에 대한 저항과 오해가 그 어느 지역보다 강렬하다는 데에 있습니다. 저항이 강하다는 것은 이미 지켜 온 개념들에 대한 집착이 강하다는 것을 의미합니다. 이른바 가정假晶 pseudomorphosis의 현상이 두드러진 곳입니다. 가정은 광물이 그 내부구조에 따른 본래의 결정형과는 다른 결정형을 나타내는 현상을 지칭하는 광물학의 용어입니다. 다른 장소의 개념이 전파되는 경우 본래의 의미가 왜곡되는 사회 현상을 은유적으로 표현하기 위해 슈펭글러 O. Spengler가 광물학에서 차용한 낱말입니다. 이런 점에서 한반도는 중국이나 일본과도 판이한 역사적 경험을 지니게 되었습니다. 오지라는 장소의 특징은 시간의 역사적 성격에도 반영됩니다. 세계정치 중심지역의 개념들이 뒤늦게 전파되는 특징을 지니고 있습니다. 오지와 세계사의 접목은 세계사 흐름의 최후 단계에 이루어져서 오지의 세계화는 난항을 겪게 됩니다.

그런데 한반도의 장소적인 특징은 여기에 머물지 않습니다. 같은 동북아 질서에 속하였던 중국과 일본의 변모로 동북아 3국 사이에도 개념의 갈등이 야기됩니다. 교린 질서 안에 살고 있던 한국과 일본은 1868년부터 개념의 충돌이 시작되어 1876년까지 8년의 위기를 맞습니다. 이 위기를 거치면서 일본은 개념의 세계화 노력에 박차를 가하고 이런 개념에 의한 담론을 세계에 전파합니다.

같은 사대 질서에 살고 있던 중국이 1880년을 전후하여 사대 질서의 변형을 주장해 한국은 중국과 충돌하고 그리고 고민합니다. 유길준의 '양절체제兩截體制'라는 천재적인 직관은 사대 질서의 개념들을 서양 공법 질서의 개념으로 전환시키려는 중국에 대한 우리의 처절한 저항입니다.

이런 역사적 특징을 지닌 한반도라는 장소에서 인문 · 사회과학의 근대적인 기본 개념 형성에 중요한 시기*tempo*는 1850년에서 1950년에 이르는 100년이라고 생각합니다. 이질 문명권과 만나 충돌하면서 동시에 동북아 3국 사이에 개념의 마찰이 병행하는 시기입니다. 이 시기의 개념들은 크게 세 가지 부류로 나눌 수 있습니다.

첫째, 19세기 중엽 이전 우리에게는 알려지지 않았던 새로운 사회 현상들의 전파 양상을 가리키는 개념들이 있습니다. 이런 생소한 유럽 학문체계상의 개념들에 대한 오해는 아직도 존재하고 있습니다.

둘째, 19세기 이전에 사용되었던 개념들이 그 본래의 내용이 굴절되어 새로운 현상을 지칭하게 된 개념들이 있습니다. 본래의 의미와 굴절된 내용이 혼재하게 됩니다.

셋째, 19세기 중엽을 전후하여 사라진 개념들이 있습니다. 통용의 중단이 일시적인 것도 있고 다시 부활하는 경우도 있습니다. 어떤 경우이건 스스로 일어난 것이 아니라 그 배경에는 사회적인 격동이 있습니다.

이런 개념사 연구를 우리는 어떤 시각에서 어떻게 서술해야 합니까?

시간의 문제에 대해서는 공시적이고 통시적인 분석을, 그리고 장소의 문제에 관해서는 비교문명권의 입장에 입각해야 한다고 생각합니다. 우리들은 이런 방법론에 따라 다음과 같은 순서로 주요 개념들을 서술할 것입니다.

먼저 동서양의 어원을 고찰합니다. 어원은 통시적 분석의 출발점입니다. 개념이 19세기 이전에도 동양 세계에서 통용된 경우에는 그 동양적인 의미와 19세기 이후의 변천 과정을 추적합니다. 그리고 19세기 중엽 새로 동양에 전파된 서양의 개념인 경우에는 서양 세계에서 통용된 의미와 동양에 전파되는 과정을 추적합니다.

그러나 서술의 중심은 한반도라는 장소에서 일어난 개념들의 해석, 번역, 굴절, 선택, 그리고 오해를 포함한 모든 충돌 현상에 관한 분석입니다. 그리고 1950년 이후 이들 개념들이 한국 학계에 정착되는 데에 따르는 오늘날의 문제점들을 제시합니다. 정착 문제는 우리 학계의 수준을 폭로하는 일입니다.

이렇게 볼 때 개념사 연구는 인문 · 사회과학의 모든 분야에 걸친 연구입니다. 이른바 '전체의 역사l'histoire totale'를 시도하는 지적 작업입니다. 이런 학술 사업을 진행하기에는 우리 학계의 수준이 아직 일천하다고 걱정하는 소리도 있습니다. 그리고 개념사 연구 자체에 관해서도 회의와 냉소도 있습니다. 그러나 한국이라는 장소*topos*의 인문 · 사회과학 기본 개념에 관한 연구는 단지 학문상의 문제만이 아닙니다. 이 연구는 우리의 생존에 관한 현실적인 문제이기도 합니다. 개념의 정확한 인식에 의한 학술적인 담론의 세계화는 21세기에 우리가 한반도에서 한국적인 삶을 영위하기 위한 전제조건입니다. 담론의 세계화를 이룩하지 못한 것이 1910년의 불행을 자초한 한 원인이기 때문입니다.

2008년 8월

한림대학교 한림과학원
『한국개념사총서』 편집위원회위원장 김용구

| 저자의 말 |

처음 『문명』 항목의 집필을 제의받았을 때 느꼈던 당혹감이 지금도 생생하다. 개념사에 대해 아무런 지식이 없어 논문 한 편 쓰는 것조차 벅찬 일인데 책을 한 권 집필하라니 도저히 받아들일 수 없는 요청이었다. 당연히 완강하게 거절하였다. 하지만 개념사는 공부해 가면서 이해하면 되고 무엇보다 이 작업이 기념비적인 것이 될 것이라는 감언에 넘어가 나도 모르게 응하고 말았다. 그 이후 지금까지 후회의 연속이었다. 책으로 나오는 다른 주제의 개념사 연구 성과를 보면서 깊은 한숨이 절로 흘러나왔다.

우선 개념사 자체를 파악하는 것이 생각처럼 쉽지 않았다. 관련 논문들을 읽어 보았지만 사실 지금까지도 개념사를 정확하게 이해하고 있는 것일까 하는 의문이 든다. 본격적인 연구에서도 어려움은 여전했다. 서양 쪽의 연구 성과를 확인하는 것도 어려운 일이었고, 조선 후기를 전공했기 때문에 근대사 자료를 읽는 일 또한 편하지 않았다. 자료에서 '문명' 혹은 유사한 단어들을 찾아내는 것은 지루한 작업이기도 하였다. 그런데 그 지루한 작업을 하면서 언젠가부터 묘한 흥미가 들기 시작했다. 매우 단순해 보이는 특정한 용어가 그토록 복잡한 과정을 거쳐 만들어졌다는 것에 호기심이 생겼다.

지루함과 호기심을 넘나들고 능력의 한계를 뼈저리게 절감하면서 작업을 수행하여 책을 완성하였다. 연구 결과물은 만족스럽지 못한 수준이다. 한림과학원에서 권유한 집필 기준에 비해 서양과 일본 · 중국 부분의 검토가 부족했던 것이 무엇보다 마음에 걸린다. 한국 근대사 부분에서도 더 다양한 자료를 분석해야 했지만 분석하지 못한 것들이 적지 않다. 이러저러한 문제로 본서가 『한국개념사총서』의 명예에 누를 끼치는 것이 아닐까 걱정이 앞선다.

개념사를 선구적으로 공부했던 다른 연구자가 본서를 집필했다면 보다 훌륭한 성과를 냈을 것임에 틀림없다. 그러한 미안함을 씻는 길은 부족한 내용을 계속 보충해 나가는 길뿐일 것이다. 미진한 내용은 앞으로 지속적으로 보완해 나갈 것을 약속한다. 아울러 관련 연구자들의 따끔한 지적을 부탁한다.

본서를 집필하는 동안 많은 분들의 도움을 받았다. 먼저 한림과학원의 김용구 원장님께 감사를 드린다. 원장님은 필자의 작업이 늦어지고 여러 문제점들을 드러냈음에도 불구하고 따뜻한 격려를 잊지 않으셨고, 또 작업에 필요한 구체적인 사항도 세심하게 지적해 주셨다. 아마도 원장님의 배려가 아니었다면 작업이 훨씬 더 어려웠을 것이다. 필자의 능력을 오인하여 집필을 제안하였던 오수창 교수님께는 한때 원망의 감정마저 느꼈지만 지금은 마음속으로 감사하고 있다. 한림과학원의 이경구 교수와 허 수 교수에게도 고마움을 전하고 싶다. 두 분은 필자가 지방 대학에 있어 구하기 어려운 자료들을 부탁할 때마다 보내 주었다. 누군지 모르지만 많은 자료들을 복사하느라 고생했을 분에게도 지면을 빌려 감사를 드린다. 또 발표회 석상에서 애정 어린 충고를 해주셨던 김효전 교수님을 비롯한 공동 연구원분들께도 진심으로 감사의 말씀을 전하다. 마지막으로 꼼꼼한 작업으로 책을 꾸며 준 소화출판사 여러분께 깊은 감사를 드린다.

2010년 12월

노대환

차례

서론

18세기 후반 이래 세계사적으로 크게 풍미했던 몇 단어를 꼽는다면 '문명' · '문화' · '민족' · '국민'과 같은 용어들이 될 것이다. 이 가운데에도 가장 큰 영향력을 발휘한 단어는 아마도 '문명'이 아닐까 생각한다. 18세기 후반 프랑스에서 만들어진 신조어 '문명civilisation'은 유럽 근대의 성과를 함축한 단어였다. 유럽에서 국민국가가 형성되고 있던 시기에 'civilisation'은 국가와 국민이 지향해야 할 이상을 담은 용어였다. 'civilisation'은 시민사회와 결합되면서 개혁의 이념으로 작용하였다. 자유와 평등을 비롯한 근대 시민사회의 성과들이 '문명'의 이름으로 포장되었으며, 'civilisation'은 영국 · 미국 등 다른 지역에도 전파되면서 구미 국가들을 묶는 구심점 역할을 하기도 하였다.

'civilisation'은 구미 사회의 발전적 성과를 함축하였지만 다른 한편으로 외부 세계에 대해서는 차별과 강압의 논리로 작용하였다. 인류가 단선적으로 발전해 왔으며 그러한 발전의 정점에 유럽이 위치해 있다는 전형적인 문명론은 구미 이외의 지역을 '미개' 내지 '야만'으로 규정하였다. 그리고 스스로 미개하고 야만스러운 지역을 문명화시켜야 할 책임이 있다고 주장하면서 주변 지역을 복속시켜 나갔다. 대외적인 문명화 과정은 식민주의의 확장에 다름 아니었다. 유럽에서 프랑스에 비해 변방에 속했던 독일에서는 'civilisation'에 대항하여 '문화Kultur'의 개념을 만들어 독일적인 정신을 강조하고 나섰지만 결국 지배 이데올로기로 작용한 점은 다르지 않았다.[1]

동아시아 사회는 19세기 후반 유럽을 통해 'civilisation' 개념을 수용하였다. 'civilisation' 개념의 수용은 중국을 중심으로 한 중화 질서를 형성하고 있던 동아시아 세계로서는 새로운 질서로의 편입을 의미하는 것이었다.[2] 동아시아에서 처음으로 'civilisation' 개념

1. 서구 중심주의에 대해서는 다음의 논문이 참조된다. 강정인(2003), 「서구중심주의의 이해」, 『국제정치논총』 제43권 3호; 강정인(2003), 「서구중심주의의 사상사적 연원과 전개과정」, 『한국과 국제정치』 제19권 3호; 조승래(2007), 「서구중심주의 논쟁에 대한 검토: 세계화 시대의 역사인식을 위한 예비 작업」, 『호서사학』 제46집; 안성찬(2009), 「문명 속의 야만 · 1 차별의 문명담론」, 『인물과 사상』 제130호; 안성찬(2009), 「문명 속의 야만 · 2 폭력의 문명담론」, 『인물과 사상』 제131호.
2. 중화 질서와 서구 질서의 충돌에 대해서는 다음의 논문이 참고된다. 백봉종(2000), 「중국적 세계질서와 서구적 근대 국제질서의 비교」, 『한국동북아논총』 제6권 1호; 강정인 · 안외순(2000), 「서구중심주의와 중화주의의 비교 연구」, 『국제정치논총』 제40권 3호; 이혜경(2009), 「'중화'에서 'civilization'으로—동아시아 문명 패권의 이동—」, 『인물과 사상』 제132호; 이혜경(2009), 「청인(淸人)이 만난 두 '보편' 문명—중화와 시빌리제이션」, 『철학사상』 제32호; 이경구(2009), 「화이관과 문명 · 야만관의 사유 접점과 비판적 성찰」, 『유교사상연구』 제35권.

을 받아들인 국가는 일본이었다. 후쿠자와 유키치가 'civilisation'을 '문명'으로 번역하면서 '문명' 개념이 등장하였다. '문명'은 전통시대 유교권 사회에서 일상적으로 사용되던 용어였다. 유학적 교화의 의미를 담고 있던 '문명'은 국가가 지향해야 할 이상적인 목표였으며 동아시아의 지배층은 지속적으로 이러한 목표를 추구하였다. 후쿠자와가 'civilisation'을 전통적인 용어 '문명'으로 번역하였음은 매우 흥미롭다. 후쿠자와에 의해 개념이 정리된 '문명'은 1870년대 일본의 대표적 유행어로 풍미하였으며 이러한 새로운 '문명' 개념은 조선과 중국에도 알려지기 시작하였다. '문명'이라는 단어가 소개되면서 한국에서는 전통적 '문명' 개념과 신조어 '문명' 개념 사이에 갈등이 나타나기 시작하였다. 새로운 '문명' 개념을 수용하는 경우에도 사회 세력들 간에 지향점이 서로 달라서 각기 '문명' 개념에 대한 이해 태도가 달랐기 때문에 갈등의 소지가 있었다.

'문명' 용어의 도입은 단순히 새로운 단어의 추가가 아니라 지향점의 변화를 의미하는 것이었다. '문명' 개념이 정리되어 사회적으로 공유되는 순간 '문명'은 단순한 용어의 차원을 넘어 변화의 동인으로 작용하게 된다. '문명'의 내용을 실천하기 위한 다양한 시도들이 전개되는 것은 당연하다. 그런 점에서 '문명' 개념의 분석은 중요한 작업이 아닐 수 없다. '문명'의 어원인 'civilisation'은 어떤 내용을 담고 있으며, 그것이 '문명'으로 번역되면서 그 개념이 어떻게 변화하고, 한국에 수용되어서는 또 어떤 내용을 담게 되는가를 살핌으로써 각 국가와 국가 내 사회 세력들의 지향점을 구체적으로 확인할 수 있다.

'문명'은 현대 사회에서는 매우 일상적으로 사용되는 자연스러운 용어이지만 그것이 얼마나 복잡한 과정을 통해 탄생하였으며 또 얼마나 다양한 의미를 내포하고 있는지를 살피는 것이 본서의 기본적인 목적이다. 이러한 목적을 효율적으로 달성하기 위해 본서를 크게 두 부분으로 구성하였다.

첫째 부분에서는 유럽에서 'civilisation' 개념이 형성되어 온 과정과 개념의 변화 내용을 추적하였다. 'civilisation'이라는 단어 자체가 만들어진 것은 18세기 후반 프랑스에서였지만 'civilisation'이 만들어지기까지의 과정은 결코 간단하지 않았다. 이에 첫장에서는 라틴어 어원의 의미, 중세에 들어 예의의 개념으로 변화하는 과정, 'civilisation' 개념이 등장하는 과정 등을 살폈다. 필자의 능력상 이 부분은 원전 자료를 검토하기가 어려워 국내외 관련 연구 성과에 거의 전적으로 의존하였다.

둘째 부분에서는 'civilisation'이 동아시아에 들어와 '문명'으로 번역되고 그 '문명' 개념이 확산되는 과정을 살펴보았다. 이 부분은 다시 일본, 중국, 한국으로 나누어 검토하였다. 먼저 일본에서는 'civilisation'이 후쿠자와 유키치에 의해 '문명'으로 번역된 사정과 '문명' 개념의 의미, '문명' 개념이 확산되는 과정, '문명' 개념에 대한 반발이 나타나면서 '문화' 개념이 '문명'을 대체하는 과정 등을 고찰하였다. 중국의 경우에는 '문명' 개념의 수용이 상대적으로 늦었는데 주로 캉유웨이와 량치차오를 중심으로 '문명' 개념이 수용되는 양상을 검토하였다.

한국에서의 '문명' 개념 수용은 본고에서 가장 집중적으로 고찰한 문제이다. 한국에서 '문명' 개념을 수용하는 양상은 대개 I. 1880년~갑오개혁 이전, II. 갑오개혁~1899년, III. 1900~1910년의 세 시기로 나누어 분석하였다. I기는 '문명' 개념이 소개된 시기, II기는 갑오개혁을 기점으로 '문명' 개념이 사회적으로 확산되는 시기, III기는 1905년 을사조약 체결 이후 문명을 둘러싼 논의가 활발해지는 가운데 '문명' 개념의 분화가 나타난 시기라고 할 수 있다. 1910년 일제에 의해 강제로 병합된 이후의 시기는 '문화'에 대한 논의가 중심을 이루기 때문에 별도로 고찰해야 할 문제로 판단하여 검토에서 제외하였다.

한국에서 '문명'이라는 주제의 중요성은 일찍부터 여러 학자들에 의해 주목되어 다양한 연구가 진행되어 왔다. '문명' 개념이 소개되었던 1880년대의 경우에도 적지 않은 연구가 이루어졌으며, 특히 한국 사회에 문명 개념이 확산되었던 1890년대 중반 이후의 시기와 관련해서는 많은 연구가 축적되어 있다. 이들 연구의 대부분은 '문명' 개념에 대한 연구라기보다는 '문명론'에 대한 고찰이라고 할 수 있는 것들이다. 하지만 최근에 들어 개념사에 대한 관심이 높아지면서 개념사적 차원에서 '문명'에 접근하는 연구들도 점차 늘어가는 추세이다.[3]

'문명' 이라는 단어가 지니는 영향력은 '문명'이 한때 풍미했던 이전 시기에 비해 감소한 듯하다. 그럼에도 불구하고 헌팅턴Samuel P. Huntington의 『문명의 충돌The Clash of Civilizations and the Remaking of World

3. '문명' 개념에 대한 연구와 '문명론'에 대한 연구를 정확히 구분하기는 쉽지 않지만 개념사를 표방한 연구가 본격적으로 나타나는 것은 주목할 만하다. 이화여자대학교 한국문화원구원에서는 개념사적 차원에서 근대계몽기를 탐색하여 2004년과 2006년에 각각 『근대계몽기 지식 개념의 수용과 변용』과 『근대계몽기 지식의 발견과 사유 지평의 확대』라는 연구 성과물을 내놓은 바 있다. 2007년에는 서울대학교에서 'HK문명연구사업단'이 출범하여 2008년부터 '문명의 개념과 번역'이라는 주제로 『인물과 사상』에 일련의 논문을 게재하고 있다. 개념사 연구를 표방한 것은 아니지만 2002년에 시작되어 3년간 진행된 한일공동연구포럼의 주제는 '문명 · 개화 · 평화'였으며 2005년에 출간된 『'문명' '개화' '평화'』에는 개념사 연구들이 포함되어 있다.

Order』(1996)이 세계적인 베스트셀러가 되었던 데서 볼 수 있듯이 '문명'이라는 단어의 무게는 지금도 결코 가볍지 않다. 오늘날에도 곳곳에서 문명 간의 갈등과 투쟁이 나타나고 있다. '문명'은 오랫동안 타자의 문화를 '야만'으로 차별하며 침략의 논리를 정당화한 불명예스러운 전력을 가지고 있다. 지금은 예전처럼 '문명'의 전달이라는 미명 하에 타자를 노골적으로 야만시하는 경우는 줄어들었다. 자연스럽게 '고대 문명'이나 '동아시아 문명'을 이야기하는 것처럼 이제는 하나의 문명이 아닌 복수의 문명을 말할 수 있게 되었다. 하지만 현재에도 다른 문명에 대한 차별적인 시선이 존재하고 있음은 누구도 부인할 수 없는 사실이다. '문명' 개념의 형성 과정에 대한 고찰은 과거의 이야기이지만 철저히 현재의 이야기이기도 한 것이다.

1. 서양에서의 '문명' 개념사

1) 'civilisation' 개념의 기원

'문명' 개념의 기원을 찾는 것은 쉽지 않은 일이다. 의미상 어원으로 간주할 수 있는 여러 용어가 존재하기 때문이다. 일반적으로 '문명'을 뜻하는 프랑스어 'civilisation'과 관련된 일련의 어휘들은 라틴어 'civis', 'civilis', 'civilitas' 등에서 유래한 것으로 알려져 있다. 'civis'는 '시민'이라는 뜻을 담고 있는데 도시공동체의 구성원이면서도 특히 경제적인 노동으로부터 자유롭고 정치적인 일에 참여할 수 있는 자유인을 의미하였다.[4] 'civilis'는 'civis'에서 파생

4. 박명규(2009), 『국민 · 인민 · 시민—개념사로 본 한국의 정치주체』(한국개념사총서4), 소화, p.198.

된 형용사로 '시민에 속하는'이라는 의미를 지니고 있다.[5] 명사는 한 번도 만들어지지 않았는데 발음상 가장 가까운 것은 도시를 뜻하는 'civilitas'였다. 'civis'를 비롯한 일련의 단어들은 도시공동체 시민의 삶을 의미하는 것이라고 할 수 있다. 생계를 유지하기 위한 노동에서 해방되었던 시민들은 대부분의 시간을 문화 활동에 할애할 수 있었다. 그리스 시대에 꽃피웠던 철학 · 과학 · 역사 · 문학 · 미술 등은 그러한 활동의 산물들이었다. 이러한 문화 행위는 경제와는 전혀 무관한 지금의 기준으로 본다면 매우 비실용적인 것들이었다. 그러나 당시에서 이러한 비실용적인 행위가 바로 문명의 핵심으로 인식되었던 것이다.

한편 후에 '문명'과 거의 동의어로 사용되는 '문화'는 라틴어 'colere', 'cultura' 등에서 유래하였다. 'colere'는 동사형으로 '거주하다', '경작하다'라는 두 가지 주된 뜻을 지니고 있었으며, 'cultus'나 'cultura'는 명사형으로 본래 '밭의 경작'이나 '가축을 돌보는 일'과 같은 농업과 관련된 의미를 담고 있었다. 하지만 키케로Marcus Tullius Cicero(B.C. 106~43)가 『투스쿨룸에서의 대화Tusculanae Disputationes』에서 마음의 수양을 강조하면서 '마음을 닦음[cultura animi]'이라고 표현하여 농업과 관련된 'cultura'가 인간 영혼의 자연적 잠재력을 얻기 위한 특별한 교육이라는 뜻을 갖게 되었다.[6] 이

5. 레이먼드 윌리엄스에 따르면 'civilis'에서 파생된 'civil'은 14세기부터 영어에서 사용되었으며, 16세기에는 '질서정연하고 교육받은'이라는 확장된 개념을 갖게 되었다고 한다. Raymond Williams(1983), *Keywords: A Vocabulary of Culture and Society*, London: Flamingo, pp.87~89.

6. Richard L. Velkley(2002), *Being after Rousseau*, Chicago: University of Chicago Press, p.15.

후 'cultura'에는 능력, 학문, 예술 혹은 경배, 예배 등이라는 뜻도 추가되었다. 'cultus' 역시 경배의 뜻을 담고 있었으며 교양이나 습속 그리고 생활 방식 등을 의미하기도 하였다.[7]

고대 로마에서 'civilis'는 '미개한', '야만적인', '군사적인', '형사처벌적인' 것의 반대 개념으로 쓰였다. 도시와 도시 이외 지역의 분리 의식이 반영된 결과라고 볼 수 있다. 그에 반해 'cultura'는 그러한 반대적인 개념으로 사용되지 않았으며 다만 경작되지 않은 토지와 경작된 토지의 차이처럼 인간의 정신적 개발 가능성을 전제로 한 차이만을 강조하였다. 후일에는 거의 같은 뜻으로 사용되었지만 이처럼 양자는 어원이나 용법이 상이하였다.[8]

'civilisation'의 어원과 관련된 일련의 단어는 도시 내지 도시에 살고 있는 사람 즉 시민과 관련이 있다. 6세기 동로마의 황제 유스티니아누스Flavius Petrus Sabbatius Iustinianus는 로마 시민들에게 적용하기 위해 여러 법률을 수집하여 『시민법전Corpus Iuris Iustinianus』이라는 이름을 붙였다. 'civilis'라는 형용사는 '로마 시민들의 생활과 법률과 관련된' 이라는 뜻을 담고 있었다.[9]

고대 말기에 'civilis'와 'civilitas'는 문명화된 삶과 문명화된 습속이라는 의미를 지니고 있었다. 'civilis'와 'civilitas'는 항상 긍정적인 의미로 사용되었는데 특히 공동체적 존재로서의 인간이라는 측면

7. 외르크 피쉬(2010), 『코젤렉의 개념사 사전 1: 문명과 문화』, 안삼환 옮김, 푸른 역사, pp.26~37[Jörg Fisch(1972), *Geschichtliche Grundbegriffe. Historisches Lexikon zur politisch-sozialen Sprache in Deutschland: Zivilisation/Kultur*].

8. 나인호(2003), 「'문명'과 '문화' 개념으로 본 유럽인의 자기의식(1750~1918/19)」, 『역사문제연구』 제10호, pp.18~19.

9. 김헌(2008), 「"문명(文明, civilization)"에 관한 논의를 시작하며」, 『인물과 사상』 제128호, p.168.

에 초점이 맞추어져 있었다.[10] 'civilis'의 경우는 야만적이고 비문명적인 것과 비교되면서 반대 개념으로 쓰이는 경우가 많았다. 'civilis'에는 도시적이며 정치적으로 조직된 삶의 방식은 농경 생활과는 질적으로 다른 것이라는 우월 의식이 내포되어 있었다.

중세에 들어 'civilis'는 정치적 · 공동체적 개념을 강하게 내포하게 되었다. 'civilis'는 정치적이라는 말과 거의 같은 뜻을 지니고 있었다. 'civilitas'의 경우 보통 '도시', '시민', '시민권'을 지칭하였으며 특히 도시의 법을 의미하였다. 즉 도시나 정부로 대표되는 공공성과 밀접하게 관련되어 있었다. 때로는 그 의미가 확대되어 도시나 정치적 공동체 속에서의 올바른 삶 자체, 즉 '문명화된 삶'을 가리키기도 하였다. 공공성의 의미를 지니고 있던 'civilis'와 'civilitas'는 야만적 인간과 구분하는 개념으로 사용되었다. 즉 'civilis'와 'civilitas'가 공동체 안에 소속된 인간들의 행태와 관련된다면 야만은 그러한 공동체 생활에서 제외된 자들의 삶과 연관된 단어라고 할 수 있다. 또 의미상 문명적인 삶은 긍정적인 극과 부정적인 극 사이의 중간 상태를 지칭하였다. 야만의 삶이 부정의 극이며 종교적인 삶이 긍정의 극이다. 'civilis'와 'civilitas'는 야만을 벗어난 공동체 속에서의 삶이며 정신적인 종교적인 삶과도 구분되는 어떤 삶의 양태였던 것이었다.

'civilitas'라는 라틴어는 점차 각국어로 번역되면서 사용되어 나갔다. 이탈리아의 단테Alighieri Dante(1265~1321)는 'civilitas'의 폭을 크게 확장시켜 개별 국가나 시민 공동체만을 뜻하는 것이 아니라 전

10. 반면 'colere'는 정치적 의미는 없으며 일차적으로 인간의 개별 활동을 지칭하였다. 또 'cultura'가 경작되지 않은 농토와 경작된 농토 사이의 차이처럼 모든 인간의 정신적 개발 가능성을 전제로 한 차이만을 강조하였다. 나인호(2003), 앞의 논문, pp.18~19.

인류를 지칭하는 말로 사용하였다. 또 'civilitas'는 정치만을 지칭하는 것이 아니라 삶의 모든 양상들을 가리키는 것이었다. 단테는 'civilitas'를 'civiltade'라는 형태로 이탈리아어에 편입하기도 했다. 'civiltade'는 끝까지 살아남지 못했지만 14세기에 'civiltà'라는 단어로 변화되어 지금까지 남게 되었다. 단테에게 'civiltade'는 공동체적인 삶을 의미하였다. 인간은 다른 사람의 도움을 받아 행복한 삶을 살 수 있는데 이 행복한 삶이 문명의 삶이었다. 이상은 이전에는 정신적인 삶에 의해 구현되는 것으로 인식되었지만 이제는 'civilitas'에 의해 구현되는 것으로 이해되었다. 정신적인 삶과 문명적인 삶의 역전이다. 그리고 'civiltà'는 점점 더 도시적 생활방식 그리고 특히 예의바른 행동을 뜻하는 것으로 한정되었다. 개념이 개인화되고 정치적 의미가 탈색되어 갔던 것이다. 알베르티Leon Battista Alberti가 1430~1440년경에 가정의 행복을 위해 필요한 요소 가운데 하나로 'civiltà'를 거론하였던 데서 그러한 경향은 잘 나타난다.

한편 프랑스에서는 14세기 후반 이래 'civilité'라는 말이 등장하였는데 행복하고 문명화된 시민적인 삶이란 의미를 지니고 있었다. 'civilité'가 예절이라는 의미를 지니게 되는 것은 1457년 이후에 들어서였다. 프랑스어와 대략 같은 시기에 영어에서 'civility'가 등장하였다. 위클리프John Wycliffe(1320~1384)는 1382년에 '로마의 시민권'이란 의미로 쓰인 'civilitas'를 'ciuylite' 또는 'cyuylitee'로 번역하여 자신의 글에서도 사용했는데 세속적 지배권이란 의미를 담고 있었다.

근대적인 문명 개념은 르네상스 운동에서 시작되었다. 르네상스 초기에 'civilitas'라는 용어는 자주 사용되었는데 대개는 '예절'

이나 '훌륭한 태도' 등을 지칭하였다. 이 경우에도 'civitas' 즉 도시적인 의미가 배제된 것은 아니어서 교양 있고 완성된 삶은 도시에서만 가능하다는 인식과 관련되어 있었다. 하지만 'civilitas'는 그러한 도시적 성격이 핵심적인 지위를 차지하는 것은 아니었으며 야만적 삶의 반대 의미로서 문명적인 삶이라는 뜻을 강하게 내포하고 있었다.

정치적 의미가 탈색되면서 'civilitas'는 점차 예절이라는 좁은 뜻으로 사용되어 갔다. 이러한 경향을 잘 보여 주는 것이 르네상스 시대의 대표적 인문주의자 에라스무스Desiderius Erasmus(1466?~1536)가 1530년에 출간한 『소년들의 예절론De Civilitate Morum Puerilium』이다. 이 책은 공공장소를 비롯하여 각기 다른 공간에서 취해야 할 예절을 소개한 것으로 여기에서 'civilitas'는 거의 전적으로 예절의 의미로 사용되었다. 책은 첫 출간 이후 에라스무스가 1536년 사망할 때까지 6년 동안 30여 판이 인쇄되었으며 그 후 130여 판이 출판되었다. 또 이 책에 직접 혹은 간접적인 영향을 받은 여러 작품들이 18세기 말까지 등장하였다.[11] 일종의 예절지침서에 해당하는 책이 이처럼 선풍적인 인기를 끈 것은 에라스무스가 당대의 사회적 요구를 적절히 수용했기 때문이었다. 즉 종교적 인습이나 부당한 관습에 염증을 느끼고 있던 사람들에게 그를 대체할 수 있는 새로운 규범을 제시했던 것이다. 에라스무스는 휴머니즘의 외적 행동 양식으로 'civilitas'를 제시하였으며 고귀한 인간성과 품위 있

11. 『소년들의 예절론』에 나타난 문명 개념에 대해서는 노버트 엘리아스(1995), 『문명화 과정: 매너의 역사』, 유희수 옮김, 신서원, pp.100~108[Norbert Elias(1978), *The Civilizing Process: The History of Manners*] 참조.

는 '교양civilitas'을 갖춘 사람은 르네상스 시대의 새로운 인간상이었다.[12]

'civilitas'는 16세기 이래 점점 더 '공손함'이나 '예절바름'이라는 덕목을 가리키는 의미로 축소되었으며 국가와 시민과의 관련성은 거의 완전히 사라졌다. 또한 'civilitas'는 상태나 성취의 결과보다는 과정을 강조하는 'civilize', 'civiliser' 등으로 번역되면서 유럽 내부나 유럽 외부의 야만적 타자들을 도덕적 · 정신적으로 교화시키자는 뜻이 내포된 개념으로도 사용되었다. 이러한 변화는 'cultura' 개념에 내포된 개인의 교육, 개인의 도덕적이고 지적인 활동의 의미와 일치한다. 한편 'civilitas'에 'cultura'의 의미가 내포된 것과는 역으로 'cultura'는 'Kultur', 'culture', 'cultiviert' 등으로 번역되면서 공동체생활과 관련된 정치 규범적이고 실제적인 부분까지 포함된 인간의 모든 활동을 포함하는 광의의 의미로 확산되어 쓰이기 시작했다. 'cultura'에는 'civilitas'의 의미가 결부되었던 것이며 그 결과 'cultura' 개념은 'civilitas' 개념과 중복되는 의미를 갖게 되었다.[13]

'civilitas' 라는 말은 유럽의 유행어가 되었으며 예법에 해당하는 말이 프랑스어에서는 'civilité'로, 영어에서는 'civility'로, 이탈리아에서는 'civiltà'로, 독일어에서는 'Zivilät'로 나타났다. 이들 단어들이 예법이라는 뜻을 지닌 용어로 정착되는 과정이 순탄했던 것은 아

12. 안성찬(2009), 「'문명'의 기원—근대 서구에서 문명 개념은 어떻게 탄생하여 전개되었나—」, 『인물과 사상』 제129호, p.144.

13. 나인호(2003), 앞의 논문, pp.19~20. 예를 들어 독일의 법학자 푸펜도르프(Samuel von Pufendorf, 1632~1694)는 'cultura'를 자연 상태의 불편함 혹은 원시적인 야만 상태를 극복하는 수단들의 의미로 사용하였다. 그 결과 'cultura'는 'civilitas'와 동의어가 되었다. 오수웅(2007), 「문화와 문명개념 비교연구: 루소의 사상을 중심으로」, 『동서연구』 제19권 2호, p.126.

니다. 프랑스의 경우를 봉건영주들의 예절을 뜻하는 'courtoisie'이라는 말이 이미 사용되고 있었다. 그 때문에 'civilité'는 'courtoisie'와 각축을 벌이게 되었으며 16세기까지는 'courtoisie'가 더 많이 사용되었지만 17세기에 들어 'civilité' 가 우위를 점하게 되었다.[14]

2) 근대적 '문명' 개념의 출현과 확산

'civilisation'의 출현

'문명'으로 번역되는 'civilisation'은 18세기 프랑스에서 만들어진 신조어이다. 'civilisation'은 16세기 후반에 등장한 동사 'civiliser'의 명사형에서 유래한 것으로 알려져 있다.[15] 프랑스어 'civil', 'civiliser', 'civilité'는 17세기 이래 함께 사용되는 언어군이었다. 'civil' 은 '통치, 공익, 시민의 안식과 관련된 것', 'civilité'는 '행동하고 함께 대화하는 정중하고 온화하고 공손한 방법', 'civiliser'는 '예절을 갖추게 하고, 공손하고 온건하고 정중하게 만드는 것, 거친 야만족들까지 문명화하는 것'을 뜻하였다.[16]

'civilisation'이란 용어가 처음 등장하는 것은 1721년인데 당시에는 형사소송을 민사소송으로 전환한다는 법적 의미로만 사용되었다. 'civilisation'을 오늘날의 문명의 의미로 사용한 최초의 인물은 중농학파의 일원이었던 미라보Victor Riqueti Marquis de Mirabeau(1715~

14. 안성찬(2009), 앞의 논문, p.145.
15. 레이먼드 윌리엄스는 'civilisation'의 어원은 프랑스어 'civilizare'의 16세기 형태인 'civiliser'가 17세기 초 영어에 전해져 나타난 'civilize'이며 원래적 의미는 형법적인 문제를 민법적인 문제로 만든다는 뜻이라고 설명한다. Raymond Williams(1983), 앞의 책, pp.57~59.
16. 외르크 피쉬(2010), 앞의 책, p.138.

1789)였다. 미라보는 1757년에 출간된 『인간의 친구 혹은 인구론 L'Ami des Hommes ou Traitè de la Population』에서 "종교는 이론의 여지없이 인간성의 가장 중요한 그리고 가장 유익한 제어장치이며, 문명의 제1의 원동력[le premier ressort de la civilisation]이다. 이것은 우리에게 설교하고 우리에게 끊임없이 우의를 상기시키고 우리의 마음을 순화한다"[17]고 하면서 처음으로 'civilisation'이라는 용어를 사용하였다. 종교나 인간성과 함께 설명되고 있는 데서 볼 수 있듯 미라보에게 문명이란 기본적으로 정신적인 측면과 관련된 개념이었다. 외적인 의식을 뜻하던 이전의 개념과 전혀 다른 의미로 쓰였던 것이다. 그런데 유의할 것은 이러한 종교나 인간성이 개인을 포함하지만 민족 혹은 인류와 같은 집단과 연결되고 있다는 점이다. 이는 "종교가 없다면 인간 집단은 사회의 형태를 취할 수 없다"는 언급을 통해 확인할 수 있다. 종교가 중요한 것은 사회 형성의 핵심적 요소라는 점에서였다. 결국 문명은 국가와 사회의 건전한 발전을 지칭하는 것이었다고 볼 수 있다.

미라보는 1768년경에 쓴 한 초고에서는 다음과 같이 기존의 '문명' 개념을 비판하였다.

> 대부분의 사람들에게 문명이 무엇이냐고 물으면 그들은 매너의 부드러움이며 도회풍이며 정중함이며 자질구레한 준칙 대신에 예의범절이 확립될 수 있는 지식의 전파라고 대답하곤 한다. 이 모든 것들은 내가 보기에 덕의 탈만 쓰고 있을 뿐, 덕의 참된 얼굴은 아니다. 문명이란 자체의 덕의 형식과 실체를 갖추지 않는다면 사회에 아무런 소

17. 외르크 피쉬(2010), 앞의 책, p.104에서 재인용.

용이 없다. 우리가 방금 언급한 이 모든 요소들에 의해 순화된 사회의 한가운데서 인류의 타락이 비롯된다.[18]

미라보는 '문명'을 '매너의 부드러움' 같은 것으로 이해하고 있음을 지적하면서 그러한 '문명' 은 '덕의 탈'만 쓴 것일 뿐이라고 비판하였다. 엘리아스는 미라보의 이러한 지적이 당시 프랑스의 지배계층, 보다 구체적으로 말하면 궁정에 대한 비판을 의미하는 것이라고 설명한다. 그에 따르면 '문명화된civilisé'이란 말은 정중한poli, 세련된policé이라는 말들과 거의 동의어로 사용되는 용어들 가운데 하나였다고 한다. '정중함politesse'이나 '예절civilité' 같은 용어들은 '문명' 개념이 형성되기 이전에 문명과 거의 같은 개념을 지니고 있었다. 이 말을 통해 궁정인들은 자신들의 행동 양식의 고유한 특징을 표현하고자 했고 그들 자신의 세련된 매너를 보다 열등한 사람들의 매너와 대비했다. 그런데 미라보는 바로 그러한 궁정인들의 매너를 아무런 쓸모가 없는 것이라고 비판하였다는 것이다. 엘리아스는 그런 점에서 'civilisation'이 문명을 뜻하는 대표적인 용어로 등장한 것은 절대왕정 초기부터 서서히 궁정에 진출하기 시작한 부르주아 계급의 영향력을 보여 주는 것이라고 한다. 즉 부르주아 계급이 세력을 확장하면서 궁정예절에서 유래한 형용사 'civil'을 겉치레를 나타내는 것으로 비하하고 인민 전체가 정신적 · 물질적인 모든 면에서 진정한 의미의 진보를 이룩한다는 뜻으로 'civilisation'을 사용하게 되었다는 것이다. 부르주아들이 부패한 궁정귀족들과 자신들을 차별화하기 위해 'civilisation'라는 말을 만들어 냈다는 분

18. 노버트 엘리아스(1995), 앞의 책, p.81에서 재인용.

석이다. 엘리아스는 당시 프랑스 지식인들이 사용하던 'civilisation'이란 말은 궁정귀족들의 허례허식 같은 것과는 달리 학문과 예술, 문학, 종교와 같은 정신적 영역 및 사회, 정치, 행정의 모든 분야에서 일어난 개혁과 발전을 의미하는 것이었다고 설명한다.[19]

이처럼 'civilisation'은 처음 등장한 이후 얼마 지나지 않아 개념이 갖추어져 갔다. 프랑스에서 'civilisation'이 본격적으로 사용된 것은 1770년대에 들어서였다. 이는 1770년에 출판된 레날Guillaume Thomas François Raynal(1713~1796)의 『두 인도의 역사L'Histoire des Deux Indes』 초판에 'civilisation'이 등장하지 않는 반면 1774년의 제2판에는 빈번하게 등장하고, 돌바크Paul Henri Dietrich Baron d'Holbach(1723~1789)의 『자연의 체계Systèm de la Nature』(1770)에서는 'civilisation'이 보이지 않지만 3년 후에 저술된 『사회의 체계Systèm Social』(1773)에서 자주 언급되는 데서 알 수 있다. 'civilisation'은 1771년 미라보의 인용문으로 비로소 언어사전에 등재되었는데 당시에는 '사교성'과 비슷한 개념으로 취급되었다. 1790년대 후반에 들어서면서 문명의 뜻이 분명해졌다. 1798년 학술원의 사전에는 "문명화하는civiliser 행위 또는 문명화된civilisé 상태"로 설명되어 있는데 주체는 민족들과 국가들이며 개인들은 아니었다.[20]

19. 노버트 엘리아스(1995), 앞의 책, pp.78~83 참조. 엘리아스는 프랑스와 비교하여 독일에서는 궁정 풍습을 의미하는 '문명'에 대한 비판으로 '문화'가 대신 사용되었는데 '문화'는 정치적으로 무력하였던 독일의 교양 계층이 귀족에 대항하여 만들어 낸 개념이라고 주장하였다. 독일에서는 문명을 신봉하는 상류계급과 훗날 국민을 지도하는 계급으로 등장할 지식인 및 중류 시민층 사이의 장벽이 너무 높아 넘기 어려웠기 때문이라는 것이다. 반면 외르크 피쉬는 이러한 개념은 비역사적인 것이라고 반박하였다. 이에 대해서는 외르크 피쉬(2010), 앞의 책, p.113 참조.

20. 외르크 피쉬(2010), 앞의 책, p.139.

영국에서는 프랑스보다 약간 늦은 1770년대에 들어서 'civilization'이라는 용어가 사용되기 시작하였다. 영국에서 'civilization'의 도입이 프랑스보다 늦었던 것은 'civility'라는 용어를 사용하고 있었기 때문이었다. 프랑스어 'civilité'가 완전히 예절의 의미로 사용되었던 반면 영어 'civility'의 경우는 종종 '문명화된 상태' 라는 의미를 지녔다. 예를 들어 롤리Walter Raleigh(1552~1618)는 1614년에 "야만적인…그리스인들은 하下이집트의 주민들로부터 문명Civilitie을 얻었다"고 했으며, 레이John Ray는 1704년에 금속과 광물들을 "문화와 문명Civility의…도구들"이라고 지칭하였다.[21]

영국에서 'civilization'이 사용된 가장 이른 예는 1767년에 발견된다. 퍼거슨Adam Ferguson(1723~1816)은 『시민사회의 역사에 관한 시론An Essay on the History of Civil Society』에서 "개인만이 미성년으로부터 성년으로 나아가는 것이 아니라 인류 자체도 야만에서 문명으로 나아간다"고 언급한 것이 그 최초의 용례이다.[22] 퍼거슨은 "문명은…사물의 본성과 이 단어의 어원이라는 두 가지 면에서 모두, 단순히 재산이나 부유함의 상태라기보다는 법과 정치제도가 사회의 여러 형태에 미치는 영향에 속한다"고 하여 문명의 사회적 · 정치적 속성을 강조하였다.

1771년에 출판된 존 밀러John Millar(1735~1801)의 『사회 내의 신분 구별에 관한 고찰The Origin of the Distinction of Ranks』에는 문명이라는 어

21. 외르크 피쉬(2010), 앞의 책, p.110.
22. 'civilitas'에서 파생된 'civility'는 17, 18세기에 문명과 같은 뜻으로 사용되었는데 질서정연한 사회의 발전과 그 과정이라는 측면에서는 'civility'가 야만과 반대되는 의미는 강조할 때는 'civilization'이 사용되기도 하였다고 한다. Richard L. Velkley(2002), 앞의 책, p.13.

휘가 자주 반복되며, 애덤 스미스Adam Smith(1723~1790)의 『국부론The Wealth of Nations』(1776)에도 문명이라는 용어가 자주 등장한다.

이런 과정을 거치면서 1772년에는 'civilization'을 사전에 새로운 어휘로 등재할 것인지가 고려되는 상황이 되었다. 제임스 보즈웰James Boswell(1740~1795)이 『영어사전A Dictionary of the English Language』을 만들고 있던 새뮤얼 존슨Samuel W. Johnson(1709~1784)을 방문했을 때 'civilization'을 쓰도록 권고했지만 존슨은 'civility정중함'라는 말로 충분하다며 그대로 'civility'를 썼다고 한다. 비록 'civilization'이 등재되지는 못했지만 새로운 어휘로 인정받고 있었음을 보여 준다. 결국은 'civilization'은 1775년 애시John Ash(1724~1779)의 사전에 실리면서 정식 어휘로 공인되었다.[23] 이후 영국에서는 프랑스와 마찬가지로 문명이 18세기 후반부터 19세기 초엽에 걸쳐 일반화되었다.[24]

미국에서 'civilization'은 늦어도 1770년대 이후에는 급속하게 확산되었다. 토머스 페인Thomas Paine(1737~1809)은 'civilization'의 개념을 적극 사용하였는데 그에게 'civilization'은 정부의 혁명적 전복을 통해서만 도달될 수 있는 것이었다. 그는 프랑스 혁명에 관한 저술 『인간의 권리Rights of Man』 제2부(1792)에서 "보편적 평화와 문명, 그리고 상업이 인간의 행복한 운명이 되어야 한다면, 그것은 정부 체제에서의 혁명에 의해서만 성취될 수 있다"고 주장하였다.

1770년대에 들면서 독일에도 'civilisation'이 수용되었다. 'civilisation'의 용례가 제일 처음 확인되는 것은 『세계일주여행Reise

23. 니시카와 나가오(2006), 『국경을 넘는 방법』, 한경구 · 이목 옮김, 일조각, pp.144~145[西川長夫(2001), 『國境の越え方: 國民國家論序說』].
24. 니시카와 나가오(2006), 앞의 책, pp.146~147.

um die Welt』(1777)인데 이 책은 포르스터Georg Forster(1754~1794)가 원래 영어로 쓴 것을 독일어로 번역한 것이었다. 이 책에서는 영어 원본에서는 다른 표현들로 씌어 있는 구절에서조차 'civilisation'이 사용되고 있다. 이를 통해 'civilisation'이라는 단어가 이미 독일에서 잘 알려져 있었음을 짐작할 수 있다. 하지만 독일에서는 'civilisation'이 최초로 등장했던 시기에 이미 '문화'라는 용어는 광범위하게 통용되고 있었다. 『세계일주여행』에서도 'civilisation'은 종종 '문화'로 번역되었다.

계몽사상과 'civilisation'

18세기 후반 'civilisation' 개념의 전개 과정에서 빼놓을 수 없는 것이 계몽사상이다. 주지하다시피 계몽사상은 인간의 이성의 힘과 그것에 의한 인류의 무한한 진보를 믿는 사조이다. 인간의 이성은 인간과 사회를 움직이고 있는 기본 원리를 파악할 수 있고, 이에 따라 사회를 개혁하고 향상시킬 수 있을 것으로 확신하였다. 계몽사상가들은 이성에 어긋나는 구습과 제도를 개혁할 것을 주장하여 시민혁명의 사상적 기반을 제공하였다.

18세기에 들어 프랑스를 중심으로 계몽사상이 성립하고 점차 풍미하면서 'civilisation'의 개념도 그에 영향을 받아 중요한 변화가 나타났다. 가장 특징적인 변화는 '진보'의 의미를 내포하게 되었다는 점이다. 계몽사상가들은 인류의 역사는 무제한적으로 진보하며 'civilisation'이 그러한 진보의 원동력이라고 본 것이다. 따라서 'civilisation'의 무제한적 진보 역시 당연한 것으로 생각되었다.

진보는 자연과 사회를 비롯한 전 분야를 아우르는 것이었는데 특히 사회제도나 정치의 개혁을 중요한 요소로 포함하였다. 프랑스와 영국에서 유래하는 근대 유럽 문명을 말할 때 과학기술의 발전과 함께 개인의 자유와 평등, 합리적인 제도개혁과 법질서의 확립 등 광범위한 사회개혁을 떠올리는 것은 그 때문이라고 할 수 있다.[25]

진보주의적 문명관을 대표하는 인물인 돌바크는 『사회의 체계』(1773)에서 다음과 같은 주장을 폈다.

> 모든 국민과 그들을 지배하는 지도자들의 완전한 문명화la 'civilisation complète와 정부와 습속과 악폐의 바람직한 개혁은, 인간 정신의 부단한 노력과 반복되는 사회적 경험이라는 수세기의 산물이 아니고서는 있을 수 없다.

> 인간 이성이 아직까지 충분히 행사되고 있지 않고, 모든 국민의 문명화는 아직 끝나지 않았다. 오직 그 걸음걸이만이 우리의 정부, 교육, 제도, 습속 등을 완성하는 데 도움이 될 수 있다. 유익한 지식의 진보가 오늘날까지 무수한 장애로 말미암아 방해를 받아 왔기 때문이다.[26]

'문명화'는 계속 진행되어야 할 과제이며 '완전한 문명화'는 부단한 개혁을 통해서만 이룰 수 있다는 주장이다.[27] 'civilisation'은

25. 황수영(2008), 「대립개념과 보완개념들을 통해 추적한 문명 개념의 변천과정—18세기와 19세기 초의 프랑스를 중심으로—」, 『개념과 소통』 제2호, p.20.
26. 니시카와 나가오(2006), 앞의 책, p.144에서 재인용.
27. 한편 계몽주의와 'civilisation' 개념의 관계와 관련하여 궁금한 것은 프랑스 혁명이 'civilisation' 개념의 형성에 어떤 영향을 미쳤는가 하는 점이다. 프랑스 혁명기의 글에 'civilisation'이라는 용어가 많이 등장하지 않기 때문인지 이러한 문제에 대한 연구는 별로 없다. 그런데 니시카와 나가오는 프랑스 혁명이 근대적 국가기구와 국민통합을 추진함으로써

구체제의 폐해를 극복하고 그것을 대체할 정치체가 지향해야 할 목표 또는 이념을 상징하는 것이었다.

보편적인 발전 과정을 중시하게 되면서 'civilisation'은 단순히 도시적 세련미와 준법정신을 갖추고 제도에 순응하여 생활하는 상태에 초점을 두지 않고, 한 사람이 그런 상태가 되어 가거나, 한 사람을 그런 상태로 만들어 나가는 변화 과정에 초점을 맞추게 되었다.[28] 계몽주의자 콩도르세Marquis de Condorcet(1743~1794)는 『인간 정신 진보에 관한 역사적 개요Esquisse d'un Tableau Historique des Progrès de l'Esprit Humain』(1795)에서 다음과 같이 이야기한다.

> 인류의 미래에 대한 우리의 희망은 다음의 중요한 세 가지로 요약할 수 있다. 즉 여러 국민들 사이에 존재하는 불평등의 타파, 동일한 민족 내에서 평등의 진전, 마지막으로 인간의 참다운 완성이다. 모든 국민들은 언제쯤 프랑스인, 영국인, 미국인처럼 보다 개명되고 보다 자유로우며 보다 편견으로부터 해방된 민족들이 도달한 문명의 상태에 가까이 다가갈 수 있을까.[29] 이러한 민족들과 왕에게 복종하는 여러 나라 사람들의 노예 상태, 아프리카 토족들의 야만, 미개인들의 무지함 사이에 존재하고 있는 무한한 거리는 서서히 사라져갈 것인가.

'civilisation' 개념에 확고한 기반을 부여한 것으로 평가한다. 그는 혁명가들이 'civilisation'을 거론하지 않은 가장 결정적인 이유는 'civilisation'이 더 이상 논할 필요가 없는 공통 인식이었고 궁극적인 목표였기 때문이라고 지적한다. 니시카와 나가오(2006), 앞의 책, pp.164~168 참조.

28. 김헌(2008), 앞의 논문, p.170.
29. 마르퀴 드 콩도르세(2002), 『인간 정신 진보에 관한 역사적 개요』, 장세룡 옮김, 책세상, pp.71~76[Marquis de Condorcet(1795), *Esquisse d'un Tableau Historique des Progrès de l'Esprit Humain*].

'civilisation'을 개인적 행위의 차원을 넘어 국가 그리고 더 나아가 인류적 차원에서 실현해야 할 가치로 자리매김한 것이다. 문명화에 앞선 서구는 평등하고 참다운 인간성을 완성한 국가로 인정된다. 반면 그 이외 지역에는 '야만'이라는 굴레를 씌워 문명화 작업을 요구한다. 이러한 서구 중심적 문명관은 나폴레옹에게서 분명하게 드러난다. 나폴레옹은 1798년 이집트 원정을 떠나는 병사들에게 "제군들은 이제 문명과 세계의 교류에 얼마나 큰 영향을 끼칠지 예측할 수 없는 원정에 나서게 된다"고 강조하였다. 대외 원정을 문명화 과정의 일환으로 인식하였던 것이다.[30]

19세기에 들어 'civilisation'은 그 개념이 점점 더 구체화되었는데 그 과정에서 중요한 역할을 했던 인물은 역사학자 기조François Guizot(1787~1874)였다. 기조는 1828년 소르본 대학에서 '유럽문명사'라는 제목으로 강연한 후 이를 묶어 1830년 『유럽문명의 일반사Cours d'Histoire Moderne: Histoire Générale de la Civilisation en Europe, Depuis la Chute de l'Empire Romain Jusqu'à la Révolution Française』로 출간하여 문명론을 전개하였다.

기조의 문명관에서 가장 눈에 띄는 것은 진보progrés와 발전développement을 중시했다는 점이다. 기조는 'civilisation'이라는 용어가 가지는 첫 번째의 중요한 의미로 진보와 발전을 강조하였다. 그는 진보하지 않는 사회, 정체된 사회는 물질적 자산과 자유와 평등 그리고 사회 질서가 존재한다고 해도 개미들의 사회와 다를

30. 나폴레옹은 1821년에 구술한 「아들에게 보내는 충고」에서 "오늘날 아직도 미개척의 야만 상태에 놓인 전 세계 곳곳에 기독교와 '문명'의 은혜를 전파하는 일, 이것이 내 아들의 모든 사상의 목적이 되어야 한다"며 '문명'의 전파를 아들이 실행해야 할 과제 가운데 하나로 거론하기도 하였다. 니시카와 나가오(2006), 앞의 책, pp.166~167 참조.

것이 없다고 지적한다. 이러한 기초 위에서 기조는 '문명'이 사회적 관계와 내면적 생활의 두 가지 측면으로 이루어져 있다고 설명한다. 사회적 관계란 제도와 상업 · 산업 · 정치 · 전쟁 등을, 내면적 생활은 종교 · 문학 · 과학 · 예술 등을 말한다.

기조 역시 유럽 중심적 태도를 견지하였다. 기조는 유럽 문명의 다양성을 인정하였으며 타 문명에 비해 유럽 문명이 우월하다고 보았다. 그런데 그는 유럽 가운데서도 프랑스 문명을 문명의 핵심으로 설정하였다. 기조는 프랑스가 유럽 문명의 중심에 있으며 원동력이라고 주장하였다. 프랑스 문명은 곧 유럽 문명의 첨단을 의미하며, 하나의 보편적 문명이 있을 뿐이고 그 모범은 바로 프랑스라고 보았던 것이다. 이러한 생각은 이듬해 '프랑스 문명사'(1829) 강의에서 보다 구체화되었다. 그는 영국은 사회의 발전이 개인의 발전에 앞서 있으며 독일은 개인의 발전에 비해 사회의 발전이 뒤떨어져 있는 데 반해 프랑스는 사회와 개인의 발전이 동시에 이루어졌기 때문에 프랑스를 유럽 문명사의 중심에 놓는다며 프랑스 중심적 문명관의 정당성을 피력하였다.

기조의 문명관에 국민적 성격이 내포되어 있었음도 주목된다. 기조는 "문명은 국민의 부를 만들어 내며, 국민 생활의 모든 요소, 국민 생존의 일체의 요소, 국민 생존의 모든 힘은 모두 그 안으로 집중되어 갔다"고 지적하면서 '국민'이나 '국가'를 문명 개념에 도입하였다.[31 · 32]

31. 기조의 문명론에 대해서는 니시카와 나가오(2006), 앞의 책, pp.169~173 참조.
32. 하영선(2002), 「문명의 국제정치학—근대 한국의 문명 개념 도입사—」, 『세계정치』 24, p.341.

기조의 'civilisation' 개념은 일정 부분 계몽주의의 영향을 받은 것이었지만 계몽주의자들의 견해와 다른 부분도 있었다. 그 가운데 특히 눈에 띄는 것은 기독교를 'civilisation'의 발전에 큰 기여를 한 것으로 보았다는 사실이다. 계몽주의자들에게 기독교는 왕권과 더불어 근절해야 할 구악舊惡으로 거론되는 것이었는데 기조는 기독교가 인간을 도덕적 · 지적 인간으로 개조시켰다는 점을 들어 높이 평가했던 것이다.[33]

한편 영국에서는 헨리 버클Henry Thomas Buckle(1821~1862)이 1857년 영국사를 문명사의 시각에서 본격적으로 분석한 『영국문명사The History of Civilization in England』라는 미완의 작품을 발표하면서 진보의 핵심 내용으로 도덕과 지성을 강조하였고 그 가운데 지성의 영향이 유럽 특히 영국의 문명화에 어떻게 기여했는가를 추적하였다. 여기에서 버클은 '야만', '반개', '문명'이라는 인류의 발전 단계를 제시하였다. 문명국은 물론 프랑스나 영국 같은 나라들이었다.

'civilisation'은 유럽인들의 공동체 의식을 표현하기 위해서도 동원되었다. 기조는 프랑스 문명의 선도성을 강조하기는 했지만 유럽 각국들의 문명 속에는 명백히 현저한 동일성이 있기 때문에 "누구도 본질적으로 유럽적인 하나의 문명이 존재한다는 사실을 의심하지 않을 것"이라고 지적하였다. 버클은 외세의 영향 없이 자체적으로 발전한 영국 문명에 대해 자부심을 표현하면서도 유럽 내 다른 민족의 문명에 비해 영국 문명이 더 우월하다고 할 수

33. 주프루아(Théodore Simon Jouffroy, 1796~1842)는 기독교를 기준으로 문명국을 분류하면서 기독교의 전파를 문명화 과정의 일부로 인식하였다. 황수영(2008), 앞의 논문, pp.24~25.

없다는 신중한 입장을 보였다. 기조의 영향을 받았던 독일의 법학자 블룬칠리Johannes Casper Bluntschli(1808~1881)는 근대 유럽 문명의 형성에서 유럽 내 각 민족의 역할을 동일하게 존중하였다. 그가 보기에 유럽 각 민족이 지닌 각각의 문명적 특징은 전체 유럽 근대 문명의 형성과 발전을 위한 단지 기능상의 차이일 뿐이었다.[34]

유럽 공동체 의식이 투영된 'civilisation'에는 근대 서구 국가가 이룬 문화적 성취에 대한 우월 의식이 반영되어 있었다. 칸트Immanuel Kant(1724~1804) 같은 인물도 '문화'의 본질을 도덕화에 두고 세계 시민적 관점에서 도덕화를 실현하고자 했지만 서양 문화가 가장 진보된 형태의 것이라는 사실을 확신하였다. 역사는 진보하는 것이며 그러한 진보의 최선두에 유럽이 서 있다면 그 아래의 국가들이 유럽의 지도를 받아야 하는 것은 논리적으로 정해진 수순이었다. 유럽이 앞서 있다는 우월감은 후진적인 비유럽 민족들을 문명화시켜야 한다는 사명감과 결부되었다. 헤겔Georg Wilhelm Friedrich Hegel(1770~1831)은 식민지를 경영한 영국인들을 '문명의 선교사die Missionarien der Zivilisation'로 지칭하며 세계 전역에 서양의 사고와 생활양식을 확산시키는 것을 커다란 사명으로 생각하고 있었다. 서양인들은 서양 문화와 다른 문화가 있으며, 지역과 기후에 따라 문화가 다르게 나타났다는 사실 등을 인지하고 있었음에도 불구하고 문화의 복수성과 다원성을 인정하기보다는 근대 시민사회를 인류 문화 발전의 정점으로 보는 관점에서 비서구 문화를 문화 발전의 원시적인 형태로 파악하였다.[35]

34. 나인호(2003), 앞의 논문, pp.22~23.
35. 강영안(1995), 「문화 개념의 철학적 배경」, 『문화철학』, 철학과 현실사, pp.209~210.

'civilisation'은 유럽 중심주의적 세계상을 확립시키는 데 결정적 역할을 하였다. 'civilisation'은 서구적인 것의 특수성을 나타내는 결정적 요소로 간주되었다. 이러한 관념에 기초하여 단선적 진보의 등급에 따라 세계 각 민족들의 문명 정도를 측정하고 서열화하는 작업이 진행되었다. 전통적인 '문명' 대 '야만'의 대립적인 표현을 넘어 새로운 개념들이 첨가되면서 더 복잡한 분류가 행해졌다.

독일의 철학자 마이너스Christoph Meiners(1747~1810)는 이미 1785년에 민족을 문명화 정도에 따라 '야만wild 민족', '미개barbarisch 민족', '반半문명화된halbkultivirt 민족', '완전히 교양화된ganz gebildet 민족'으로 구분한 바 있다.

영국의 인류학자 타일러Edward Burnett Tyler(1832~1917)는 『원시사회Primitive Culture』(1871)에서 문명의 요소에 따라 각 민족의 발전 단계를 '야만savagery'—'미개barbarism'—'문명civilization'의 3단계로 등급화하였다. 그는 'culture'와 'civilization'을 완전히 동의어로 사용했는데 'civilization'은 "지식과 믿음, 예술, 도덕, 법률, 관습, 그리고 사회 구성원으로서의 인간에 의해 획득된 다른 모든 능력 및 습관들을 포함하는 복합적 총체"를 의미하였다.[36] 높은 능력을 보유한 인종은 높은 수준의 문화를 창출한 반면 그렇지 못한 인종은 원시 상태에 머물러 있으며 원시 문화도 시간이 지나면서 서구 문화의 단계로 진화하게 될 것이라는 것이 타일러가 내린 결론이었다.[37]

인류학자 모건Lewis Henry Morgan(1818~1881) 역시 타일러와 마찬가

36. Edward Burnett Tyler(1958), *Primitive Culture*, New York: Harpe, p.1.
37. 타일러의 문화진화주의에 대해서는 조관연(1996), 「탈식민지 시대 이전의 원시 종교에 대한 시각들—문화 진화주의와 구조 기능주의를 중심으로—」, 『한국아프리카학회지』 제8집, pp.4~11 참조.

지로 인류의 발전 단계를 '야만savagery'–'미개barbarism'–'문명civilization'으로 구분하면서 인류의 역사는 근원에서 하나이고 경험에서 하나이며 진보에 있어서 하나라고 강조하였다.[38]

3) 'civilisation'과 'culture'

19세기를 전후하여 유럽에서는 일부 사상사들을 중심으로 전적으로 긍정적인 가치로 인식되었던 '문명'에 대한 비판적인 논의가 제기되었다. '문명' 비판과 관련하여 주목되는 것은 역시 '문화'를 '문명'과 구분하면서 '문화'의 가치를 부각시키려는 시도이다. '문명'과 '문화'는 다른 어원을 갖는 말로 그 개념도 달랐지만 'civilisation'이 생겨난 이후 거의 같은 뜻으로 사용되고 있었다. 특히 '문화'를 강조했던 독일의 경우 18세기 후반 프랑스에서 'culture'라는 말을 차용했는데 '문명'과 거의 동의어로 쓰였다. '문명'을 'culture'라는 단어로 표현했을 만큼 '문명'과 '문화'는 개념상 거의 차이가 없었다. 그런데 이제 양자를 분리해 보려는 인식이 나타났다. 내적인 것과 외적인 것을 대조하여 내적인 활동과 그 결과는 '문화', 외적인 활동과 그 결과는 '문명'으로 규정하는 것이다.

엘리아스는 '문화'와 '문명'을 구분하려는 시도를 독일 민족적 정체성을 찾기 위한 과정의 일환으로 이해했지만 그러한 경향은

38. Lewis Henry Morgan(1877), *Ancient Society, or Researches in the Lines of Human Progress from Savagery through Barbarism to Civilization*, Chicago: Charles H. Kerr & Company, Preface. 모건의 문명론에 대해서는 Mason Hersey(1993), "Lewis Henry Morgan and the anthropological critique of civilization," *Dialectical Anthropology* Vol.18, No.1, Kluwer Academic Publishers 참조.

독일 이외 지역에서도 있었다. '문명'과 '문화'를 구분했던 대표적인 인물은 프랑스의 루소Jean Jacques Rousseau(1712~1778)였다.[39] 루소는 『학문예술론Discours sur les Sciences et les Arts』(1750)에서 내적인 것과 외적인 것이 분리된 문명인들을 비판하면서 학문과 예술의 발달이 오히려 인간의 도덕을 타락시켜 왔다고 주장하였다. 루소에게 '문명'은 인간 삶의 외적인 조건들을 의미한다면 '문화'는 내적인 조건들 다시 말하면 정신적인 영역에 속하는 개념이었다. 루소의 문명 비판은 인간의 천성과 조화를 이루지 못하는 당시 문명의 잘못된 적용과 그릇된 문명화 현상에 초점이 맞추어져 있던 것으로, 문명 자체의 가치라든가 문명의 진보에 대한 본질적인 비판은 아니었다.[40] 루소의 문명 비판은 인간의 정신을 고양시키는 높은 수준의 학문과 예술에 대해서보다는 사치와 허용을 부추기는 당시 사교계의 풍속을 겨냥한 것이었다.[41] 루소는 양자를 대립시켜 '문화'를 강조하려 했던 것이 아니라 양자를 통합시키고자 하였다. 그렇지만 내적인 것과 외적인 것을 분리하여 이해하는 방식은 이후 적지 않은 영향을 미쳤다.[42]

루소의 영향을 받은 가운데 '문명' 비판에 나섰던 대표적인 인물은 칸트였다. 칸트는 『세계시민의 관점에서 본 보편사의 이념Idee zu einer allgemeinen Geschichte in weltbürgerlicher Absicht』(1784)에서 다음과

39. 루소의 '문명', '문화' 인식에 대해서는 오수웅(2007), 앞의 논문 참조.
40. 나인호(2003), 앞의 논문, p.32.
41. 황수영(2008), 앞의 논문, p.17.
42. 그런 점에서 독일 사상가들이 루소의 사상에 대해 '문명'과 '문화'로 구분한 것은 일면 적절한 이해였지만 양자의 통합을 강조한 것이 아니라 대조적인 개념으로 간주한 것은 불완전한 이해라고 할 수 있다. 오수웅(2007), 앞의 논문, p.146.

같이 '문명'을 비판하였다.

> 우리는 예술과 학문을 통해 높은 수준에서 교양화되어cultiviert 있다. 우리는 번거로울 정도로 온갖 종류의 사교적 정중함과 예절을 지니도록 문명화되어civilsiert 있다. 그러나 우리가 이미 도덕화되었다고 간주하기에는 아직 많이 멀었다. 왜냐하면 도덕성이라는 이념은 아직도 문화의 일부이기 때문이다. 그러나 명예심과 외적인 예절에서의 관례와 같은 것만을 목표로 하여 이 이념을 실생활에 적용하면 그것은 단지 문명화Civilisierung만을 이룩하는 것이 된다.[43]

칸트는 외적인 공손함이나 세련된 매너 등 17세기와 18세기 예절 개념으로서의 '문명'을 비판하였다. 그는 사람은 문화를 통해서 비로소 사람이 된다며 '문화'의 중요성을 강조하였다.[44] 칸트가 '문화'와 '문명'을 명백히 대조되는 개념으로 사용했는가에 대해서는 이견이 있지만[45] 양자를 구분했다는 점에는 대체로 동의하고 있다.

43. 외르크 피쉬(2010), 앞의 책, p.117에서 재인용.

44. 엘리아스는 칸트의 인용문을 '문명'과 '문화'를 대립시켜 '문화'를 강조하려는 것으로 해석하였다[노버트 엘리아스(1995) 앞의 책, p.39]. 하지만 외르크 피쉬는 인용문 속의 본원적 대립은 '문명'과 '문화' 사이에 있다기보다 이 두 요소와 '도덕성' 사이에 있다고 지적한다[외르크 피쉬(2010), 앞의 책, p.117]. 엘리아스의 입장과 관련해서는 19세기 전후의 '문명'과 '문화' 구별 짓기와 20세기 전후 '문명' 대 '문화'의 대립 구도 사이의 지속성을 지나치게 강조했다는 지적이 참고된다. 나인호(2003), 앞의 논문, pp.30.

45. 벨클리(Richard L. Velkley)는 칸트가 '문화'와 '문명'을 구분했다고 보았다. 반면 게우스(Raymond Geuss)는 칸트가 양자를 구별하는 의미로 사용했지만 '문화'와 '문명'을 상호 배타적인 것으로 사용한 것은 아니라고 주장하였다[오수웅(2007), 앞의 논문, p.128]. 한편 외르크 피쉬는 칸트에게서 '문화'와 '문명화' 사이에 명백한 관계가 존재하지 않는다고 보았다[외르크 피쉬(2010), 앞의 책, p.120].

홈볼트Wilhelm von Humboldt(1767~1835)도 '문화'와 '문명'을 구분하였다. '문명'은 "외적인 제도와 풍습, 그리고 그와 관련된 내적 태도에 있어서 제 민족의 인간화"이며 '문화'는 "이러한 사회적 상태의 향상에 학문과 예술을 덧붙이는 것"이라고 설명한다. 이러한 설명에 대한 평가는 학자에 따라 다르지만[46] '문화'와 '문명'에 대해 다른 인식을 가지고 있었음은 분명하다.

피히테Johann Gottlieb Fichte(1762~1814)는 최초로 '문화' 와 '문명'을 직접적으로 구분한 인물로 거론되기도 한다. 1807년 프랑스의 점령을 받게 된 상황에서 피히테는 독일의 민족적 자존심을 회복시키려는 시도를 하는 가운데 독일의 제도와 삶의 방식 등이 그 시원성에서 프랑스에 결코 뒤지지 않는다고 주장하였다.[47]

'문화'와 '문명'을 구분하려는 시도는 독일에서 활발하였지만 독일 밖의 지역에서도 진행되었다. 콜리지Samuel Taylor Coleridge(1772~1834)는 『국가와 교회의 구성에 대하여On the Constitution of the Church and State』(1830)에서 '문명'이 '교양'에 기초하지 않는다면 한 민족은 우아한 사람들이라기보다 무엇보다 겉만 번지르르한 사람들이라고 불리는 것이 더 적절하다며 '문명'을 '문화'에서 파생된 개념인 '교양'과 비교하였다. '문화'적인 것은 현존 문명의 결점을 보완하

46. 벨클리는 훔볼트가 '문화'와 '문명' 간의 도덕적 차이를 강조하였던 칸트와는 달리 '문화'의 도덕적 내용을 덜 강조하면서 외적인 것과 내적인 것을 대비했다고 보았다[Richard L. Velkley(2002), 앞의 책, p.34]. 반면 외르크 피쉬는 '문화'와 '문명' 사이에 큰 차이가 존재하지 않으며 양자를 보다 높은 가치인 '교양'과 대비하여 사용한 것이라고 설명한다[외르크 피쉬(2010), 앞의 책, pp.121~122].

47. Raymond Geuss(1999), *Morality, Culture and History: Essay on German Philosophy*, Cambridge: Cambridge University Press, p.32; 오수웅(2007), 앞의 논문, p.128.

는 상위의 가치로 이해되고 있었다.[48]

19세기를 전후하여 나타난 문명과 문화의 구별 짓기와 대립의 시도는 유럽 근대 문명에 대한 최초의 자기비판의 한 형식이었다. 문화라는 개념을 통해 과학적 객관주의와 보편주의라는 계몽주의적 시대정신에 의해 무시되었던 모든 부문, 즉 개별적인 것들의 존엄성, 도덕과 종교와 미적인 것들의 신비한 힘에 대한 믿음, 그리고 살아 있는 인간주체의 무한한 가능성과 숭고함을 표현하려고 했다.

19세기를 지나면서 유럽인들 사이에는 그간 자신들이 이룩한 문명에 대한 비판적 성찰이 증대되어 갔다. 이러한 분위기에 상응하여 '문화' 개념을 '문명' 개념과 완전히 분리시키고 더 나아가 서로 화합할 수 없는 반대 개념으로 규정하려는 시도가 유럽 각국에서 나타나기 시작하였다. 예를 들어 영국의 매슈 아널드Matthew Arnold(1822~1888)는 『교양과 무질서Culture and Anarchy』(1869)에서 "문화란 우리의 총체적인 완성을 추구하는 것으로, 우리가 현재의 난국에서 벗어나는 데 크게 도움을 주는 것으로 문화를 추천"하고자 한다며 '문화'의 의미를 강조하였다.[49] 아널드는 정신과 영혼의 내면적인 상태를 완성으로 간주하는 개념은 기계적이고 물질적인 문명과는 다르다며 '문화'와 '문명'을 구분하였다.

프랑스의 르낭Joseph Ernest Renan(1823~1892)의 경우 『과학의 미래L'Avenir de la Science』(1848)에서 인류가 지향해야 할 정치적 목표는 가

48. 나인호(2003), 앞의 논문, pp.33~34.
49. 매슈 아널드(2006), 『교양과 무질서』, 윤지관 옮김, 한길사[Matthew Arnold(1869), *Culture and Anarchy: An Essay in Political and Social Criticism*].

능한 한 가장 높은 수준의 인간 문화를 실현하는 것이라며 "과학 · 철학 · 예술 · 도덕을 통해, 한마디로 인간의 본성에 내포된 이상에 도달하는 모든 방법을 통해 가장 완벽한 종교를 실현하는 것"이라고 주장하였다. 주로 개인적인 교양을 지칭하였던 '문화'에 적극적으로 의미를 부여하였던 것이다. 르낭은 이러한 '문화'는 개인들에 의해 실현되어야 하며 '문명'이 아무리 고급스러워도 소수만이 접근할 수 있다면 목표에 도달할 수 없다면서 '문화'와 '문명'을 비교하였다.[50]

'문화'와 '문명'을 구분하려는 경향은 유럽에서 공통적으로 나타난 것이었지만 특별히 독일에서는 '문명'과 '문화'를 대립시키려는 시도가 민족주의와 결합되어 유럽 근대 문명에 대한 종합적이고도 급진적인 비판으로 발전하였다.[51] 19세기 말경부터 독일어에서는 '문명'과 '문화' 간의 구분이 굳어져 가고 있었다. 양자가 반드시 대립적으로 사용된 것은 아니었지만 대립적으로 사용되는 경우 '문명'은 물질적인 것, 외적인 것, 실용적인 것으로 문화는 정신적인 것을 뜻하였고 '문화'는 내적인 것, 도덕적인 것을 의미하였다. 이러한 경우 물론 '문화'는 '문명'보다 우위를 점한다.[52]

'문화'는 '문명'에 대한 비판 개념으로 등장한 것이었지만 독일에서 '문화' 개념은 시간이 지날수록 점점 더 민족주의적 성향을 띠어 갔다. 독일인들만이 자신의 혈통으로 인해 진정한 문화를 가지고 있다는 인종주의적 발상은 당시 독일의 분위기를 잘 보여

50. 외르크 피쉬(2010), 앞의 책, pp.173~175.
51. 나인호(2003), 앞의 논문, p.36.
52. 외르크 피쉬(2010), 앞의 책, pp.165~166.

준다. 한편 이러한 상황에 대응하여 프랑스에서도 '문명'을 민족주의와 결합시키려는 시도가 나타났다. 1912년 자크 뱅빌Jacques Bainville(1879~1936)은 프랑스 문명은 우월하지만 독일 문화는 야만의 한 형태일 뿐이라며 프랑스의 문명의 우월성을 강조하였다. 유럽과 해외를 구분하던 '문명' 이 이제는 유럽을 갈라놓게 된 것이다.[53]

53. 외르크 피쉬(2010), 앞의 책, pp.169~177.

2. 동아시아에서의 '문명' 개념

1) 전통시대의 '문명' 개념

문명은 유교권 사회에서 일상적으로 사용되던 용어였다. 문文은 본래 문양을 뜻하는 한자로 문명은 문이 밝아지는 것을 의미한다. 문명은 기본적으로 문채文采가 빛나거나 밝게 드러난 것을 가리키는 용어로 사용되었다.

문명은 사람의 덕이 훌륭한 것을 가리키기도 하였다. 『서경書經』에서 요임금에 대해 "공경하고 밝고 문채가 빛나고 생각함이 자연스러우며 진실로 공손하고 능히 겸양하셨다[欽明文思 允恭克讓]"고 하고, 순임금의 덕을 찬양하여 "깊고 명철하고 문채 나고 밝으시며 온화하고 공손하고 성실하고 독실하셨다[濬哲文明 溫恭允塞]"고 하였다.

『역경易經』에도 '見龍在田 天下文明'이나 '文明以止 人文也' 등에서 '문명'이라는 용어가 등장한다. 이 가운데 '文明以止 人文也'에 대해 오징吳澂은 "문명이라는 것은 문채가 밝게 드러난 것이다. 사람에게 있어 오전五典의 차례와 오례五禮의 질서가 찬연하게 문文이 있어 그곳에 편안하게 하여 멈추는 까닭에 인문이라고 한다"고 풀이하였다.[54]

문명과 유사한 의미로 쓰였던 문화는 본래 '형벌이나 위력을 이용하지 않고 백성들을 교화하는 일'을 의미하였다. 이는 『설원說苑』 권15 「지무指武」편에 있는 "凡武之興 爲不服也 文化不改 然後加誅[무력을 행하는 것은 복종하지 않기 때문이다. 문명으로 교화하여 바뀌지 않은 다음에야 주벌한다]"라는 구절에서 살필 수 있다. 이 밖에 『역경』이나 『후한서後漢書』 등의 여러 책에도 문화라는 용어가 등장한다.

이후 동양에서 '문명' 개념이 어떻게 변화되어 갔는가를 한국의 경우를 통해 살펴보기로 한다. 전통 문명 개념은 고려 말에 원에서 성리학이 도입되면서 문명에 유학적 의미가 결부되기 시작한다. 이색李穡(1328~1396)의 문집에는 문명이라는 단어가 여러 차례 등장하는데 그 가운데 '宋文明之世'라 하여 송대를 문명한 시기로 표현한 부분이 보인다.[55] 성리학의 등장을 문명과 관련시키고 있음을 알 수 있다. 나말여초의 지식인 이첨李詹(1345~1405)은 종이를 의인화한 「저생전楮生傳」이라는 작품에서 송대의 성리학자들이 '文明之治'를 열었다고 평하였다.[56] 정도전鄭道傳(1342~1398) 역시 "송이 천명을 받자 五星이 奎[文運을 맡은 별 이름—필자]의 방위에 모여, 세도가

54. 諸橋轍次(1984), 『大漢和辭典』 五, 東京: 大修館書店, p.596.
55. 이색, 「淸香亭記」, 『牧隱文藁』 권5.
56. 이첨, 「저생전」, 『雙梅堂先生篋藏文集』 권23.

문명의 운을 회복했다"고 하여 송을 문명을 회복한 왕조로 내세우고 있다.[57]

문명이라는 용어는 조선 시대에 들면서 본격적으로 사용되었다. 고려 말의 혼란한 상황을 정리하고 새 왕조를 개창한 데서 오는 자신감과 유학을 정치 이념으로 표방한 데 따른 자긍심은 조선을 문명한 왕조로 인식하게 했다. "하늘이 화를 후회하여 성인을 돌보아 옛것을 고치고 새것을 만들어 우리 조선의 문명의 운세를 열었다"는 권근權近(1352~1409)의 술회는 그러한 자부심의 단적인 표현이었다.[58]

조선 시대의 문명 개념은 기본적으로 유학적 교화의 뜻을 내포하고 있었다. 장현광張顯光(1554~1637)의 「문설文說」은 당시 지식인들의 문명에 대한 인식을 잘 보여 준다. 장현광은 우선 "文은 道가 功用에 나타나고 模象에 드러난 것"이라고 하여 문이란 도가 구체적인 형상으로 드러난 것이라고 풀이한다. 해와 달과 별이 분포되어 있는 것이 하늘의 문양 즉 天文이고, 산과 내와 풀과 나무가 널려 있는 것이 땅의 문양인 지문地文이며, 글은 인문人文이다. 문은 단순한 글자가 아니라 오상五常의 덕을 본성으로 삼고 윤기倫紀와 강상綱常을 통해 천지를 편안하게 하는 내용이 담겨져 있어야 한다. 인문이 밝아지는 것이 바로 문명이라 할 수 있는데 그에 대해 장현광은 다음과 같이 설명한다.

57. 정도전, 「贈任鎭撫詩序」, 『三峯集』 권3. 반면 원에 대해서는 異類라면서 원의 등장을 세도의 크나큰 변괴라고 표현하고 있다.
58. 권근, 「送密陽朴先生敦之奉使日本序」, 『陽村先生文集』 권17: "上天悔禍 眷佑聖人 革古鼎新 以開我朝鮮文明之運".

인문이 밝아진 뒤에 親·疎가 구분되고 상·하가 밝아지며 내·외가 구별되고 선·후가 질서를 정하여, 아버지는 아버지답고 자식은 자식다우며 군주는 군주답고 신하는 신하다우며 남편은 남편답고 부인은 부인다우며 어른은 어른답고 어린이는 어린이다우며 선한 사람을 옳게 여기고 악한 사람을 미워한다. 그리하여 裁成하고 輔相해서 천지에 참여하여 도우며 천지를 편안하게 하고 만물을 길러 주는 도가 여기에 있는 것이다. 우리 인간에게 있어서 몸의 거동이 되는 말하고 침묵하고 동하고 고요한 것, 사람의 규범이 되는 彝倫과 교화, 만물을 발육하고 천지를 지극히 하는 것 이 모두가 사람의 문인데, 오직 옛 성인을 계승하고 후학들을 열어 주는 문은 반드시 말에서 말미암으니, 聖經賢傳이 이 문의 典範이 아니겠는가.

인문은 결국 유학적 교화를 의미하는 것이었다. 장현광은 "사람은 누구나 똑같은 사람이지만 오직 유학자만이 이 道를 강명하고 교화를 미루어 행해서 온 세상의 백성과 물건을 모두 문명의 교화에 들어가게 한다"[59]고 하여 유학을 통해서만 문명을 이룰 수 있다고 강조하였다.

17세기에 들어 사림들이 정치적 우위를 차지하면서 성리학 중심의 문명관이 정립되어 갔다.[60] 송시열宋時烈(1607~1689)은 삼국 시대에 사서오경이 들어오면서 군신·부자의 도리를 알게 되었으며 계속하여 『소학小學』과 『가례家禮』가 들어오고 이색·정몽주鄭夢周

59. 장현광, 「雜著·文說」, 『旅軒先生文集』 권6: "然而莫非人也 而惟儒者 爲能講明此道 推行敎化 而擧一世民物 無不入於文明之化矣".
60. 장유(張維, 1587~1638)는 선조 때 문명이 가장 성하였다고 이야기들 한다고 전한다. 장유, 「拙翁集序」, 『谿谷先生集』 권6: "本朝當宣廟初 號稱文明盛際".

(1337~1392)가 이를 천명하여 미개한 풍속을 일신시켰다고 설명한다.[61] 그는 "옛날 복건성 민중 지역은 실로 야만의 소굴이었는데도 주부자가 그곳에서 우뚝하게 일어나자 그 문명이 융성하기가 추노鄒魯보다 높아서 천하의 으뜸이 되었다"[62]고 하여 성리학을 야만과 문명을 가르는 기준으로 보았다. 송시열은 주자학이 정착되면서 조선의 치도가 가장 문명하게 되었는데 그중에도 기묘년의 조광조趙光祖(1482~1519)를 중심으로 한 사림들이 활동했던 때가 가장 치성했다고 평가하였다.[63]

성리학적 문명관에 정착되면서 여타 사상은 그에 의해 재단되었다. 김육金堉(1580~1658)은 불교를 거론하면서 석가모니 등도 뛰어난 사람들이었기 때문에 그들로 하여금 인의仁義의 단서를 확충시키고 예악禮樂의 가르침을 행하게 했다면 중국의 법으로 오랑캐의 풍속을 바꿀 수 있었을 것이며, 서방 세계가 문명 세계가 되었을 것이라고 설명하고 있다.[64] 성리학자들에게 불교는 이적의 풍속에 지나지 않았다.

61. 송시열, 「行狀: 重峯趙先生行狀」, 『宋子大全』 권207.
62. 송시열, 「送咸興二朱君序」, 앞의 책 권137: "念昔全閩實蠻蜑之藪。而朱夫子崛起於是。則其文明之盛。上軼鄒魯而冠於天下".
63. 송시열, 「碑: 大司成尹先生神道碑銘」, 앞의 책 권154. 학파가 분기되면서 학파에 따라 문명관에 미묘한 차이가 나타나기도 한다. 송시열은 조선조에 들어 이이–김장생–송시열이 나와 공자와 주자의 정통을 이으면서 문명이 열리게 되었다고 서인 중심의 정통성을 강조하였다(송시열, 「記述雜錄: 韓元震」, 앞의 책 부록 권19). 반면 이익은 영남 지방을 설명하면서 우도가 더욱 풍요하여, 호의호식하는 고장으로 이름나 있지만 문명에 있어서는 좌도에 크게 뒤져 있다고 평가한다(李瀷, 「人事門: 生財」, 『星湖僿說』 권8). 퇴계 중심의 학풍을 높이 평가했던 것이다.
64. 김육, 「序: 贈懸燈山一老師序」, 『潛谷先生遺稿』 권9: "彼釋迦如來者 亦西方之異人也 阿難迦葉達摩觀音之徒 固皆一世之人豪也 彼旣能見性識心 則必知人性之本善 此心之不昧也 使之擴仁義之端 行禮樂之敎 則亦可以用夏變夷 而西方一域得爲冠帶文明之俗矣".

이 같은 시각에서 성리학 수용에 기여했던 고려 말의 학자들에게는 조선 문명의 운세를 열었다는 높은 평가가 내려졌지만[65] 불교를 숭상했던 고려나 신라는 폄하의 대상이 되었다. 이러한 인식은 춘궁 시절 정조의 다음과 같은 지적에 잘 나타난다.

> 신라와 고려 이래로 浮屠를 신봉하고 異敎를 존숭함으로 인하여, 그 靑史를 더럽혀 천고에 비웃음거리를 남긴 것을 어찌 이루 다 말할 수 있겠습니까. 그러나 我朝에 들어와 그 비루한 풍습을 통렬히 혁파하고 오로지 儒術만을 써서 우리 동방에 아름다운 문명을 열어 오늘에 이르기까지 만세토록 무궁하게 되었으니, 어찌 성대하지 않겠습니까.[66]

성리학적 문명관은 성리학 이외의 것을 이단시하는 배타성을 강하게 띠고 있었다. 명의 멸망 이후 조선이 중화라는 인식이 확산되면서 배타성은 더욱 강화되어 청이나 일본을 이적시하였다. 성리학적 문명을 기준으로 화이를 구분하게 된 것이다.

18세기 후반에 들면서 북학론자들을 중심으로 조선을 문명국으로 보는 인식에 대한 비판이 제기되었다. 이덕무李德懋(1741~1793)는 문명의 교화는 오래되었지만 조선의 풍이 협루狹陋하여 일본만

65. 박의중(朴宜中, 1337~1403), 「後敍」, 『貞齋逸稿』: "蓋當麗季恭愍朝 群哲駢肩而起 如李牧隱 鄭圃隱 貞齋先祖及朴潘南 金惕若齋 李陶隱諸賢 俱以道德文章 冠冕一世 而倡學成均 敎授諸生 以啓我五百年文明之運 有功於世敎 豈有量哉".

66. 정조, 「春邸錄 三: 與或人」, 『弘齋全書』 권3: "羅麗以來 信惑浮屠 尊崇異敎 其累靑史 而貽笑千古 可勝言哉 入我朝 痛革陋習 專用儒術 以啓東方文明之休 式至于今 萬世無疆 豈不盛哉".

도 못한데 스스로 잘난 체하여 다른 나라를 업신여긴다고 지적하였다.[67] 그는 발해를 외이外夷로 표현하면서도 외이 가운데 가장 문명하고 부강했다고 평가하기도 하였다.[68] '외이 가운데'라는 단서가 붙기는 했지만 오랑캐 국가에도 일정 정도 문명성을 인정했던 것이다. 정약용丁若鏞(1762~1836)도 아들에게 보낸 편지에서 중국은 문명이 풍속을 이루어 먼 지방도 성현의 가르침이 손상됨이 없지만 조선은 그렇지 않아 성문에서 10리만 벗어나도 거친 세계라고 지적하면서 조선 중화적 문명관에 일침을 가하였다.[69] 그러나 조선 중화주의를 비판하기는 했어도 그 비판의 잣대는 여전히 문명이었다.

한편 문명과 함께 문화도 대개는 유교적 교화를 뜻하는 용어로 사용되었다. 조찬한趙纘韓은 태조가 조선을 개창하면서 비로소 혼우昏愚함이 날로 열려서 나쁜 찌꺼기를 깨끗이 걸러 내고 문화를 널리 밝힌 뒤에야 차례로 오현五賢이 서로 계승해 나왔으며, 퇴도退陶에 이르러 비로소 완비되었다고 문화의 발달 과정을 간략하게 정리하고 있다.[70] 여기에서 문화는 '문명지화文明之化'의 의미를 담고 있다고 할 수 있다.[71] 심염조沈念祖(1734~1783)는 월과月課를 법식대로 시행

67. 이덕무, 「淸脾錄一: 蒹葭堂」, 『靑莊館全書』 권32: "朝鮮之俗狹陋而多忌諱 文明之化 可謂久矣 而風流文雅 反遜於日本 無挾自驕 凌侮異國 余甚悲之".

68. 이덕무, 「盎葉記一: 渤海通日本」, 앞의 책 권54: "渤海文明富彊 外夷中之最盛者 文蹟蕩然無攷".

69. 정약용, 「示二兒家誡」, 『與猶堂全書』 1, 시문집 권18: "中國文明成俗 雖窮鄕遐陬 不害其成聖成賢 我邦不然 離都門數十里 已是鴻荒世界 矧遐遠哉".

70. 기대승(奇大升, 1527~1572), 『高峯集』 跋: "幸賴聖祖龍飛 昏開日舒 湔滂滌滓 炳溥文化 然後迭有五賢之相承 而至退陶始備焉 又以如先生者三數公 從而闡明之".

71. 이익은 우리나라는 단군 · 기자 때 西邊에 나라를 세웠고, 고려가 개성에 도읍하였으며, 조선이 한양에 도읍하였음을 거론하면서 文明之化가 서쪽에서 차츰 동쪽으로 옮겨 왔다고

할 것을 건의하면서 그렇게 하면 문화가 크게 진작될 것이라 하였는데[72] 여기에서의 문화 역시 유교적 교화의 의미를 내포하고 있다.

문화는 무와 대비되는 개념, 즉 본래적 의미의 문화의 의미로 쓰이기도 하였다. 정조는 "고을을 다스리는 방도는 반드시 한갓 문화만을 숭상해서는 안 된다. 역시 군사 방비를 겸하여 거행해야 한다"[73]거나, "북쪽의 풍습은 무를 숭상하다 보니 문화가 부족하여 윗사람을 친애하는 의리를 전혀 모르기 때문에 매번 이와 같은 변고가 있다"[74]고 지적하였는데 여기에서 문화는 무와 대비되는 문의 개념이었다. 조선 시대에 문명과 문화는 거의 전적으로 유교적 교화의 의미로 사용되었다.

일본은 조선에 비해 유학적 기반이 약했기 때문에 조선의 경우처럼 문명에 유학적 내용이 강하게 담겨 있지는 않았다. 무로마치室町 시대 고쓰치미카도後土御門 천황 대의 연호(1469~1487)는 문명이었다. 문명은 고귀한 말이었으며 메이지明治 초기에도 '훌륭하고 멋있는 것' 또는 '뛰어나게 훌륭하고 멋있는 것'이라는 의미로 사용되고 있었다. 문화라는 말은 중국에서와 마찬가지로 文德으로 백성들을 교화한다는 의미를 담고 있었다. 문화 역시 고카쿠光格 천황부터 닌코仁孝 천황 대까지(1804~1818) 연호로 쓰인 바 있다.[75]

설명했는데 '문명지화'는 '문화'와 같은 의미를 담고 있다고 할 수 있다. 이익, 「人事門: 尙閥」, 앞의 책 권8.

72. 『日省錄』 정조 5년 2월 16일.
73. 『日省錄』 정조 원년 6월 23일.
74. 『日省錄』 정조 2년 4월 22일.
75. 니시카와 나가오(2006), 앞의 책, pp.189~190.

2) 일본에서의 '문명' 개념

'문명'과 유사 개념들: '문명개화' · '개화' · '문화'

동아시아에서 'civilisation'을 '문명'이라는 용어로 처음 번역한 인물은 잘 알려져 있다시피 후쿠자와 유키치福澤諭吉(1835~1901)였다. 하급 무사의 아들로 태어나 난학蘭學을 배웠던 그는 세 차례에 걸쳐 사절단의 일원으로 미국과 유럽을 둘러볼 수 있었다.[76] 서양을 여행한 후쿠자와는 큰 감명을 받았으며 유럽 문명의 우월성을 확신하게 되었다. 후쿠자와는 당시의 경험을 『당인왕래唐人往來』(1865)를 비롯한 여러 글을 통해 소개하였다. 그 가운데 대표적인 것은 『서양사정西洋事情』인데 1866년과 1868년 각각 초편初編과 외편外編을 발간하였다. 외편은 영국인 체임버스 형제Robert and Williams Chambers의 *Political Economy, for Use in Schools, and for Private Instruction* 전반부를 번역한 것이었는데 후쿠자와는 여기에서 'civilisation'을 '世の文明開化'로 번역하였다.[77] '문명개화'와 관련된 구체적인 내용은 다음과 같다.

> 역사를 살피건대 인생은 莽昧에서 시작하여 점차 문명개화로 나아

76. 후쿠자와는 1860년 막부의 遣美使節團의 일행으로, 1861년에는 遣歐使節團의 수행원으로 미국과 유럽을 둘러보았다. 또 1867년에는 軍艦受取 위원의 일원으로 미국을 방문하였다. 후쿠자와의 생애에 대해서는 후쿠자와 유키치(2006), 『후쿠옹자전』, 임종원 옮김, 제이앤씨[福澤諭吉(1899), 『福翁自傳』]; 후쿠자와 유키치(2006), 『후쿠자와 유키치 자서전』, 허호 옮김, 이산[福澤諭吉(1899), 『福翁自傳』] 참조.
77. 후쿠자와의 번역과 관련해서는 김연미(2002), 「『서양사정』의 영어 원전 번역부분에 관한 연구: 『Political Economy for Use in Schools and Private Instruction』과의 비교를 중심으로」, 고려대학교 대학원 일어일문학과 석사학위논문 참조.

간다. 莽昧不文의 세상에서는 예의의 도가 아직 행해지지 않아 사람들이 스스로 혈기를 제어하거나 정욕을 누를 수 없다. 大는 小를 범하고 强은 弱을 학대하며, 자신의 처 보기를 노비처럼 하고, 아비가 자식을 無道로 제어해도 이를 말리는 자가 없다. 또한 세간에 서로 신뢰하는 마음이 적고 교제의 道가 심히 좁기 때문에 제도를 만들어 일반을 위해 이익을 도모할 수 없다. 세상이 문명으로 나아감에 따라 이 풍속도 점차 멈추어 예의를 존중하고 정욕을 억제하며 小는 大의 도움을 받고 弱은 强의 보호를 받으며 사람들이 서로 믿어 사사로움을 돌아보지 않고 세간 일반을 위해 편리를 도모하는 자가 많다.[78]

'문명개화'는 예의의 존중과 정욕의 억제를 뜻하였다. 후쿠자와는 '문명개화' 외에 '문명', '개화'라는 용어도 함께 사용하였는데 모두 'civilisation'의 번역어였다.

'문명'과 함께 쓰인 '개화'라는 용어는 한어에 있었으나 일본에서도 근대 이전에는 별로 사용되지 않았던 단어였다. 개화는 에도江戸 시대에 많이 사용되던 '열리다, 트이다, 깨이다'라는 뜻의 '開ける'라는 일상어의 한자어화일 것으로 추측되는데, 메이지 초기 '개화' 개념은 서양의 문명 개념의 다른 표현이었다. 예를 들어 모리 아리노리는 「개화제일화開化第一話」에서 인류가 '야만'－'반화半化'－'개화'의 단계로 발전하는 것으로 파악하면서 '반화' 단계에서 사물의 이치와 조화의 묘를 깨닫고, 풍부한 사랑과 넓은 견식을 갖추

78. 福澤諭吉(1980), 『西洋事情』 外編, 『福澤諭吉選集』 第1卷, 東京: 岩波書店, pp.172~173; 박양신(2008), 「근대 초기 일본의 문명 개념 수용과 그 세속화」, 『개념과 소통』 제2호, p.42에서 재인용.

게 되면 '개화' 단계로 나아가게 된다고 지적하였다. 이어 '개화'의 단계에서는 통상이 열려 사람들의 교의交誼가 두터워지며, 기계가 점차 정밀해지고 공업이 품위를 높이며, 인간이 문명의 참맛을 알고, 나라는 지위를 유지하여 가경佳境에 이를 수 있다고 설명하였다.[79]

메이지 초기 식자들이 '문명개화'가 'civilization'의 번역어임을 밝혔지만 19세기 말까지도 사전류에서 'civilization'은 '문명'보다 '개화'나 '교화'로 번역되는 것이 일반적이었다고 한다. 1881년 만들어진 철학용어 사전인 『철학자휘哲學字彙』에는 'civilization'의 번역어로 채택된 것은 '문명'이 아니라 '개화'였다.[80] 'civilization' 항목에 '문명 · 개화'라는 설명이 등장하는 것은 1885년에 이르러서였다. 하지만 1880년대 말 이후에 가면 '개화'라는 단어는 생명력을 급속히 잃어 간다. 일본어사전 『언해言海』(1889~1891)에는 표제어에 '문명'은 있지만 '개화'는 아예 항목이 없으며 그 대신 '문명'에 대한 설명에서 "문학, 지식, 교화, 잘 열려 정치가 매우 올바르고 풍속이 훌륭함"이라고 서술한 뒤 '문명개화'를 용례로 제시하고 있다. 20세기에 접어들면 그나마 '문명개화'도 '문명'에 그 자리를 내어 주었다. 1907년에 발간된 일본어사전 『사림辭林』에 '개화'라는 표제어는 없는 대신, '문명'에 대한 설명에서 그와 연관된 용례로 '문명개화'를 제시하고 " '문명'과 같음"이라고 기술하고 있다. 메이지 시대에 출간된 책 서명에 '개화'가 들어간 대중계몽서는 주

79. 森有禮(1874), 「開化第一話」, 『明六雜誌』 第3巻, 明治文化研究會 編(1968), 『明治文化全集』 第5巻 雜誌編, 東京: 日本評論社, pp.61~62.

80. 이혜경(2009), 「'중화'에서 'civilization'으로—동아시아 문명 패권의 이동—」, 『인물과 사상』 제132호, p.130.

로 1880년대 말까지가 주를 이루고 그 이후가 되면 서명에 '개화'가 들어간 서적은 현저하게 줄어든 반면 '문명'이 들어간 서적은 오히려 증가하는 경향을 보이고 있다.[81]

한편 후쿠자와에 의해 'civilisation'은 '문명' · '문명개화' · '개화' 등으로 번역되었지만 상당히 오랜 시간 동안 '문화'로도 번역되었다. 'culture'와 'Kultur'가 일본에 들어와 '문화'로 번역되어 물질적 내지 정신적 진보의 의미로 쓰이기 시작된 것은 1870년대부터로 파악된다. 예를 들어 메이지유신 직전 런던에 체류한 적이 있던 나카무라 마사나오中村正直(1832~1891)는 영국의 스마일스Samuel Smiles(1812~1904)의 『자조론Self Help』(1859)을 번역한 『서국입지편西國立志編』(1871)에서 "차차로 연구를 축적시킨 것이 서로 어울려 성대한 문화를 개화시켜 나간다"고 하였으며,[82] 오쿠보 다다야스大久保忠保는 『개화신제가집開化新題歌集』(1878)에서 "문화일신 할 때는 지금文化日新時今日"이라고 표현하였다.[83]

일반적으로 '문화'는 '문명개화'의 의미로 사용되었다. 'civilisation'의 번역어를 '문명'으로 할 것인가 '문화'로 할 것인가는 사람에 따라 차이가 있었는데 『명육잡지明六雜誌』를 보더라도 후쿠자와를 비롯하여 니시 아마네西周(1829~1897), 모리 아리노리森有禮(1847~1889) 등은 '문명'을 사용한 데 반해 쓰다 마미치津田眞道(1829~1903)는 '문

81. 박양신(2008), 앞의 논문, pp.40~41 참조.
82. 『자조론』은 '하늘은 스스로 돕는다'라는 경구로 유명한 스마일스가 자조 정신의 중요성을 역설한 책이다. 나카무라 마사나오는 영문을 순한문으로 번역하였는데 개인적인 첨삭이 있었다고 한다. 1871년 처음 나와 출판 직후부터 폭발적 인기를 얻어 '明治의 聖經'으로 불렸다. 한국에도 큰 반향을 불러일으켜 1918년에 최남선(崔南善, 1890~1957)이 완역해 단행본으로 내기도 했다.
83. 김채수(2005), 『일본의 내셔널리즘과 글로벌리즘』, 제이앤씨, p.59.

화' 쪽에 더 집착하고 있었다. 『학교용영화자전學校用英和字典』(1885)을 비롯하여 『한영대조사전漢英對照いるは辭典』(1888), 『영화대사전和英大辭典』(1896), 『화불대사전和佛大辭典』(1904) 등의 사전에는 'civilisation'이 모두 '문화'로 번역되어 있었다.[84] 당시 일본 지식인들은 일반적으로 한문 교육을 받고 자라났기 때문에 전통 개념에서 거의 차이가 없던 '문명'과 '문화'를 'civilisation'의 번역어로 함께 사용했던 것으로 보인다.

후쿠자와 유키치의 '문명'

'civilisation'을 처음 '문명'으로 번역했던 후쿠자와는 1869년에 출판한 지리서 『장중만국일람掌中萬國一覽』에서 문명에 대해 좀 더 상세히 기술하였다. 『장중만국일람』에는 '蠻野文明의 구별'이라는 절이 나오는데 여기에서 후쿠자와는 인간 사회를 '만야'와 '문명'으로 크게 구분한 후 각각을 다시 '혼돈'과 '만야', '미개'와 '문명'으로 구분하였다. '혼돈의 민'은 중앙아프리카나 오스트레일리아의 원주민 등과 같이 수렵이나 어로 생활을 하고 문자나 법률도 모르는 이들을 의미한다. '만야의 민'은 천막에서 기거하고 유목 생활을 하며 문자는 있지만 대부분이 글자를 모르는 이들을 말하는데 아라비아나 아프리카 북방 토인 등이 이에 해당한다. '미개의 민'은 교화가 널리 미치지 않아 풍속이 개량되지 않았지만 경작과 기예가 발달하고 학문도 성한 이들을 말하며 중국이나 터키 등이 여기에 속한다. 마지막으로 '개화문명의 민'은 禮와 義를 중시하고 재력과 정신이 영민하여 학문과 기예가 진보하여 하늘의

84. 니시카와 나가오(2006), 앞의 책, pp.190~192.

행복을 향유하는 사람들을 가리키는데 미국, 영국, 프랑스, 게르만 등이 여기에 속한다. 후쿠자와는 야만과 문명을 인종과도 연결시켰는데 백인종에 대해서는 "용모와 골격이 모두 아름답다. 그 정신은 총명하며, 문명의 극도에 달할 만한 소성이 있다. 이를 인종 중의 최고라고 한다"고 치켜세우고 흑인종은 본성이 게을러 개화 진보의 맛을 알지 못한다고 폄하하기도 하였다.[85]

이러한 문명 인식은 1869년에 출간한 『세계국진世界國盡』에서도 그래도 반복되었다. 『세계국진』은 1872년 소학교가 설립되기 이전 전국의 데라코야寺子屋에서 습자 교본으로 쓰였고 자장가 대신으로도 불리었으며, 소학교가 설립되자 교과서로 사용되는 등 일반인들에게 큰 영향력을 미쳤다.[86]

후쿠자와의 문명론이 좀 더 구체적인 모습을 드러낸 것은 『학문에 관하여學問のすすめ』에서였는데[87] 여기에서 후쿠자와는 '문명'을 다음과 같이 정의하고 있다.

> 원래 문명이라 함은 사람의 智와 德을 고양하여 사람이 스스로 그 자신을 다스려서 원만한 사회생활을 하여 서로 해를 끼치지도 않고 해를 입지도 않고 각자 자신의 권리를 향유하여 사회의 안전과 번창을 달성하는 것을 말하는 것이다.[88]

85. 福澤諭吉(1981), 『掌中萬國一覽』, 앞의 책 2, pp.99~101; 박양신(2008), 앞의 논문, pp.53~55 참조.
86. 福澤諭吉(1981), 『世界國盡』, 앞의 책 2, pp.120~121.
87. 후쿠자와는 관에 들어오라는 메이지 정부의 요청을 거절하고 1871년 자신의 고향에 시립학교를 설립하여 교육에 종사하면서 새로운 학문의 방향을 제시하기 위해 「學問のすすめ」라는 제목의 글을 발표하였다. 이 글이 큰 인기를 끌자 이후 1776년까지 16편의 속편을 발표하고 후일 이를 책자로 묶었는데 『學問のすすめ』가 그것이다.
88. 후쿠자와 유키치(2007), 『후쿠자와 유키치의 가쿠몬노스스메』, 임종원 옮김, 홍익출판사,

원래라는 표현에서 짐작할 수 있듯 이것이 그가 『학문에 관하여』 저술 단계에서 생각했던 '문명'의 기본적인 개념이었는데 개개인이 '지덕'을 갖추는 것을 핵심으로 강조하였다.

후쿠자와는 1875년에 출간된 『문명론지개략文明論之槪略』에서 문명에 대한 자신의 견해를 자세히 밝혔다. 익히 알려진 것처럼 『문명론지개략』은 기조의 『유럽문명사』와 버클의 『영국문명사』의 영향을 크게 받은 것이었다. 후쿠자와는 이들 서적을 깊이 탐독한 후 문명 달성이라는 과제를 설정하고 그 구체적인 방법론을 제시하였다.

『문명론지개략』을 관통하는 후쿠자와의 문제의식은 서구 문명을 만들어 낸 본질적인 요소를 밝히고 그것을 일본 사회에 적용시키는 것이었다. 그가 서구 문명을 형성시킨 본질적인 요소로 파악한 것은 '문명의 정신'이었다. 『학문에 관하여』에서 이미 후쿠자와는 '문명'을 유형의 것인 '문명의 형태' 와 무형의 것인 '문명의 정신'으로 구분하면서 문명의 핵심은 '문명의 정신'이라고 강조한 바 있다. 문명의 정신이란 백성의 독립의 기개를 말하며 독립의 기개가 없으면 문명의 형태도 결국 무용지물에 속하게 된다고 강조한다. 그런데 일본은 메이지유신 이래 정부가 학술 · 법률 · 무역 등을 진흥시켰음에도 불구하고 국민들의 무기력과 독립심 결여로 문명개화를 이루지 못하고 있다고 지적하였다.[89] 후쿠자와는 일본이 문명개화를 이루지 못한 주요한 원인을 정부의 정치권력 독점에서 찾았다. 오래전부터 정부가 사소한 일까지 모두 관여하면서 국가가 정부의 사유물처럼 되고 백성은 나라의 식객이 되는

p.111[福澤諭吉(1872), 『學問のすすめ』].

89. 후쿠자와 유키치(2007), 앞의 책, pp.77~78 참조.

바람에 독립의 기개가 날로 퇴보했다는 것이다. 그는 진정한 문명은 인심의 개혁을 가장 먼저 하고, 이어 정치 · 법률의 개혁을 하며, 마지막으로 그 결과로서 유형의 사물의 개혁을 단행할 때 달성할 수 있다고 판단하였다.[90]

후쿠자와는 "문명이란 좁은 의미로는 인력을 가지고 인간의 수요를 증대시키는 동시에 의식주를 충족시키는 것을 뜻하며 넓은 의미로는 지혜를 연마하고 덕을 닦아 인간의 고상한 지위에 오르는 것을 뜻하는 것"[91]이라고 지적한다. 또 "문명이란 사람의 안락과 품위의 진보를 말하는 것이다. 또한 사람의 안락과 품위를 얻게 해주는 것이 사람의 지덕이기 때문에 문명이란 결국 사람의 지덕의 진보라 할 수 있을 것이다"라고 설명하기도 한다.[92] 문명에 관한 이러한 몇 가지 언급에 공통적으로 보이는 것은 바로 '지덕'이다. 즉 후쿠자와는 문명을 인민의 지덕이 진보하는 것으로 이해하였던 것이다.

후쿠자와는 지intellect는 사물을 생각하고, 사물을 이해하며, 사물을 납득하는 작용을 말하고, 덕moral은 마음의 행의行儀를 뜻하는 것이라고 설명한다. 이는 기본적으로 버클의 문명 개념을 그대로 차용한 것이지만[93] 후쿠자와는 지와 덕을 각각 사지私智와 공지公智, 사

90. 후쿠자와의 문명과 독립에 대한 인식은 박양신(2001), 「후쿠자와 유키치(福澤諭吉)에 있어서의 문명과 독립」, 『한양일본학』 제9집 참조. 박양신은 후쿠자와 문명론의 특징을 외형적인 문명보다 그것을 빚어내는 문명의 정신을 강조하는 점과 智力의 향상이 문명 발달의 동인이라고 파악한 점에 있다고 지적하였다.

91. 福澤諭吉(1995), 『文明論之概略』, 東京: 岩波書店, p.57.

92. 福澤諭吉(1995), 앞의 책, p.61.

93. 황성면(1997), 「福澤諭吉의 문명론 연구—「문명론지개략」을 중심으로—」, 서울대학교 대학원 외교학과 석사학위논문, p.17.

덕私德과 공덕公德으로 분류하여 공지를 추구할 것을 주문하였다. 공지란 사안의 경중, 시간과 장소를 고려하여 중요한 것부터 처리하는 지혜를 의미한다.[94] 공적인 이익에 부합하는 지식이 바로 공지였으며 그것이 바로 문명의 핵심이었다.

아울러 그는 문명은 국가를 단위로 한다는 점을 강조한다. 후쿠자와는 'civilisation' 자체가 국國이란 뜻을 지닌 라틴어 'civitas'에서 유래된 것으로 문명은 '야만무법野蠻無法의 독립에 반해서 일국一國의 체제를 이룬다는 뜻'을 내포하고 있다고 강조한다.[95] 일본이라는 나라와 인민이 있은 후에야 문명이 있으며, 나라가 없고 사람이 없으면 그것을 일본의 문명이라 할 수 없다는 것이 그의 주장이었다. 일본 인민의 지력을 향상시켜 일본의 독립을 향상시키는 것이 그의 문명화 전략이었던 셈이며 그런 점에서 국가의 독립은 그가 설정한 일본의 당면 과제였다.

후쿠자와는 유럽 문명이 세계의 인지人智로 도달한 최고의 단계라고 보았으며 그 때문에 문명의 진보를 도모하는 자는 유럽 문명을 목적으로 삼아 논의를 진행시켜야 한다고 주장하였다.[96] 서구 근대의 성과를 긍정적으로 인식하여 문명의 진보를 도모하기 위해서는 유럽 문명을 목적으로 삼아야 한다고 보았지만 한편으로는 유럽 문명의 문제점도 간파하고 있었다. 전쟁은 세계에 더할 나위 없는 재앙이지만 서양 국가들은 언제나 그런 전쟁을 일삼아 왔고, 도적과 살인은 인간의 가장 큰 나쁜 짓이나 서양 국가에도

94. 福澤諭吉(1995), 앞의 책, p.119.
95. 福澤諭吉(1995), 앞의 책, p.57.
96. 福澤諭吉(1995), 앞의 책, p.29.

물건을 훔치는 자가 있고 사람을 죽이는 자가 있으며, 외국 교제의 법 같은 것은 권모술수가 이르지 않은 곳이 없다고 지적한다.[97]

후쿠자와는 서구 문명의 폭력적 성격을 분명히 간파하고 있었다. 미국은 인디언을 내쫓고 아메리카를 차지하여 백인의 문명을 탄생시켰고 유럽인의 손길이 닿는 곳치고 그 본국의 권의權義와 이익을 온전히 해서 참된 독립을 지킨 곳이 없다고 설명한다. 후쿠자와는 화친조약이나 만국공법이라는 것도 의식행위에 불과하며 외교의 실상은 권력과 이익의 쟁취에 불과하다고 보았다. 때문에 백 권의 만국공법이 몇 문의 대포에 미치지 못하며 몇 권의 화친조약이 한 상자의 탄약보다 못하다고 지적한다.[98]

후쿠자와는 '문명개화'의 최대 장애요인으로 전통적인 유교 사상을 들었다. 그는 "윤리와 철학을 본령으로 하는 유학이 정치 영역에서 무능하면서도 정치에서 영향력을 행사하려 했던 것이 중국 문명이 쇠퇴한 원인이며 철학 영역에서도 빛을 보지 못한 원인"이라고 진단하였다. 또 유교의 명분론, 우민적 사고, 남녀 차별, 군신 차별주의 등이 무조건적 순종을 강요함으로써 독립성 및 자립성의 발전을 저해했다고 분석하였다. 이런 분석에 기반하여 그는 "고대에는 유학이 효용성을 가졌다고 할 수 있지만 오늘날에는

97. 福澤諭吉(1995), 앞의 책, p.28. 서양 문명을 흠모했지만 후쿠자와는 서양에 압도되지는 않았다. 후쿠자와는 서양국을 지칭할 때 유길준이나 량치차오가 '문명국'이라는 표현을 자주 썼던 것과는 달리 대부분 '서양제국(西洋諸國)'이라 하고 문명을 이야기할 때는 '문명' 내지 '서양의 문명'이라고 말했는데 이는 서양의 국가와 문명을 분리하여 인식했음을 보여준다.

98. 福澤諭吉(1959), 「通俗國權論」, 『福澤諭吉全集』 第4卷, 東京: 岩波書店. 『만국공법』에 대해서는 유재곤(1996), 「일제의 대한침략논리와 만국공법」, 한국정신문화연구원 박사학위논문; 김용구(2008), 『만국공법』(한국개념사총서1), 소화 참조.

전혀 쓸모가 없다"고 유학의 가치를 전면 부정하기에 이르렀다.[99]

유학에 대한 전면적인 부정은 결과적으로 일본적 특수성을 견제해 줄 보편의식의 제거를 의미하는 것이었다. 그러한 이유로 후쿠자와의 문명론은 국가주의로 치달았다. 자국의 권의를 신장시키고, 자국의 민을 부유하게 만들고, 자국의 지덕을 닦고, 자국의 명예를 빛내기 위해 애쓰는 자를 보국報國의 민民이라 부르며 그 마음을 보국심이라 한다고 하여 결국 국가에 충성스러운 인민을 길러 내는 방향으로 나아간다. 그는 일시동인一視同仁 · 사해형제四海兄弟와 같은 관념은 보국진충報國盡忠 · 건국독립建國獨立의 큰 뜻과 어긋나는 것이어서 용납할 수 없다고 주장한다.[100]

국가를 매개로 한 문명의 실현을 기대하였던 후쿠자와에게 서구의 위협은 문명의 몰락을 야기할 수 있는 심각한 위기로 인식되었다. 그런데 서구가 폭력을 행사할 수 있는 힘 역시 문명의 진보를 통해 형성된 것이었으므로 서구 문명을 외면할 수 없다는 데 고민이 있었다. "나라의 독립은 곧 문명이다. 문명이 아니면 독립을 보전할 수 없다"는 주장은 그러한 고민의 산물이었다. 문명은 궁극적으로는 추구해야 할 지향점인 동시에 독립을 달성하기 위한 전략이 되는 모순이 생겨난다. 후쿠자와는 이러한 모순을 "오늘날 일본의 문명이라고 말하는 것은 문명의 본지가 아니다. 우선적으로 초보 단계에서는 자국의 독립을 도모하고 그 나머지는 다

99. 후쿠자와의 유교 비판에 대해서는 丸山眞男(1942), 「福澤諭吉の儒教批判」, 『丸山眞男集』 第2卷, 東京: 岩波書店 참조. 국내 논문으로는 박양신(2001), 앞의 논문, pp.207~214; 황호철(2004), 「후쿠자와 유키치(福澤諭吉)의 유교비판 일고찰」, 『문명연지』 제5권 1호 참조.

100. 福澤諭吉(1995), 앞의 책, p.275.

음 단계로 남겨두어 후일 그것을 위해 노력하자는 것"이라는 논리로 해소시키고자 하였다.[101] 문명을 본지로서의 문명과 전략으로서의 문명으로 이원화하여 양자 사이에 국가의 독립이 위치하는 논리적 구조를 띠는 것이다.

국가의 독립이 문명 실천의 전제 조건이라는 발상은 국가 독립에 도움이 되는 어떤 것도 용인될 수 있다는 논리에 다름 아니었다. 결국 후쿠자와는 문명의 이상을 추구하는 대신 세계의 대세를 추종하는 쪽을 택하였다. 그가 본 세계는 평상시에는 물건을 매매해서 서로 이익을 다투며, 일이 있으면 무기로 죽이는 상업과 전쟁의 세상이었다. 상업과 전쟁은 비록 문제가 있기는 하지만 문명의 양상에서는 어쩔 수 없는 대세로 전쟁은 독립국의 권의를 신장시키는 방법이며 무역은 국가의 빛을 발하는 징후라 하지 않을 수 없다고 주장한다. 『문명론지개략』의 앞부분에서 전쟁을 더할 나위 없는 재앙으로 비판했지만 뒷부분에서는 "일국의 인심을 흥기시켜 전체를 감동시킬 수 있는 방편은 외국과의 전쟁만 한 것이 없다"고 하여 전쟁의 효용성을 적극 인정하기까지 하였다.[102]

'문명' 개념의 확산

1866년에 발간된 후쿠자와의 『서양사정』 초편은 20여 만 부가 판매될 정도로 일본 사회에서 대단한 인기를 끌었다. 서양 문명에

101. 임종원(2001), 『후쿠자와 유키치 연구: 문명사상』, 제이앤씨, p.234.

102. 고야스 노부쿠니는 문명이 일국 독립의 수단으로 변하는 것은 서양의 근대 주권국가 형성 방식에 일본이 적극적으로 동참한다는 의미를 갖으며 그것이 곧 탈아입구(脫亞入歐)의 길이었다고 지적한다. 고야스 노부쿠니(2007), 『후쿠자와 유키치의 『문명론의 개략』을 정밀하게 읽는다』, 김석근 옮김, 역사비평사, p.271[子安宣邦(2005), 『福澤諭吉 『文明論之概略』 精讀』].

대한 일반의 관심이 상당하였음을 보여 주는 것이기도 하다. 2년 뒤에 외편을 출간하여 '문명개화'라는 용어를 처음으로 소개하면서 일본 사회에 '문명개화'의 개념도 확산되어 갔다. 일본에서 문명 개념이 전파되는 데 중요한 계기가 되었던 것은 이와쿠라 사절단岩倉遣外使節(1871. 12. 23~1873. 9. 13)의 파견이었다. 유학생까지 포함하여 100여 명으로 구성된 사절단은 12개국을 방문했으며 체류 기간만도 1년 10개월에 달하였다. 파견된 본래 목적은 불평등한 조약을 개정하는 것이었지만 조약 개정이 순조롭게 이루어지지 않아 구미 나라들을 시찰하는 것이 주요한 임무가 되었다. 사절단은 미국과 유럽 국가들을 돌아보면서 외부 세계의 실체를 파악할 수 있었다.

이와쿠라 사절단의 일원으로 참가했던 구메 구니타케久米邦武(1839~1931)는 『구미회람실기歐美回覽實記』(1878)에서 동서양의 차이에 대해 동양은 도덕 정치를 근본으로 삼아 오직 수신 한 과목에 집중하여 '무형의 이학理學'이나 '고상한 문예'를 즐기고 '일용생리'를 무시한 반면 서양은 생리를 열심히 탐구하여 예절을 알고 야만의 행위에서 벗어날 수 있다고 평가하였다.[103] 일용생리와는 관련 없는 고상한 문예 활동이 '문명'의 본질적인 개념이었음을 생각하면 문명 개념 이해의 완전한 뒤집기라 할 만하다.

103. 久米邦武 編(1982), 『特命全權大使 歐美回覽實記』 第5卷, 東京: 岩波書店, pp.94~95. 『특명전권대사 구미회람실기』는 이와쿠라 사절단의 공식적인 보고서로 전 100권의 방대한 양으로 이루어져 있다. 구메 구니타케가 편수를 담당하였고 1878년 태정관 기록부에서 간행하였다. 이와쿠라 사절단에 대해서는 西川長夫 · 松宮秀治 編(1995), 『『米歐回覽實記』を讀む: 1870年代の世界と日本』, 京都: 法律文化社; 다나카 아키라(2006), 『메이지 유신과 서양 문명—이와쿠라 사절단은 무엇을 보았는가—』, 현명철 옮김, 소화[田中彰(2003), 『明治維新と西洋文明: 岩倉使節團は何を見たか』] 참조.

『구미회람실기』의 핵심적인 단어는 '문명'이었다. 『구미회람실기』에서 문명의 기준은 "삶에 부지런히 애쓰는 힘의 강약 여하"에 있었다. 생존을 위한 인간의 노력과 그 축적의 유무가 바로 문명이라는 발상이다. 이러한 시각을 바탕으로 유럽은 '문명', 동아시아(일본)는 문명화될 가능성이 있는 '반개半開', 의 · 식 · 주가 부족하지 않은 남아시아나 동남아시아는 '야만'으로 분류한다.[104] 한편 미국에서 사절단에 합류했던 3등 서기관 니지마 조新島襄(1843~1890)는 교육에 관한 조사 보고서인 『이사공정理事功程』에서 "구미의 여러 나라가 특히 문명을 중시하여 일찍부터 개화의 공적을 얻으니 이는 직업과 백성을 잘 이끄는 방침을 터득한 때문이다"라고 보고하였다.[105] '문명'이라는 용어가 이미 있기는 했지만 그 개념은 상당히 피상적인 것이었는데 구미 시찰을 계기로 '문명'에 구체적인 내용이 담겨지게 되었다고 할 수 있다.[106]

이와쿠라 사절단이 '문명'에 대한 인식을 환기시키는 역할을 했다면 지식계에 '문명' 개념을 전파하는 데 큰 기여를 한 것은 각종 잡지들이었다. 1867년 야나가와 슌산柳河春三(1832~1870)에 의해 최초의 잡지라고 할 수 있는 『서양잡지西洋雜誌』가 출간된 이래 다양한 잡지가 등장하였다.[107] 그 가운데 역시 대표적인 것은 1873년 결성된 신지식인들의 결사체 명육사明六社에서 발행한 『명육잡지』

104. 다나카 아키라(2006), 앞의 책, p.121, 182.

105. 다나카 아키라(2006), 앞의 책, p.89.

106. 이와쿠라 사절단의 주요 관심은 문명 즉 근대적 국민국가의 전체상을 파악하는 것이었는데 그들은 국민보다는 국가 쪽에 관심이 기울어져 있었으며, 후쿠자와는 그러한 입장을 비판하고 국민을 주목하였다고 한다. 니시카와 나가오(2006), 앞의 책, p.201.

107. 당시 출간된 잡지에 대해서는 西田長壽(1968), 「明治初期雜誌について」, 明治文化研究會 編(1968), 앞의 책, pp.2~5.

였다.[108] 『명육잡지』에는 문명에 관한 다양한 주장이 담겨져 있다. 문명과 관련하여 주목되는 글은 니시무라 시게키西村茂樹(1828~1902)가 1875년에 게재한 「문명개화의 이해文明開化ノ解」라는 논설이다. 이 글에서 니시무라는 '문명개화'의 뜻을 다음과 같이 설명하였다.

> 문명개화라는 것은 영어 '시빌리제이션'이라는 말의 번역인데 중국인들이 이 말을 '예의에 나아간다'고 번역하였다. 우리 나라 속어로 번역하면 사람됨이 좋아진다는 뜻이 된다. '시빌리제이션'은 본래 라틴어 'civis'라는 말에서 나왔다고 한다. 'civis'란 도시에 사는 사람들을 뜻하는 말이다. 어째서 도회 사람을 뜻하는 말이 사람됨이 좋다는 의미로 바뀌었는가 하면, 대체로 도시에 사는 사람들은 농촌 사람들에 비하여 지식도 열려 있고 풍속도 좋으며 몸가짐도 고상한 까닭에 도시 사람의 뜻이 변하여 사람됨이 좋다는 의미가 된 것으로 보인다. 오늘날 '시빌리제이션'이라는 단어 자체만을 들여다보며 그 뜻을 고민해 보니, 나는 결코 인민의 위세나 역량, 부귀라기보다는 오로지 인민의 사람됨과 인간 상호 간의 교제만을 의미하는 것이라 생각하게 된다.[109]

니시무라 시게키는 '문명'을 개인의 사람됨과 사람들 사이의

108. 명육사는 초대 미국 공사직을 수행하고 귀국한 모리 아리노리의 제창으로 결성되었다. 메이지 6년에 창설되었다고 하여 명육사라는 이름을 붙였는데 후쿠자와를 비롯하여 저명한 학자들이 참여하였으며 후에 다수 인물들이 정계에 진출하였다. 1874년부터는 『명육잡지』를 발간하여 계몽활동을 벌였다. 명육사에 대해서는 戶澤行夫(1991), 『明六社の人びと』, 東京: 築地書館株式會社 참조. 국내 논문으로는 임종원(2004), 「후쿠자와 유키치와 「명육사」소고」, 『한양일본학』 제13집이 참고된다.

109. 西村茂樹(1875), 「西語十二解─文明開化ノ解」, 『明六雜誌』 第36號, 明治文化硏究會 編(1968), 앞의 책, pp.230~231.

교제로 보았던 것이다. 그런 점에서 그의 문명론은 부국강병이 문명의 지배적 개념이 되기 이전의 진정한 문명 인식으로 평가받기도 한다. 또 그는 구라파 인민들의 개화를 높이 평가하면서도 비유럽 지역은 구라파와 교제의 근원이 다르기 때문에 개화의 양상 또한 다를 것이라고 하여 유럽 문명을 문명의 절대적인 기준으로 생각하지 않았다.[110]

반면 『명육잡지』에 많은 논설을 게재했던 쓰다 마미치의 경우는 니시무라 시게키와는 다른 주장을 폈다. 일본이 서양과 같은 문명국이 되어야 한다고 생각했던 쓰다는 '학문'과 '법교法教'를 '개화'의 핵심 요소로 보았다. 그는 학문을 허학과 실학으로 구분하였는데 성리학이나 양명학 같은 것이 허학이며 서양의 각종 학문이 실학이었다. "서양의 실학이 국내에 일반적으로 유행하여 각자가 도리에 도달하는 것이 참된 문명계"라고 설명하면서 그러한 단계에 도달하는 데는 구미 각국도 오랜 시간이 걸렸기 때문에 일본은 법교 즉 종교의 도움을 받아야 한다고 주장하였다. 법교의 목적은 개화되지 못한 인민을 선도善導하는 데 있으며, 법교 가운데 기독교가 가장 선하다고 보아 기독교를 도입해야 한다고 강조하였다.[111] 쓰다는 유럽 문명의 이식을 구상하였다고 할 수 있다.

지식계의 문명 담론은 정치적 색채를 강하게 띠었는데 특히 관심사는 입헌군주제였다. 기도 다카요시木戸孝允(1833~1877)는 1873년에 발표한 「헌법제정건백서憲法制定の建白書」에서 문명국은 입헌군주제

110. 니시카와 나가오(2006), 앞의 책, pp.195~197.
111. 津田眞道(1874), 「開化ヲ進ル方法ヲ論ス」, 『明六雜誌』 第3號, 明治文化研究會 編(1968), 앞의 책, p.65.

를 채택하고 있다며 입헌군주제를 긍정적으로 평가하였다. 1874년 민선의원설립건백이 제출된 것을 계기로 입헌제 실시를 중심으로 하는 민권론이 유행하였는데 민권론을 둘러싼 논의는 문명의 완전한 실현을 공통된 목표로 하고 있었다.[112]

문명 개념은 일반 대중들에게 활발히 전파되었다. 그 과정에서 매개 역할을 했던 것은 세계지리서와 대중계몽서였다. 대표적인 것이 앞서 언급한 후쿠자와의 『장중만국일람』과 『세계국진』이다. 이 두 책은 서양의 지리서를 편집하여 일본어로 그대로 번역한 것이었다. 따라서 서양적인 문명관이 투영된 지리 관념이 그대로 노출되는 것은 당연하였다.

『장중만국일람』에서는 인종을 백색인종, 황색인종, 적색인종, 흑색인종, 갈색인종의 다섯 인종으로 분류한 후 백인종 우월주의에 입각하여 유럽을 문명으로 파악하고 다른 민족을 차별적으로 서술하였다. 이러한 시각은 『세계국진』에서도 그대로 반복되어 유럽을 '문명개화의 중심'으로 서술하고 아프리카는 '혼돈의 세계'로 그렸다.[113] 『장중만국일람』과 『세계국진』을 통해 유럽 중심적 문명관이 일반인들 사이에 확산되어 갔다.

후쿠자와의 지리서와 더불어 널리 읽힌 책이 우치다 마사오內田正雄의 『여지지략輿地誌略』인데 이 책에서 우치다는 민의 등급을 '만이蠻夷', '미개의 민', '반개半開의 민', '문명개화文明開化의 민'으로 구분하였다. 흥미로운 것은 여기에서의 '문명개화'는 'civilisation'이 아

112. 함동주(2004), 「근대일본의 문명론과 그 이중성—청일전쟁까지를 중심으로—」, 『근대계몽기 지식 개념의 수용과 그 변용』, 소명출판, p.374.

113. 박양신(2001), 앞의 논문, pp.205~206.

니라 'enlightened'의 번역어였다는 점이다. 문명이라는 용어에 인민을 계몽시킨다는 의미가 포함되어 있었음을 볼 수 있다.

인민들에게 문명을 전파하는 데 중요한 역할을 했던 또 한 가지는 1870년대 초반에 집중적으로 출간되었던 '개화본'으로 통칭되는 개화 관련 서적이었다. 가토 유이치加藤祐一의 『문명개화文明開化』(1873)는 대표적인 개화본 서적으로 풍속개량과 교화를 주된 내용으로 하고 있다. 그는 서양인을 흉내 내거나 남과 다른 일만 하면 모두 문명개화라고 하는데 이는 잘못된 것이라고 지적하면서 새로 널리 배워서 전 세계의 일을 깨치고 좋은 점을 취하여 나의 마음가짐과 행동의 지침으로 삼는 것을 참된 문명이라 할 수 있다고 강조하였다. 이어 머리를 잘라야 하는 이치, 옷은 일하기 편하게 지어야 하는 이치, 모자와 구두는 반드시 쓰고 신어야 하는 이치, 다다미 대신 의자 생활을 해야 하는 이유, 육식은 꺼리지 말아야 하는 이치, 종래의 미신을 타파해야 하는 이유 등에 대해 설명하였다. 문명은 일본의 과거와도 접합이 되는 것이고 편리한 것이며 외국인에 대해 부끄럽지 않게 되는 것이고 사물을 의심하는 합리적인 사고방식을 의미하였다.[114]

쓰다 마미치는 "사람들이 입만 열면 개화, 개화"라고 한다고 당시의 개화풍의 유행상을 전한다.[115] 그 개화풍은 주로 매너나 행동방식과 같은 것이었다. 그 때문에 문명이 그러한 겉치레적인 것으로 이해되는 것에 대한 지적도 나타났다. 후쿠자와가 『문명론지개략』에서 "근래 우리 나라에서 행해지고 있는 서양 유의 의식주로

114. 박양신(2008), 앞의 논문, pp.61~62.
115. 津田眞道(1874), 앞의 글, 明治文化硏究會 編(1968), 앞의 책.

서 문명의 징후라고 할 수 있는가. 단발의 남자를 보고 이를 문명인이라고 할 수 있는가, 고기를 먹는 자를 보고 이를 개화인이라고 칭할 수 있는가. 결코 그렇지 않다"고 지적한 것이 그 대표적인 예이다. 1870년 후반 어떤 이는 "요사이 사람들이 말하는 것을 듣자면, 첫 번째도 문명개화라 말하고, 두 번째도 문명개화라고 하면, 단지 머리를 자르거나 소고기를 먹는 것을 열렸다고 생각한다. 모자를 쓰고 양복을 입는 것을 개화로 안다"[116]고 당시의 개화풍을 비판하기도 하였다.

1870년대 문명화 작업이 추진된 결과 일본에서는 문명화에 대한 자신감이 나타났다.[117] 일본이 동양의 '신문명국' 혹은 '동양의 영국'이라는 자평은 그러한 자신감을 잘 보여 준다. 이러한 자신감을 바탕으로 일본에서는 1880년대에 들어 문명을 매개로 외부 세계와의 관계를 새롭게 정립하는 작업에 돌입하였다. 그러한 작업은 서양 국가와는 조약을 개정하여 대등한 관계를 맺고, 청이나 조선 등 비서양 세계에 대해서는 문명화의 논리를 적용하는 두 가지 방향에서 추진되었다. 서양 국가와 대등한 관계에 서기 위해 문명화 정책을 더욱 강력하게 추진해야 한다고 보아 서구화 정책에 더욱 박차를 가하였으며, 아시아 국가들은 미개한 상태를 벗어나지 못하고 있다고 주장하며 문명지도론을 폈다. 1880년대 일본은 그들이 그토록 닮고자 열망했던 구미 국가의 침략성을 그대로 본받고 있었다.

116. 함동주(2004), 앞의 논문, p.373에서 재인용.
117. 이하 1880년대 일본의 문명 담론에 대해서는 함동주(2004), 앞의 논문, pp.376~383을 주로 참조하였다.

'문명'에서 '문화'로

일본 사회의 근대화가 진전되는 가운데 문명의 폐해가 드러나자 1870년대 말부터 1880년대에 접어들면서 문명에 대한 비판 담론이 서서히 고개를 들기 시작하였다. 당시 비판의 논조는 크게 두 가지였다. 하나는 국제관계에서 나타나는 소위 문명국들의 비문명적=야만적 행위에 대한 비판이다.[118] 사실 서양 문명의 이면에 숨겨진 힘의 논리에 대해서는 비교적 일찍부터 인식이 있었다. 이와쿠라 사절단을 이끌었던 이와쿠라 도모미岩倉具視(1825~1883)는 1867년 「제사책濟事策」에서 서양 국가들이 만국공법을 통해 신의를 지킨다고 하지만 그것은 구실에 불과하며 진심은 '약육강식의 힘'이라고 지적한 바 있다.[119] 후쿠자와 역시 "백 권의 만국공법이 수 문의 대포에 미치지 못한다"[120]는 유명한 말을 통해 만국공법의 허위적 측면을 지적하였다. 앞서 살펴본 가토 유이치의 경우 '문명'의 전파에 많은 노력을 기울였지만 한편으로는 만국공법을 거론하면서 만국공법이 강국으로 불리는 나라들이 하고 싶은 대로 되기 쉽다며 지인용智仁勇을 갖추지 않으면 문명개화도 이룰 수 없다고 지적하였다.[121]

다른 하나는 국내에서 드러나고 있던 문명의 폐해에 대한 비판이다. 후쿠자와는 1879년에 쓴 『민정일신民情一新』에서 문명개화가 진보하면 사람들은 모두 도리에 의거하고 사회는 평온해질 것이라는 낙관적인 전망을 접고 문명의 발전으로 인해 사회의 소요가

118. 박양신(2008), 앞의 논문, p.67.
119. 유재곤(1996), 앞의 논문, p.114.
120. 福澤諭吉(1959), 「通俗國權論」, 앞의 책 4, p.637.
121. 박양신(2008), 앞의 논문, p.62.

격화되지 않을 수 없다고 지적하였다.[122] 모토다 나가자네元田永孚(1818~1891)는 1879년「교학대지敎學大旨」에서 근대화로 인한 물질문명의 진보가 일본에서 정신문명이나 도덕의 퇴폐를 초래할 것이라고 비판하였다.[123]

'문명'에 가장 비판적인 시각을 견지했던 인물은 프랑스에 유학한 경험이 있던 자유민권파 사상가 나카에 조민中江兆民(1847~1901)이었다. 그는 루소의『학문예술론』을『비개화인非開化人』(1883)이라는 제목으로 번역하여 우회적으로 일본의 문명개화를 비판하였다.[124] 1888년에『동운신문東雲新聞』에 기고한「유행론」에서는 이와쿠라 사절단에 대해 "사절단은 선진국의 문명을 보고 처음에는 놀랐고, 다음에는 취했고 결국은 미쳤다"고 신랄하게 비난하였다.[125] 문명에 대한 비판적 인식이 가장 잘 드러나는 것은 1887년에 발간된『삼취인경륜문답三醉人經綸問答』에서였다. 나카에는 유럽인들이 국내에서는 야만스러운 싸움에서 벗어나 문명 제도의 혜택을 누리는 반면 대외적으로는 무위武威를 내세워 다른 국가의 침략을 일삼는 미치광이 나라라고 지적하였다.[126] 그는 서구가 도덕의 원리와 경

122. 福澤諭吉(1959),「民情一新」, 앞의 책 5.
123. 야마다 에이코(2008),「사카이 유자부로의 '근세 문명'론과 사회주의 비판—공화주의 사상과의 관련을 중심으로—」,『'문명' '개화' '평화'』, 아연출판부, p.187.
124. 나카에 조민의 생애에 대해서는 松永昌三(1993),『中江兆民評傳』, 東京: 岩波書店 참고. 관련 논문으로는 이혜경(2003),「나카에 조민의 이상사회—동양과 루소의 만남—」,『철학사상』 제17호; 미원겸(2003),「일본에서의 문명개화론: 후쿠자와 유키치와 나카에 조민을 중심으로」,『동양정치사상』 제2권 2호; 박홍규(2005)「나카에 조민(中江兆民)의 평화 이념: 민주제 · 연방제 · 군비철폐론」,『한국정치학회보』 제39집 5호 참조; 박홍규(2008),「나카에 조민의 평화 이념과 맹자」,『'문명' '개화' '평화'』, 아연출판부 등이 참조된다.
125. 다나카 아키라(2006), 앞의 책, p.181.
126. 나카에 조민(2005),『삼취인경륜문답』, '수유+너머' 일본근대사상팀 옮김, 소명출판[中江兆民(1887),『三醉人經綸問答』], p.82.

제의 이법에 크게 반하면서까지 수백만의 상비군을 갖추고 헛된 공명을 다투기 위해 죄 없는 인민을 살상하는 현실을 지적하면서, 유럽=문명, 동양=야만이라는 공식을 거부하고 거꾸로 유럽이 야만이며 동양이 문명이 될 수 있다고 역설하였다.

> 문명의 진보에 뒤진 小國이 아시아의 끝자락에서 의기양양하게 일어나, 단숨에 자유와 박애의 경지에 뛰어들어 요새를 파괴하고 대포를 녹이며, 군함을 상선으로, 병졸을 인민으로 삼아 열심히 도덕의 학문을 닦고 공업 기술을 연구하고 순수하게 철학의 아들이 되는 그날, 문명이라며 우쭐대는 모든 유럽 국가 사람들이 과연 부끄러워하지 않을 수 있겠습니까? 만일 저들이 頑迷凶惡하여 부끄러워하지 않을 뿐더러 우리가 군비를 철폐한 틈을 타서 뻔뻔하게도 침략해 들어온다고 해도 우리가 몸에 쇠붙이 하나 지니지 않고 탄환 한 발 없이 예의바르게 맞이한다면 저들이 대체 어찌하겠습니까?…정말이지 상대에게는 예의가 없고 우리는 예의가 있습니다. 상대방은 도리에 어긋나며 우리는 도리에 맞습니다. 그들의 소위 문명이란 야만에 지나지 않고 우리의 야만이야말로 문명인 것입니다. 그들이 화를 내어 폭력을 원한다 하더라도 우리들이 웃으며 仁의 길을 지킨다면 그들이 무엇을 할 수 있겠습니까?[127]

도덕에 기반한 평화주의가 바로 문명이며 침략적인 유럽인들의 문명이라는 것은 실제로는 야만이라는 것이다.

자유민권운동의 대표적인 논객으로 활동했던 우에키 에모리植木

127. 나카에 조민(2005), 앞의 책, pp.39~41.

枝盛(1857~1892)는 군비 축소와 군대 폐지가 인민의 권익과 복지를 신장시킬 수 있으며 인민의 자유와 평화는 세계평화로 나아가는 출발점이라고 강조하였다. 그는 서구와 미국에 존재했던 노예제를 '소야만'으로, 문명국들이 타국의 권리를 침해하고 식민지화하는 행위나 전쟁을 '대야만'으로 부르며 비판하였다. 문명국의 구체적 행위를 문제 삼아 그것들을 '야만'으로 규정한 것이다. 우에키는 한 국가가 타국을 영유하여 착취 · 지배하는 것은 한 개인이 타인을 노예로 다루는 것과 다름없다고 지적하면서 일본의 제국주의적 성격에 대해서도 비판하였다.[128]

한편 사카이 유자부로酒井雄三郎(1860~1900)는 사회주의적 관점에서 문명화의 문제점을 분석하였다. 사카이는 나카에 조민 밑에서 프랑스 공화주의 사상을 배우고 1880년대 말부터 1890년대 초에 파리에 3년 가까이 체류하면서 사회주의 문제를 접했던 인물이다. 사카이는 물질문명이 진보되어 사람들이 이전보다 많은 혜택을 받고 있지만 지식이 부족한 노역자(노동자)들은 지위를 개선할 여유가 없어 곤궁하게 되는데 물질문명의 진보에 따라 수요와 욕망이 증가하기 때문에 고통을 느끼는 정도가 옛날보다 더 크다고 설명하였다. 또 근세 문명이 인권 평등의 의미를 깨닫게 했지만 자산과 학식이 결여된 다수의 사람들은 권리를 운영하는 법을 알지 못해 실제로는 불평등이 한층 심해지고 있다고 지적하였다. 문명의 긍정적인 면과 함께 부정적인 면을 주목했던 것이다.[129]

128. 김경일 · 채수도(2006), 「근대 일본의 지역평화사조에 대한 고찰」, 『일본사상』 제11권, pp.32~34. 우에키 에모리에 대해서는 家永三郎(1984), 『植木枝盛研究』, 東京: 岩波書店 참조.

129. 야마다 에이코(2008), 앞의 논문, pp.190~193.

마쓰바라 이와고로松原岩五郎 역시 사회주의적 시각에서 문명을 비판하였다. 그는 『문명의문文明疑問』(1888)에서 "당세 문명이라고 일컬어지는 서방 제국의 세상에 상하 층층의 빈부귀천의 차등 인생이 겪는 행불행의 운명에 이처럼 현격함이 있는 것은 놀라운 상황"[130] 이라고 문명국의 불평등 문제를 지적하였다.

한편 큰 기대를 걸고 임했던 1886년의 조약개정 시도가 실패로 돌아가자 국민들 사이에서는 국수國粹를 보존하고 일본의 국민정신을 회복시켜야 한다는 주장이 제기되었다.[131] 이러한 주장에는 유럽의 문명을 따르는 한 일본은 언제나 유럽 아래에 있을 수밖에 없다는 고민이 담겨 있었다. 그 때문에 유럽과는 다른 일본의 고유한 특질을 내세우게 되었던 것이다. 이는 독일 지식인들과 시민계급이 자신들의 독자적 가치관을 표현하기 위해 '문명civilisation' 대신 '문화Kultur'를 채택했던 것과 유사하다. 실제로 일본에서 'culture'나 'Kultur'의 번역어로 '문화'의 개념을 사용한 이들은 이른바 국수주의자들이었다.

대표적인 국수주의자로 손꼽히는 인물은 구가 가쓰난陸羯南(1857~1907)과 미야케 세쓰레이三宅雪嶺(1860~1945)이다.[132] 구가 가쓰난은 '문화'의 개념이 민족정신과 국민정신과 관련되어 정신문화라는 의미를 담게 되는 데 중요한 역할을 하였다. 그는 1888년 6월에 발표

130. 함동주(2004), 앞의 논문, p.386에서 재인용.

131. '국수'는 'nationalty'의 번역어로 정교사(政教社) 회원들에 의해 본격적으로 선전되었다. 정교사는 1888년 잡지 『일본인』을 발행하였으며 메이지 정부의 서구화 정책에 대한 견제 역할을 하였다. 표세만(2006), 「구가 가쓰난(陸羯南)의 "국민" 문화—메이지 내셔널리즘의 한 단면—」, 『강원인문논총』 제15집, p.185.

132. 구가 가쓰난과 미야케 세쓰레이에 대해서는 鹿野政直(1984), 『陸羯南, 三宅雪嶺』, 東京: 中央公論社 참조.

한 「일본문명진보의 기로日本文明進步の岐路」라는 글에서 다음과 같이 주장하였다.

> 원래 각 국민의 국민주의라는 것은 그 뿌리를 국민 특유의 문화에 깊이 내리고 있기 때문에 만약 이러한 각 국민을 통일 · 합동시키려고 한다면 반드시 문화를 통일 · 합동시켜야 한다. 그러나 문화라는 것은 실로 국민 특유의 성격을 이루는 언어, 풍속, 혈통, 습관, 기타 국민의 신체에 부여하는 제도, 법률 등을 종합시키는 것으로서, 그것을 통일 합동하는 것의 어려움은 마치 어린아이를 바로 노인으로 만드는 것과 다르지 않다.[133]

'문화'에 대한 일본 최초의 완전한 정의로 평가받는 내용으로 일본 특유의 문화를 보존해야 한다는 점을 강조하고 있다. 구가는 이어 「문화 및 정치(1~3)」(1890. 2. 12~16)에서는 국민의 생활을 문화상의 생활과 정치상의 생활로 구분하면서 문화상의 생활은 정신상의 생활이라고 주장하였다.[134] 결국 그의 '문화' 개념은 일본 특유의 정신에 다름 아니었다. 그런데 구가 가쓰난은 청 · 일전쟁과 러 · 일전쟁을 찬성하였으며 식민지 지배도 용인하였다. '문명'과 마찬가지로 '문화'도 식민주의로 변질될 논리적 가능성도 다분히 내포한 것이었음을 보여 준다.[135]

133. 니시카와 나가오(2002), 『국민이라는 괴물』, 윤대석 옮김, 소명출판, p.112[西川長夫(1998), 『國民國家論の射程: あるいは「國民」という怪物について』]에서 재인용.
134. 김채수(2005), 앞의 책, p.62.
135. 全且煥(1998), 「陸羯南の國際觀」, 『立命館言語文化硏究』 第9卷 4號. 구가는 1880년대 후반에는 오히려 약소국의 입장에 서서 국민적인 독립을 유지하기 위한 방책에 힘을 기울였다. 구가의 이중적인 인식에 대해서는 朴羊信(1997), 「陸羯南の政治認識と對外論—

1888년 잡지 『일본인日本人』을 간행했던 미야케 세쓰레이는 『진 · 선 · 미 · 일본인眞 · 善 · 美 · 日本人』(1891)에서 "일본인이 자신의 독특한 능력을 크게 펼쳐서 백인의 결함을 보충하고 지극히 진실하고, 선하며, 아름답고 원만하고 행복한 세계로 나아가야 할 막중한 임무를 짊어져야 한다는 사실을 의심해서는 안 될 것"[136]이라며 일본인 고유의 특징을 중심으로 문화론을 전개하였다.

일본의 특수성을 강조하는 '문화'는 서구적 보편성을 강조하는 '문명'에 대항하여 사용된 것이었다. '문명'에 대한 비판적 인식이 등장하는 가운데 1889년 「대일본제국헌법大日本帝國憲法」 반포를 전후하여 '문명'은 물질문명의 의미로 사용되고 정신문화는 '문화'로 쓰이기 시작하는 변화가 나타났다. 다이쇼大正 시대(1912~1926)에 들면서 '문화'는 일반적으로 사용되었다. 메이지 초기에는 '문명'이라는 용어의 사용이 압도적이었고, '문화'라는 말은 거의 쓰이지 않았지만 상황이 역전되었다. '문화'는 처음에는 영어와 프랑스어인 'culture'의 번역어였지만, 독일 문화의 유입과 함께 다이쇼 시대에는 독일어 'Kultur'의 번역어로 인식되는 경향이 강했다. 물질문화의 의미로 쓰이던 '문명'은 거의 쓰이지 않게 되고 대신 '문화'가 그 동안 물질문화의 의미로 쓰여 왔던 '문명'의 의미까지 내포하게 되었다. 프랑스의 문명에 대항하여 등장하였던 문화 개념이 차별성을 강조하여 나치즘으로 나아갔듯 일본의 문화 개념은 천황제와 결부되어 대동아 공영의 건설을 주장하는 논리로 귀결되었다.[137]

公益と經濟的膨張」, 北海道大學 博士學位論文 参조.

136. 니시카와 나가오(2006), 앞의 책, p.219에서 재인용.

137. 니시카와 나가오(2002), 앞의 책, pp.132~133.

3) 중국에서의 '문명' 개념

캉유웨이

일반적으로 중국에서 처음으로 'civilisation'의 번역어로 문명을 사용한 인물은 량치차오梁啓超(1873~1929)로 알려져 있다. 하지만 그의 스승이었던 캉유웨이康有爲(1858~1927)에게서도 'civilisation'의 번역어로 '문명'을 사용한 흔적을 발견할 수 있다. 『대동서大同書』(1919)에는 여러 곳에서 문명이라는 단어가 등장한다. 시기적으로 량치차오와 캉유웨이 가운데 누가 더 먼저 신조어로서의 문명을 사용했는지는 확인하기 힘들며, 다만 1890년대 후반에 들어 중국에서 문명이라는 용어가 사용되기 시작했음을 볼 수 있다. 그러면 『대동서』에서 문명이라는 용어가 등장하는 몇 예를 들어보면 다음과 같다.

> ① 태고의 野人들은 짐승의 모습만 겨우 벗어났을 뿐 떼 지어 몰려다니며 번성하였다. (중략) 성인과 지혜로운 사람이 계속 나오자 문명이 날로 발전해 궁실 · 의복과 요리 · 예악 · 문장 등이 생겨났다.[138]

> ② 어찌 여자가 재능이 없다고 말할 수 있겠는가. (중략) 정숙하고도 재능 있는 여자들로 하여금 그 빛나는 명예를 누려 보지 못하게 하고, 재덕이 뛰어나고도 노력하는 여자들로 하여금 그 文采를 날려 보지 못하게 하고 있으니, 진실로 인재를 기르고 풍속을 아름답게 하는 도를 잃은 것이며 문명개화의 의리가 아닌 것이다.[139]

138. 강유위(2006), 『대동서』, 이성애 옮김, 을유문화사[康有爲(1935), 『大同書』], p.39.
139. 강유위(2006), 앞의 책, p.313.

①은 문명을 전통적인 개념으로 사용한 예로 원시적인 상태에서 벗어나 발전하는 것을 문명으로 인식하였다. 반면 ②는 문명을 civilisation의 번역어로서 사용한 경우로 보이는데 예시문의 '문명개화'는 'civilisation'의 번역어로서의 어감이 강하다. 『대동서』에는 '서양의 문명국'이라는 표현이 종종 보이는데 여기에서의 문명 역시 'civilisation'의 번역어가 아니었을까 추측된다. 이렇게 본다면 캉유웨이가 사용한 문명은 전통적 개념과 신조어 개념이 혼재된 것이었다고 할 수 있다.

그는 "인간이 살면서 문명에 접하지 못하면 야만스러워지고 문명이 발전하면 할수록 또한 괴로움과 근심도 문명을 좇아 더욱 증가하게 된다"[140]며 문명의 긍정적인 면과 부정적인 면을 동시에 포착하였다. 전체적으로 문명은 추구해야 할 긍정적인 가치로 인식하고 있었다. 그는 문명의 구체적인 상태를 다음과 같이 설명하고 있다.

① 문명이란 좋은 음식을 먹고 아름다운 옷을 입는 것이다. 궁실에는 들보와 기둥을 훌륭하게 꾸미고 누각을 중후하게 하며, 그릇은 가짓수가 많아지고 격식을 갖추게 된다. 친한 친구까지 조문도 하고 축하를 하며 지내게 되어 돕고 살기에 이른다.[141]

② 세상이 개벽한 이후 많은 문명국들을 이웃하고 그 사이에 살고 있어서 날아갈 듯한 40층이 되는 높은 건물들이 하늘을 찌르고, 철도

140. 강유위(2006), 앞의 책, p.98.
141. 강유위(2006), 앞의 책, p.98.

나 전선이 수천만 리까지 설치되어 거리를 단축시키며, 예악과 문장은 마치 아름다운 수를 놓은 것 같다.[142]

③ 정치가 문명적인가 야만적인가의 차이는 모두 백성들을 즐겁게 하고 이익이 되게 하면 교화가 진실된 것이고 정치가 문명한 사회이다. 반대로 백성들을 고통스럽게 하고 원망하게 만들면 교화는 퇴보되고 정치는 야만적이다.[143]

문명은 의식주를 비롯하여 정치 영역에 이르기까지 모든 것을 포괄하는 것이며 인간 생활을 안락하게 만드는 것이다. 문명과 야만을 판별하는 기준은 다양하지만 캉유웨이는 특히 인도人道를 문명과 야만을 구분하는 핵심적인 기준으로 파악하였다.

산은 기가 끊어지면 무너지고 몸은 맥이 끊어지면 죽으며 땅은 기가 끊어지면 흩어진다. 그렇다면 사람이 남에게 차마 하지 못하는 아름다운 자질을 끊는다면 인도는 절멸할 것이다. 인도를 끊어 없앤다는 것은 문명을 단절시켜 야만의 상태로 돌아가는 것이며 야만을 끊고 금수 상태로 돌아가는 것이다.[144]

다른 사람을 배려하는 아름다운 자질 즉 인도야말로 문명의 핵심이라는 주장이다. 그는 서구 문명론의 근저에 놓여 있던 진화론

142. 강유위(2006), 앞의 책, p.52.
143. 강유위(2006), 앞의 책, p.383.
144. 강유위(2006), 앞의 책, pp.23~24.

을 무지의 산물이라며 철저히 부정하고 도덕만이 태평세太平世를 이룰 수 있게 하는 것이라고 주장하였다.[145] 캉유웨이는 구미의 여러 국가가 문명이 중국보다 앞서 있으며 강대국이라고 보았다. 예를 들어 종족끼리 단결하는 데는 중국이 뛰어나지만 서양에서는 많은 돈을 기부하여 사회복지기관을 세워 온 나라 사람들이 골고루 혜택을 받게 한다.[146] 또 야만국일수록 계급의 수가 많고 문명국일수록 계급의 수가 적다면서, 문명국인 구미는 귀족 · 승족僧族 · 사족士族 · 평민족平民族 · 전족佃族 · 노족奴族들이 오랫동안 서로 다툼과 살육을 거치면서 귀족과 평민이 대치하고 있는 반면 미얀마나 말레이시아와 같은 나라는 왕족 · 귀족 · 평민 · 노예 등 계급이 심하게 나누어져 있다고 지적하기도 한다.[147] 출생부터 사람의 등급을 결정하는 계급을 기준으로 인도의 실현 여부를 판단했던 것이다. 또 정치적으로도 구미 각국은 승평세升平世에 가깝다고 보았다.[148]

구미가 상대적으로 문명화되었음을 인정하였지만 서구의 행태에 대해 비판적인 시선도 견지하였는데 특히 비판적이었던 것은 문명국들이 자행하는 전쟁이었다.

> 문명국에 관하여 말한 것이지만 兵禍로 인한 참극은 이와 같았다. 만약 저 아프리카나 말레이유 같은 야만인과 남북 아메리카의 원주민처럼 문자가 없어 상고할 수 없는 곳은 그 전화의 참극을 다시 말할

145. 강유위(2006), 앞의 책, p.645.
146. 강유위(2006), 앞의 책, p.414.
147. 강유위(2006), 앞의 책, p.132.
148. 강유위(2006), 앞의 책, p.425.

나위가 없다. (중략) 나라가 있어 경쟁을 하면 사태가 반드시 이에 이른다. 문명국일수록 전쟁으로 인한 참화는 더욱 극렬했다. 대체로 옛날 전쟁은 칼로 하는 것으로 한 사람이 겨우 한 사람밖에 죽이지 못했는데 지금의 전쟁은 화약이나 독물을 써서 죽이므로 스당[프랑스 도시 이름 Sedan—필자]에서는 수십만 명이 하루저녁에 모두 재로 변했다.[149]

하지만 문명국들이 자행하는 전쟁을 참상을 비판하면서도 그는 강대국이 약소국을 멸망시키는 것은 자연스러운 도태의 현상이며 대동세로 나아가는 과정이라고 지적하였다.[150] 거란據亂－승평升平－태평太平의 발전 과정을 거쳐야 한다는 신념 때문에 일견 모순되는 듯한 언급이다.

량치차오

중국에서 처음으로 'civilisation'의 번역어로 문명을 사용한 인물은 량치차오로 알려져 있다. 량치차오는 1896년경부터 진화론에 관심을 갖게 되었다. 헉슬리Thomas H. Huxley(1825~1895)의 『진화와 윤리Evolution and Ethics』를 번역한 옌푸嚴復의 『천연론天演論』에 큰 감동을 받았던 량치차오는 진화론과 함께 문명 개념을 수용하였다.[151] 1896년에 쓴 『변법통의變法通議』에 "야만 천족에서 문명 귀종으로 진화한다[由野番賤族而進爲文明貴種也]"는 내용이 보이며, 같은 해에 쓴 「논중국의강구법률지학論中國宜講求法律之學」에서는 중국은 다른 야만족에 비

149. 강유위(2006), 앞의 책, pp.200~201.
150. 강유위(2006), 앞의 책, p.204.
151. 박성래(1982), 「중국에서의 진화론—양계초의 경우를 중심으로」, 『한국과학사학회지』 제4권 1호, p.142.

하면 문명하지만 서양과 비교하면 야만이라고 지적하면서 "서양인들의 법률학을 발명하여 중국을 문명시키고 또 우리 성인의 법률의 학문을 발명하여 세계를 문명화시키기를 원한다"[152]고 언급하고 있다. 진화론을 수용하기는 했지만 성인의 법률학을 발명하여 세계를 문명화시킨다는 주장에서 살필 수 있듯이 1896년 당시까지만 해도 량치차오는 진화론에 경도되어 있던 것으로는 보이지 않는다.[153]

량치차오가 진화론에 기반한 문명론을 본격적으로 수용한 것은 1898년 무술개혁운동이 실패로 돌아간 뒤 일본에 건너가면서부터였다. 일본에서 번역된 다양한 서적을 통해 서구 사상을 접할 수 있었던 량치차오는 스승 캉유웨이의 대동설大同說을 포기하고 사회진화론으로 무장하였다. 사회진화론을 본격적으로 수용한 1899년 이후 그의 글에는 '문명' 내지 '개화'라는 용어가 빈번하게 등장하고 있다. 1899년 8월부터 1905년 4월까지 『청의보淸議報』와 『신민총보新民叢報』에 연재했던 『자유서自由書』 가운데 '문야삼계지별文野三界之別'은 사회진화론적 문명론을 수용했음을 잘 보여 주는 글이다. 이 글은 『문명론지개략』의 관련 부분을 인용하면서 자신의 견해를 붙인 것인데 량치차오는 세계의 인류가 야만·반개·문명의 3단계로 나누어져 순서를 밟아 상승하는 것이 세계 진화의 공리公理며 인민의 공인公認이라고 밝히고 있다. 또 1899년에 발표한 「민국십대원기론民國十大元氣論」에서 중국의 문명화를 위해서는 형질의 문명 대신 정신의 문명이 필요하다는 것을 강조하였다. 량치차오는

152. 량치차오, 『변법통의』: "吾願發明西人法律之學 以文明我中國 又願發明吾聖人法律之學 以文明我地球".

153. 백영서(1999), 「양계초의 근대성 인식과 동아시아」, 『아시아문화』 제14호, p.135.

『신민설新民說』에서 문명의 학설을 일러 “최고로 고상하고 순수하여 사회를 이롭게 하고 진화시키는 학설[最高尙醇美 利群進俗之學說]”이라고 이야기할 만큼 그는 문명론에 심취해 있었다.

량치차오의 문명론은 국가를 핵심으로 설정하고 있다는 점에 특징이 있다. 그는 세계를 지배하는 것은 ‘강권强權’이며 자유의 권리를 얻기 위해서는 스스로 강자가 되는 것 외에 다른 길이 없으며 강자가 되기 위해서는 자신의 몸과 자신의 국가를 강하게 만들어야 한다고 주장하였다.[154] 경쟁을 큰 악으로 보았던 캉유웨이와 달리 량치차오는 “경쟁은 문명의 어머니”라고 하여 경쟁을 적극 긍정하였으며 그 경쟁의 최고점에 국가가 위치해 있는 것으로 보았다. “국가에 미치지 못하는 것도 야만이고 국가를 넘어서는 것도 야만”이라는 언급에 나타나듯 량치차오에게 독립적인 국가의 수립이 곧 문명의 상징이었다.[155]

국가를 문명의 주체로 보았기 때문인지 량치차오는 서양 국가를 지칭할 때 ‘문명국’이라는 표현을 자주 하고 있다. 이는 서양 국가를 말할 때 주로 ‘서양제국西洋諸國’이라 하고 ‘문명국’이라는 단어를 거의 쓰지 않았던 후쿠자와의 경우와 비교된다.[156] 문명국에 대한 량치차오의 인식은 물론 매우 긍정적인데 1903년에 쓴 「논중

154. 량치차오, 「論强權」, 『자유서』.

155. 그에게 문명은 서로 넘볼 수 없도록 동등한 국력을 가진 나라들이 그 긴장을 유지하고 있는 상태로 그려진 듯하다.

156. 후쿠자와는 서양 문명을 말할 때 일반적으로 ‘문명’ 내지 ‘서양의 문명’이라고 표현하는데 이는 서양 국가와 그들의 문명을 분리하여 인식하고 있었음을 보여 준다. 이는 서양 문명에 대한 객관적인 평가를 중시하는 태도라고 할 수 있는데 후쿠자와는 서양 문명을 동경하여 무조건 흉내 내는 개화 선생의 행태를 비판하면서 서양 문명을 경솔히 믿는 것은 믿지 않는 것만 못하다고 지적한 바 있다. 후쿠자와 유키치(2007), 앞의 책, pp.201~202 참조.

국국민지품격論中國國民之品格」에서 문명이 발달한 최상위 등급 국가에 대해 다음과 같이 설명하고 있다.

> 타인의 존경을 받는 나라로 그 교화와 정치의 탁월함은 지구에서 으뜸이다. 그 문화와 문물의 찬란함은 이목을 현란하게 한다. 일체의 거동은 모두 公理에 따르며 위력을 과시할 필요가 없다. 이웃나라들은 그를 모두 애지중지한다.[157]

문명국에 대한 긍정적인 인식은 비문명국 즉 중국에 대한 비하로 이어졌다. 1898년 당시까지만 해도 량치차오는 중국의 백성은 지식이 있고 군권이 통일되어 있어 마음만 먹으면 쉽게 떨쳐 일어날 수 있을 것으로 자신하였지만[158] 1900년대에 들자 중국은 자립 능력이 없어 타인의 유린을 당하여 언제 망해도 이상할 것이 없는 가장 하등한 나라로 분류되었다.[159]

량치차오는 중국이 문명국으로 성장하지 못한 주요한 원인을 유학에서 찾았다. 개인적인 수양을 중시하는 유학적 태도로 인해 공적인 관계가 발전하지 못했으며, 평천하를 추구하는 대동사상이 국가정신의 발전을 가로막았다는 것이다. 또 스스로를 과대평가하는 객기 때문에 상등의 나라로 자부하면서 남들을 깔보고 오랑캐 취급하여 경쟁하지 못해 문명에서 뒤처졌다고 반성하였다.[160] 유

157. 이혜경(2007), 『량치차오: 문명과 유학에 얽힌 애증의 서사』, 태학사, p.131,166에서 재인용.
158. 량치차오, 「論不變法之害」, 『변법통의』.
159. 량치차오, 「論中國國民之品格」, 『飮氷室文集』 권14.
160. 량치차오, 『신민설』.

부로 분출되는 것이라고 보았던 량치차오에게 문명국이 야만국으로 진출함은 당연한 것이었지만 제1차 세계대전은 문명국들 간의 전쟁이라는 점에서 적지 않은 충격이었다. 제1차 세계대전은 량치차오의 국가관에 따르면 야만으로의 회귀였다.

량치차오는 유럽이 위기를 맞게 된 일차적인 원인이 과학만능주의에 있는 것으로 보았다. 과학의 발달로 외부 환경은 급격히 변화하였지만 내면생활이 그를 따르지 못해 동요가 나타나게 되었다는 것이다. 특히 그는 수단을 가리지 않고 욕망을 추구하려는 욕구가 문제이며 전쟁도 그러한 이유에서 발생한 것이라고 분석하였다. 도덕의 부재가 근본적인 문제라고 파악한 것이다.

유럽의 위기와 관련한 또 다른 문제라고 본 것은 량치차오가 그간 중요시하였던 국가주의였다. 량치차오는 국가주의로 무장한 독일이 패배했다는 사실에 상당히 혼란스러워하면서 결국 "독일이 패배한 원인은 국가주의가 과도하게 기형적으로 발달해서 인민의 개성이 국가에 의해 거의 잠식당한 데 있다"는 결론을 도출하였다. 국가주의의 폐해로 인해 독일 국민은 영국 · 프랑스 · 미국 등 개성이 가장 발달한 국민에게 도저히 대적할 수 없었다는 것이다. 량치차오는 국가주의를 버리고 개성을 선택하였다. "최근 1백 년, 유럽의 물질적 · 정신적 변화는 모두 '개성의 발전'에 의한다. 현재에도 날마다 이 길로 전진하고 있다"고 지적하였다.[163]

량치차오는 유럽의 물질문명이 파산한 것으로 보았고 이런 상황에서 중국의 정신을 통해 그들을 구원해야 한다고 주장하였다. "서양의 문명으로 우리의 문명을 확충하고, 우리의 문명으로 서양

163. 이혜경(2007), 앞의 책, pp.203~206.

의 문명을 보충하여 그 둘로 하여금 화합하여 새로운 문명을 이루어야"[164] 한다는 것이 그의 목표였다. 그러기 위해서는 사람마다 중국의 문화를 존중하고 사랑해야 하며 중국의 문화를 연구하고 다른 사람들의 문화로 보조하여 문화융합작용을 일으켜야 한다고 강조하였다.[165]

동서 문명의 융합을 강조했지만 그가 최종적으로 도착한 목적지는 한때 문명의 장애요인이라고 신랄하게 비난했던 유학이었다. 량치차오는 국가주의의 조류를 거슬러 헤엄치다 거의 죽을 뻔했다고 국가주의를 반성하면서 과거에 존경받았던 중국의 학설들을 검토하는 작업에 돌입하였다. 그 결과물이 1922년에 발간된 『선진정치사상사先秦政治思想史』인데 여기에서 그는 문명으로서의 국가의 의미를 아예 부정하였다.

> 중국인은 문화를 가진 이래로 줄곧 국가를 인류 최고의 단체로 인식한 적이 없다. 그 정치론은 항상 전 인류를 대상으로 했으므로 목적은 평천하에 있었다. 국가는 가족과 마찬가지로 '천하'를 구성하는 하나의 단계일 뿐이다. 정치는 전 인류 가운데 한 구역, 한 부분 사람들의 이익을 위해 존재하는 것이라고는 절대 생각하지 않는다. 외부에 대항한다는 관념이 극히 희박하기 때문에 내적으로 특별히 단결해야 할 필요도 느끼지 않았다.[166]

164. 량치차오, 『歐遊心影錄節錄』.
165. 구범진(1994), 앞의 논문, pp.70~71.
166. 이혜경(2007), 앞의 책, p.214에서 재인용.

유교적 보편의식이 국가주의를 완전히 대체하였다. 중국의 치명적인 약점으로 생각되었던 국가 의식의 박약이 유럽 문명의 문제점을 치유할 수 있는 대안으로 제시되었다. 일시동인과 화해할 수 없는 편파적인 보국심을 강조했던 후쿠자와의 인식과는 대조가 되는 부분이다. 서양 문명 전체를 물질문명으로 규정한 그는 중국의 문명을 정신문명의 대표적인 것으로 부각시켰다. 그는 중국의 오랜 정신적 지도자 공자와 그의 유학을 미래세계를 지도할 조화정신의 상징으로 부각시켰다. 그가 보기에 공자의 유학 안에는 물질과 정신, 개인과 사회를 비롯한 모든 것들이 조화되어 있었다. 량치차오가 불러낸 유학은 어떠한 서양 문명도 초월하는 것이었고 유학은 시대를 초월하는 조화 정신으로 부활하였다.[167]

167. 이혜경(2007), 앞의 책, pp.220~221.

3. 한국에서의 '문명' 개념의 수용

1) 1880년대 전반 '문명' 개념의 수용

'문명' 개념의 수용

후쿠자와에 의해 개념이 정리된 '문명개화'는 1870년대 일본의 대표적 유행어로 풍미하게 되었다. 이러한 새로운 문명 개념은 1880년대에 들어 조선에도 알려지기 시작하였다.[168] '문명개화' 개

168. 조선에서 일본식 '개화' 개념을 사용한 최초의 예는 오경석(吳慶錫, 1831～1879)에게서 발견된다. 1876년 일본과의 강화도조약에 문정관으로 동행했던 오경석은 조약이 체결되는 동안 일본인들과 자주 필담을 나누었는데, 일본이 서양의 기선, 기차, 전신 등을 도입하여 생활이 편리해졌다는 이야기를 듣고 "개화의 인간을 만나 개화 이야기를 나누는 정의가 각별히 느긋하다"고 대답했던 것으로 알려져 있다[김하원(1993), 「초기 개화파의 대외인식」, 『부대사학』 제17집, pp.492～495]. 그러나 이는 일본 측 기록에 나오는 것

념과 처음 접촉한 이들은 1881년에 파견된 조사일본시찰단원들이었다. 조사시찰단의 조사로 일본을 방문했던 이헌영李鑢永은 일본의 한학자 나카다 다케오中田武雄로부터 조선이 취해야 할 방향을 권고한 글을 받았는데 이 글에는 몇 차례 '문명'이라는 용어가 등장한다. 예를 들어 나카다는 만국의 국체國體는 군주전제君主專制·군주전치君主專治·귀족전치貴族專治·군민공치君民共治·합중정치合衆政治 다섯 가지로 나뉘는데 군민공치와 합중정치 가운데 하나를 택하지 못하면 문명하다고 할 수가 없으며 그 밖의 세 가지는 어리석은 야만인들이나 달게 받는 것이라고 지적하였다.[169] 나카다가 언급한 '문명'은 물론 'civilisation'의 번역어였다.

이헌영은 '개화'라는 용어도 들을 수 있었다. '문명'과 달리 '개화'는 매우 낯선 용어였던 듯 일본 땅에 와서 처음으로 '개화'라는 말을 들었다며 그 뜻이 무엇이냐고 묻고 있었다. 일본인이 "예의를 깨뜨리고 옛 풍속을 무너뜨려 오늘의 양풍洋風에 따르는 것을 득책으로 삼는 것"이라고 대답하자 이헌영은 그런 것이 어찌 개화가 되겠느냐고 응대하였다.[170] 역시 조사시찰단의 일원으로 일본에 다녀왔던 박정양朴定陽(1841~1904)도 '개화'에 대해 언급하고 있다. 고종에게 바친 「일본문견조건日本聞見條件」에서 "쇄항·수구를 주창하는 사람들은 감히 조의朝議에 참여할 수 없었고 오직 개항·개화의 무리들만 크게 등용되어 높은 관직에 뛰어오르게 되었다"고 한 것이 그것이다.[171] 여기에서 '개화'는 '수구'의 반대 의미로 '개

이어서 실제로 오경석이 '개화'라는 용어를 사용했는지 일본인들이 오경석의 이야기를 개화라는 용어로 정리한 것인지 확인할 수는 없다.

169. 이헌영, 「散錄: 中田武雄書」, 『日槎集略』 人.

170. 이헌영, 「問答錄: 橫濱港大淸理事署譯員日人林又六來訪問答」, 『日槎集略』 人.

171. 박정양, 「일본문견조건」, 『박정양전집』 권21. '개화' 개념에 대해서는 이광린(1989),

화의 무리'란 문명개화론자를 지칭하는 것임을 알 수 있다. 조사 어윤중魚允中(1848~1896)은 "일본이 혹 조금 먼저 개화된 것을 믿고" 라고 하여 일본의 변화를 정확히 '개화'로 표현하고 있다.[172]

조사시찰단원들의 글에는 '문명'보다는 '개화'가 더 자주 언급되는데 이는 '문명'과 달리 '개화'가 새로운 용어였기 때문일 것이다. 『한성순보漢城旬報』 논설에서는 '개화'를 '개물성무 화민성속開物成務 化民成俗'의 줄임말로 설명한 바 있다.[173] '개물성무'는 『주역』에 나오는 것으로 "사물을 열고 일을 이룬다"는 의미를 담고 있으며 성인이 갖추어야 할 덕목을 표현한 것이다.[174] '화민성속'은 『예기禮記』에 나오는데 군자가 백성을 교화시키기 위해서 배움이 먼저 이루어져야 한다는 뜻이다. 즉 사물의 이치를 깨달아 힘써 백성을 교화시켜 바른 풍속을 이룬다는 것이다.[175] 조선 시대에도 '개물성무'와 '화민성속'은 일반적으로 사용되었지만 양자를 합쳐 개화로 사용한 예는 없었다. 그런 점에서 볼 때 『한성순보』의 개화에 대한

「개화사상의 형성과 그 발전」, 『개화파와 개화사상 연구』, 일조각, pp.25~29 참조. 한편 김영작은 1876~1910년까지 문명개화 관련 용어의 사용 빈도 등을 상세히 분석하여 '개화' 나 '문명' 용어가 어떻게 사용되었는가를 이해하는 데 많은 도움을 준다. 김영작(2008), 「조선조 말기의 서구 수용과 전파 양상에 관한 실증 연구—문명개화, 자주독립, 부국강병 의식의 구조를 중심으로—」, 『'문명' '개화' '평화'』, 아연출판부 참조.

172. 어윤중의 개화사상에 대해서는 허동현(2001), 「어윤중의 개화사상 연구—온건 개화파 내지 친청사대파설에 대한 비판적 검토—」, 『한국사상사학』 제17권 참조.

173. 『한성순보』 1898년 9월 23일자 논설. 한편 일본 유학생 元應常이란 인물은 개화가 '開物成務 化成天下'의 줄임말로 civilisation을 의역한 것이라고 설명하였다. 박찬승(1999), 「1890년대 후반 도일(渡日) 유학생의 현실인식—유학생친목회를 중심으로—」, 『역사와 현실』 제31권, p.133.

174. 『周易』, 「繫辭傳」: "夫易 開物成務 冒天下之道 如斯而已者也 是故聖人以通天下之志 以定天下之業 以斷天下之疑".

175. 『禮記』, 「學記」: "發慮憲 求善良 足以謏聞 不足以動衆 就賢體遠 足以動衆 未足以化民 君子如欲化民成俗 其必由學乎".

설명은 서양 문명화의 내용을 전통적인 개념을 끌어 표현한 것이라고 할 수 있다.[176]

'문명'은 매우 익숙한 단어이기는 했지만 국체의 형태로 '문명'과 '야만'을 구분하는 나카다의 설명은 전통적인 문명 인식과는 전혀 다른 것이었다. '개화'의 개념도 생소했던 이헌영의 경우 새로운 '문명' 개념을 이해하기 힘들었을 것이다. 그는 일본의 식자들이 서양 오랑캐에게 쉽게 복종하여 풍속이 심하게 변화되었음을 한탄하고 있다는 이야기를 전하는 등 일본의 변화를 부정적으로 서술하였다. 일본의 부강에 대해서도 일본이 비록 부강하지만 자주적으로 계획하고 시행하지 못해 속으로는 어려움을 겪고 있다며 비판하였다.[177]

'문명' 개념을 조선에 본격적으로 소개한 인물은 유길준과 윤치호였다. 유길준은 1881년 6월부터 1882년 12월까지 후쿠자와 유키치가 경영하는 게이오기주쿠慶應義塾에 유학하면서 일본의 문명 개념을 접하게 되었다. 일본에 유학 중이던 1882년 4월 후쿠자와가 창간한 『시사신보時事新報』에 기고한 「新聞의 氣力을 論함」이라는 글에서 "大槪 나라를 開化로 가게 하고 文明으로 引導케 하는 活潑의 氣象과 奮揚의 마음과 維持의 힘을 으뜸으로 한다"고 하여 문명이라는 용어를 사용했던 유길준은 일본에서 귀국한 후 문명이라는 용어를 소개하였다.[178] 1883년에 쓴 『한성순보』 창간사에는 여러 곳에서 개화문명 내지 문명이라는 단어를 사용하였다. 그는

176. 조선 시대 '개물성무 화신성속' 용례에 대해서는 김윤희(2008), 「갑신정변 전후 '개화' 개념의 내포와 표상」, 『개념과 소통』 제2호, pp.80~83 참조.

177. 이헌영, 「聞見錄」, 『日槎集略』 天.

178. 이광린(1992), 『유길준』, 동아일보사, pp.20~22.

문명을 증진시키는 것이 신문의 역할이라고 하면서 그 구체적인 내용으로 권선징악하는 도道를 유행하게 하는 것, 정치를 적의適宜하게 개량하는 것, 농공상 제반 산업을 성대하게 하는 것 등을 들었다.

유길준의 문명론은 1883년에 발표한 「세계대세론世界大勢論」 '개화수이開化殊異' 편에서 좀 더 구체적인 모습을 드러낸다. 이 글에서 유길준은 후쿠자와의 분류방식을 차용하여 개화를 '야만' · '미개' · '반개' · '문명'의 4등급으로 구분하면서 각 단계의 내용을 설명하고 있다. 유길준은 일단 "半開地位을 脫ᄒᆞ고 一進ᄒᆞᆫ則 文明이니 文明이라 ᄒᆞᄂᆞᆫ 者ᄂᆞᆫ 農工商의 諸業이 盛大ᄒᆞ고 文學技術에 篤實ᄒᆞᆷ이니 歐洲諸國과밋 亞墨利加合衆國 갓튼 者을 云ᄒᆞᆷ이라"[179]고 문명을 정의하고 있다. 그리고 이를 부연하면서 구법舊法과 문지門地를 존숭하지 않고 법령이 명백하며 정치가 다수에 의해 결정된다는 내용을 첨부하였다. 문명에 대한 최초의 직접적인 정의라 할 수 있다. 후쿠자와는 세계의 문명이 학술 · 상고商賈 · 법률의 세 가지 분야와 전적으로 관련되어 있다고 설명한 바 있는데[180] 유길준의 문명 개념은 그러한 설명과 유사하다.

유길준은 1883년에 쓴 「경쟁론競爭論」에서 경쟁을 통해서만 "富强ᄒᆞ며 文明ᄒᆞᆫ 境域"에 들어갈 수 있다며 부강과 문명을 언급하고 있다. 경쟁의 내용은 이러한 것이었다.

> 自國事物을 執取ᄒᆞ야 彼國事物에 比較ᄒᆞ되 彼의 事物이 畢然 我의

179. 유길준전서 편찬위원회(1971), 『유길준전서』 III, 일조각, p.33.
180. 福澤諭吉(2007), 앞의 책, p.37.

事物보단 優ᄒᆞᆫ자 잇거든 取ᄒᆞ야 我短을 補ᄒᆞ고 我의 事物이 果然 彼의 事物보단 長ᄒᆞ거든 永久保存ᄒᆞ야 其長을 益長ᄒᆞ게 ᄒᆞ야써 一國의 文明을 進ᄒᆞ며 一國의 富强을 成ᄒᆞ야[181]

그리고 국가의 경쟁이 광위光威와 부강의 증진增進을 이루고, 인생의 경쟁이 지덕智德과 행복의 숭진崇進을 이룬다고 설명한다. 인생의 경쟁 결과인 지덕과 행복은 문명한 경역에, 국가의 경쟁 결과인 광위와 부강은 부강한 경역에 각각 연결되고 있음을 볼 수 있다. 지덕을 문명의 핵심으로 보았던 점에서 유길준의 문명론은 후쿠자와의 지덕 개념을 수용한 것이라고 할 수 있다. 이를 보면 1883년 당시 유길준의 문명관은 후쿠자와의 문명의 기본적인 개념을 소개했다고 할 수 있다.[182]

윤치호는 17세이던 1881년 조사시찰단의 조사 어윤중의 수원으로 일본에 파견된 후 약 2년 동안 체류하면서 문명론을 접하였다. 일본의 발전상에 큰 감명을 받았던 윤치호는 일본의 신문명을 수입하기 위해 동인사同人社에 입학하였다. 후쿠자와, 나카무라 마사나오中村正直 등의 문명개화론자들과 접촉하면서 윤치호는 문명개화론을 수용하게 되었다. 일본에서 귀국한 후 개화파 인사들과 긴밀한 관계를 유지했던 윤치호는 개화당에 대해 '옛것을 고쳐 항구한 독립을 도모하는 데[興新改舊 恒圖獨立]' 뜻을 두고 있으며 개화파에 대해 '문명독립에 뜻을 두고 스스로 우내에 떨치려는 인사들[有意於

181. 『유길준전서』 IV, p.47. '경쟁' 인식이 문명개화론에서 차지하는 위치와 성격에 대해서는 와타나베 히로시(2008), 「경쟁과 '문명'」, 『'문명' '개화' '평화'』, 아연출판부 참조.
182. 유길준의 문명관에 대해서는 이원영(1996), 「문명사관과 문명사회론—유길준의 서유견문을 중심으로—」, 『한국정치학회보』 제30권 4호 참조.

文明獨立 自振宇內之士]'이라고 설명한 바 있다.[183] 개화와 문명을 거의 같은 뜻으로 이해하고 있었음을 볼 수 있다. 윤치호는 "내가 바라는 것은 나라가 태평하고 문명화되어 가는 것"[184]이라고 이야기할 정도로 문명에 심취해 있었다. 문명에 대한 확신을 가지고 있었던 것인데 그가 이해한 문명개화는 어떤 것이었을까. 유길준과 달리 윤치호는 문명의 의미를 직접적으로 설명한 적이 없다. 다만 유사한 정의를 살펴보자면 다음의 사료를 들 수 있다.

> 세계의 부강한 나라들도 처음에는 가난하고 약하였다. 다만 전진하여 게을리하지 않았고 부강을 도모하였으며 농사철을 빼앗지 않았고 부렴을 가볍게 했던 것이다. 백성들이 이에 편해지자 예의로 가르치고 형률로 묶어 그 권리를 보장하여 자유와 천복을 누리게 하였던 것이다. 이런 까닭에 백성들이 충군 애국하는 뜻을 알아 상하가 같이 근심하고 같이 기뻐하게 되고, 안으로는 그 업을 편안히 하고 밖으로 능히 남의 업신여김을 막을 수 있었다.[185]

부강한 나라가 문명국을 가리키는 것이 일반적이므로 위의 언급은 문명국에 대한 설명이라고 보아도 무리가 없을 것이다. 예

183. 윤치호(1975), 『국역 윤치호일기』 上, 송병기 옮김, 탐구당, p.256(1884년 음력 9월 19일). 박영효도 1888년 고종에게 보낸 「건백서」에서 몇 해 전에 당파가 또 다시 2개로 나뉘었는데 "새로운 것에 나아가고 자립한다"는 입장과 "옛것을 지키고 남에게 의존한다"는 입장이 바로 그것이라며 개화당과 수구당을 구분한 바 있다. 日本外務省 編, 『日本外交文書』 권21, 「朝鮮內政ニ關スル朴泳孝建白書」, p.308, 이하 「건백서」로 약칭함.
184. 『국역 윤치호일기』 上, p.325(1884년 음력 12월 30일).
185. 『국역 윤치호일기』 上, p.356(1885년 음력 5월 8일): "夫世界富强之國 未始不貧且弱也 但進爲不怠 圖强謀富 不奪農時 薄斂省賦 民乃乘逸 敎之禮義 繩之刑律 保其權理(利) 使享自由天福 故民於是知忠君".

의 · 법률 · 권리 · 자유와 같은 것들이 문명국의 중요한 요소였다. 그런 기준에 따르자면 조선은 문명과는 거리가 먼 국가였다. 1884년 어윤중과 대화를 나누던 중 조선이 만이蠻夷냐, 아니냐 하는 이야기가 나왔을 때, 야만을 면한 지 오래되었다는 어윤중의 말에 윤치호는 야만과 개화의 구별은 인의와 잔혹의 차이에 있다면서 조선은 법을 만들어 백성을 얽어매고 있다고 반박하였다.[186] 개화한 나라가 형법을 통해 백성들의 권리를 보장하는 데 반해 조선은 법으로 백성들을 억압하고 있으므로 야만의 나라일 수밖에 없다고 본 것이다.

개화파의 이념인 '문명독립'을 지지하였던 윤치호에게 조선은 독립의 측면에서도 야만국이었다. 더욱 불만스러운 것은 조선에 대한 종주권을 행사하는 청이 문명국이 아니라는 점이었다. 그는 청이 문명국들과 통교한 지 60여 년이 지났지만 부강을 이루지 못했고 인민들도 완고하다며 청을 '가증스러운 완노頑奴'라고 폄하하였다. 그는 그러한 청에 조선이 종속되어 있어 외국인들에게 금수나 야만으로 비쳐진다며 매우 수치스럽게 여겼다. 그는 청국이 조선 문제에 간접적으로나마 간섭하는 한 조선은 문명화되거나 번영할 수 없다고 단언하였다. 윤치호는 청국의 간섭을 배제하고 낡고 무지한 정치를 쇄신하는 데 전력을 다하고 개화한 여러 나라들의 모델에 따라 문명을 취하지 않는다면 안남과 같은 비참한 상태에 빠질 것이라고 보았다.[187] 그는 일본을 조선이 추구해야 할 문

186. 『국역 윤치호일기』 上, pp.108~109(1884년 음력 1월 2일); 허동현(2002), 「1880년대 개화파 인사들의 사회진화론 수용양태 비교 연구—유길준과 윤치호를 중심으로—」, 『사총』 제55호, p.182.

187. 『윤치호서한집』, 「To Anonymous Person」(1885년 6월 5일); 유영렬(1995), 『개화기

명개화의 모델로 설정하고 고종에게 개혁을 단행할 것을 건의하였다. 일본은 30년 내외로 경장 진작하여 문명과 부강을 달성하여 청국보다 백배나 낫다고 보았기 때문이다.[188]

윤치호의 문명개화는 내부 개혁을 통해 부강을 이루고 이를 발판삼아 대외적으로 독립적인 지위를 유지하는 것을 목표로 삼고 있었다. 그리고 그러한 목표 달성을 위해 무엇보다 필요하다고 본 것은 문명 정부였다. 안으로 백성을 편안하게 하고 밖으로 이웃나라의 문제를 살펴 대비하는 것이 문명 정부이다. 그런데 그의 눈에 비친 조선 정부는 무능하고 타락한 정부였다. 탐학을 일삼아 백성들은 도탄에 빠져 있고 국가의 토지를 다른 나라에 빼앗기고도 깨닫지 못하고 있는 것이 그가 본 조선의 정부의 모습이었다.[189] 정부에 실망한 그는 국가를 만이蠻夷 즉 청의 손에 맡기느니 차라리 다른 문명국에 맡겨 과중한 세금과 악한 정치 하에 있는 백성들을 구하는 것이 더 낫겠다고 속내를 밝히기도 하였다.[190] 문명 정부에 대한 강조는 일본 메이지유신의 경험을 모범으로 설정했기 때문이 아닐까 생각되는데 문명의 정신을 강조했던 후쿠자와의 문명론과는 거리가 있는 것이었다. 후쿠자와는 문명의 정신을 '일국 인민의 기풍'으로 보아 인민의 지적 능력을 개발하는 것을 최우선의 가치로 삼았지만 1880년대 전반 『윤치호일기』에 나타나는 인민은 문명 정부의 보호 하에 있어야 하는 수동적인 존재로 그려지고 있다. 시급하게 문명화해야 한다는 강박 관념과 부패

의 윤치호 연구』, 한길사, p.68.

188. 『국역 윤치호일기』 上, pp.221~222(1884년 음력 6월 1일).

189. 『국역 윤치호일기』 上, p.356(1885년 음력 5월 8일).

190. 『국역 윤치호일기』 下, p.81(1886년 음력 8월 12일); 유영렬(1995), 앞의 책, p.69.

한 정부가 문명화를 막고 있다는 인식의 결합이 문명 정부의 탄생에 대한 기대로 표출되었다고 할 수 있다.

『한성순보』·『한성주보』의 '문명'

『한성순보』와 그를 이은 『한성주보』는 한국 최초의 근대적 신문이다. 『한성순보』는 1882년 박영효朴泳孝(1861~1939)가 수신사로 일본에 다녀온 것을 계기로 발간 기틀이 마련되었다. 신문을 발간해야 한다는 박영효의 건의가 받아들여져 신문 창간 작업이 진행되었는데 실무는 유길준이 맡아 보았다. 유길준은 신문 발간을 예상하여 미리 작성한 『한성순보』 창간사에서 신문의 역할을 다음과 같이 정리하고 있다.

> 今夫新聞紙라 稱ᄒᆞᄂᆞᆫ者ᄂᆞᆫ 文明諸國에 盛行ᄒᆞ야 其功效를 不遑枚擧로되 其大槪을 論辨ᄒᆞᆫ즉 殆無涯際ᄒᆞ나 그러ᄒᆞ나 其要領은 一國人民의 智見을 擴大ᄒᆞᄂᆞᆫ데 過치 아니 ᄒᆞᄂᆞ니 大則 萬國政治事理로부터 小則 一身一家의 修齊에 이르히 日新又新ᄒᆞ야 其卑陋ᄒᆞᆫ 習俗을 脫ᄒᆞ며 開明ᄒᆞᆫ 化運에 何ᄒᆞ야 弊害을 除ᄒᆞ고 正理에 歸ᄒᆞ며 不便을 捨ᄒᆞ고 有益에 就ᄒᆞ야 其國의 文明을 增進ᄒᆞ게 ᄒᆞᄂᆞᆫ데 不出ᄒᆞᄂᆞ니[191]

문명 증진이 신문 발간의 궁극적인 목표였다. 그 문명의 내용은 비루한 국가 정치부터 개인의 습속에 이르기까지 비루한 습속을 개혁하는 것이었다. 그리고 문명화는 일반 국민의 지견을 확대함으로써 이루어질 수 있다고 보았고 그러한 목적을 달성하기 위해

191. 『유길준전서』 Ⅳ, p.5.

신문은 국한문혼용체를 채택하였다. 문명 증진이 목적이었기 때문에 신문 체제를 구상할 때 7개 주요 항목 가운데 하나로 '문명사무文明事務'를 설정하였다.

신문 창간은 본래 박영효를 중심으로 한 개화파가 주도하였다. 하지만 박영효가 1883년 3월 민씨 일파의 공격을 받아 한성부 판윤의 자리에서 물러나면서 창간 작업이 차질을 빚게 되었고, 결국 『한성순보』는 중도적인 입장을 지니고 있던 정부 관료들에 의해 1883년 10월 31일(양력) 창간되었다.[192] 발행 기간이 그리 길었던 것은 아니지만 『한성순보』는 1880년대 초반 대외 사정을 공식적으로 소개하는 유일한 창구였다. 신문 기사는 세계 각국의 상황을 알리는 내용이 주를 이루고 있다. 신문은 중국이나 일본 신문의 논설과 기사를 게재하여 서구의 발전된 문물을 소개하거나 문명론의 입장을 간접적으로 보여 주고 있다. 인용글이 대부분이기는 하지만 기본적으로 인용 내용에 동감했기 때문에 게재를 했을 것이므로 신문 내용은 당시 중도적 인사들의 문명관을 살피는 데 중요한 자료가 된다.[193]

창간 주체가 바뀌었기 때문에 신문의 기본적인 논조는 애초 유길준이 구상했던 것과는 달라질 수밖에 없었다. 유길준이 문명의

192. 『한성순보』의 성격에 대해서는 이광린(1968), 「『한성순보』와 『한성주보』에 대한 일고찰」, 『역사학보』 第38호 참조.

193. 『한성순보』 기사 가운데는 중국 관계 내용이 가장 많은데 이는 중국을 통한 수용을 추구했음을 보여 준다. 이에 대해서는 정진석(1983), 「한성순보와 주보의 뉴스원」, 『신문학보』 제16호, pp.14~16; 정대철(1984), 「한성순보 · 주보의 개화방향에 관한 고찰」, 『한국학논총』 제5집, 한양대학교 한국학연구소, p.107 참조. 『한성순보』와 『한성주보』의 문명관에 대해서는 길진숙(2004), 「『독립신문』 · 『미일신문』에 수용된 '문명/야만' 담론의 의미 층위」, 『국어국문학』 제136권, pp.324~331 참조.

증진을 목표로 설정했던 데 반해 『한성순보』를 관통하는 핵심적인 사상은 부강이었다. 부강은 이들 신문에 가장 빈번하게 등장하는 용어였다.[194] 『만국공보萬國公報』에서 인용한 「부국설富國說」은 제목에 잘 나타나듯 부강에 대한 『한성순보』의 관심을 단적으로 보여 주는 기사이다. 「부국설」은 부강은 비록 王道를 말하는 이들이 담론하지 않는 바이지만 왕업王業을 연구해 보면 부강의 범주에서 벗어나지 않으며 부강이야말로 국가의 바탕이라고 강조하고 있다.[195] 부강을 조선이 추구해야 할 목표로 설정했음이 분명하다. 부강정책의 추진을 주장하는 중국 측과 일본 측 기사를 게재하여 그러한 목표의 타당성을 강조한다. 『상해신문上海新聞』에서 인용한 기사는 유럽인들이 상업을 중시해 각국을 왕래하면서 무역을 한 결과 부강해져 4대주의 이권을 거의 장악하게 되었다고 지적한다. 이 기사는 중국도 유럽처럼 대상大商을 정부에서 보호하고 상인의 사업을 도와주었다면 유럽인과 해외의 이익을 나누었을 것이라고 안타까워하면서 상업 지원을 통해 부강을 도모할 것을 촉구하고 있다.[196] 구미인들이 부강함을 믿고 오만한 것은 工商의 이익과 함포의 위력 때문으로 우리도 저들의 군사제도 · 전선 · 주거 · 천문 · 산학 · 광무 · 통상 · 경직 등을 힘써 강구하면 부강하게 될 것

194. '부강'이라는 용어가 포함된 기사는 모두 108건이다. 반면 '개화'와 '문명'은 각각 30건과 16건으로 나타난다. 부국강병은 국가적인 사업으로 일반 국민과는 거리가 있는 것이었다. 창간 계획 당시 본래 국한문혼용체를 구상했지만 실제 신문은 한문체 문장이었다. 한문을 해독할 수 있는 지식층을 독자층으로 설정했던 것인데 이는 부강을 추구했던 신문의 성격과 관련된다고 볼 수 있다.

195. 『한성순보』 1884년 5월 1일자(제22호) 「各國近事: 富國說 上」; 1884년 5월 11일자(제23호) 「各國近事: 富國說 下」. 『한성순보』와 『한성주보』는 동방미디어에서 제작한 CD를 이용하였다.

196. 『한성순보』 1883년 11월 21일자(제6호) 논설 「論華人三興致富」.

이라는 요지를 담은 일본 측 기사도 부강의 필요성을 강조하는 글이다.[197] 각종 기사를 통해 드러나는 구미의 이미지는 부강이었다.

부강을 위해 수용해야 할 구체적인 대상은 과학기술 분야로 선정되었다. 서양 학문이 분파되어 가지가 많지만 요점은 모두 천문학 · 산학 · 격물학 · 화학 등이라고 보았다.[198] 서양이 부강할 수 있었던 것은 허문虛文만 숭상했던 동양과는 달리 실학에 종사했기 때문인데 실학은 바로 과학과 같은 것이라고 강조한다.[199] 따라서 교육은 서양 과학기술 수용에 초점이 맞추어져야 하는 것이다.

서양 과학기술이 시급히 수용해야 할 대상으로 설정되었던 반면 서양의 기독교에 대해서는 비판적인 태도를 취하였다. 「논야소교論耶蘇敎」는 그러한 입장을 담은 대표적인 기사이다. 이 기사는 공자의 도는 위로 천리에 합당하고 아래로 인정에 합당하여 한 마디도 근거하지 않은 것이 없고 털끝만큼도 고치거나 수식할 것이 없다고 강조한다. 반면 유교의 합리주의에 입각하여 예수의 이적과 천당지옥설을 부인하면서 사람이 할 일은 오직 선뿐이라고 주장하였다.[200]

부강이 전면에 내세워졌던 반면 문명이나 개화에 대한 직접적인 설명은 없으며 다만 부강을 매개로 간접적으로 언급되는 데 그치고 있다. 「태서운수론泰西運輸論」에는 운수의 발달에 따라 부국강병의 방책이 점점 성취되므로 문명개화의 源由원유가 이것으로 점점

197. 『한성순보』 1884년 2월 11일자(제14호) 「各國近事: 歐洲各國兵備一覽表」.
198. 『한성순보』 1884년 2월 11일자(제14호) 「各國近事: 泰西文學源流考」.
199. 『한성순보』 1884년 3월 1일자(제16호) 「各國近事: 伊國日盛」.
200. 『한성순보』 1884년 5월 21일자(제24호) 「論耶蘇敎」; 이광린(1975), 「개화파의 개신교관」, 『역사학보』 제66호, p.22.

발달된다는 내용이 보인다.[201] 「전보설電報說」에서는 전선에 대해 설명하면서 만국이 부강할 기조基兆로 개화의 근원이 여기에 달려 있다고 강조한다.[202] 문명개화를 최종 도달점으로 설정하고 부강은 문명개화를 달성하기 위한 수단으로 이해하였음을 볼 수 있다. 형식적으로는 문명개화는 최상에 위치하는 개념이었는데, 그것은 부강을 통해 이루어지는 것이지만 부강과는 다른 어떤 것으로 인식된 듯하다. 유럽에 대한 다음 설명은 문명 개념과 가장 근접한 것으로 생각된다.

> 시험하여 論해 보건대 유럽은 富國 强兵하고 進取하는 것으로 계획하여 人智는 날마다 進就하고 文化는 달마다 발달하며, 天地의 이치를 궁리하고 만물의 성질을 탐구하며, 妄誕하고 附會한 말은 斷絕하고 정확하고 진실한 論만이 興行하며, 학술이 아울러 융성하고, 事業이 함께 번창하며, 안으로는 올바른 政令과 文敎가 시행되고, 밖으로는 이익이 있는 貿易과 通商을 도모하며, 上下가 모두 알맞은 자리를 가지고 있어 사람마다 뜻을 成就하였다.[203]

강병과 함께 문화의 발달, 진실한 기풍과 같은 것들이 부강국의 면모로 거론되고 있다. 이러한 내용은 후일 문명론자들에 의해 흔

201. 『한성순보』 1884년 1월 21일자(제13호) 「各國近事: 泰西運輸論」: "運輸術之有功於社會也 內外物産之交換由之 商盛行彼我人民之親睦由之而益敦 富國强兵之策由之而漸就 故文明開化之源由之而漸進".

202. 『한성순보』 1884년 1월 18일자(제9호) 「電報說」.

203. 『한성순보』 1884년 3월 8일자(제14호) 「各國近事: 亞細亞洲總論」: "且試論之 若歐洲富國强兵以進取爲略 人智日進 文化月達 窮天地之理 致萬物之性 妄誕府會之說絶而確鑿眞實之論興 學術並盛事業具擧 內之爲政令文教之宜 外之爲貿易通商之利 上下各得其所而人情遂矣".

히 문명적 요소로 거론되는 것들이지만 단지 부강국의 모습으로 그려질 뿐이다.

신문에 구미 국가가 문명개화된 국가임을 인정하는 내용은 보이지만 문명이라는 단어가 자주 등장하지 않는다. 이는 신문의 편집자들이 전통적인 문명관을 견지하고 있었기 때문일 것이다. 문명이라는 용어는 보통 고대 중국 내지 아시아를 설명할 때 가장 자주 등장한다. 아시아가 문명의 발상지라는 사실에 큰 자부심을 느끼고 있었으며 이러한 자부심을 서양 문물 수용 과정에서도 견지하고 있었음을 보여 준다. 이러한 태도와 관련하여 눈에 띄는 것은 서양 과학기술의 원류가 본래 중국에 있다는 '중국원류설'적 인식을 담은 기사들이 많다는 사실이다. 「태서문학원류고泰西文學源流考」라는 기사에서는 서양 과학기술의 근원은 동방에 있고 서양인들이 다만 그것을 추론하여 확대시켰을 뿐이라고 지적하고 있다. 화학은 중국의 방사方士들이 노련점환爐煉點換 등을 설시設施한 방술方術에서 근본하였고, 산학은 이집트에서 근본하였으며, 천문학은 바빌론에서 근본하였는데, 그리스 사람들이 이를 서양으로 전파하였다고 설명한다.[204] 「이국일성伊國日盛」이라는 기사에서는 서학을 배우는 것이 이적의 것을 수용하여 화하華夏를 변하게 한다는 서학 배척론에 대해 천문과 역학은 희화씨羲和氏가 창시한 것이며 격치학格致學도 『대학』에 나타나 있기 때문에 서학은 서양의 학문이 아니라 천하의 공학公學이라며 반박하고 있다.[205] 과학기술에 힘쓰지

204. 『한성순보』 1884년 2월 11일자(제14호) 「各國近事: 泰西文學源流考」.

205. 『한성순보』 1884년 3월 1일자(제16호) 「各國近事: 伊國日盛」. 이러한 '서학원류설'은 『한성주보』 1887년 2월 6일자(제52호) 기사 「西學源流」에 자세하게 나타난다.

않아 현재는 부강 면에서 서구에 뒤져 있지만 동양은 우수한 문화적 전통을 지니고 있었음을 은연중 과시하고 있다.

허문虛文을 숭상하는 동양 지식인들의 풍조는 비난의 대상이 되었지만 유학에 대한 신뢰는 여전하였다. 영국에서 한학을 배우고 있음을 들어 유학이 세계의 학문이 될 것이라는 기대를 내비치는 기사도 들어 있다.

> 수년 전부터 영국 阿佛多(옥스포드) 대학교에서 한학과를 特設敎授하고 있다. 근래 西報를 보면, 영국 수도 부근에 위치한 대학교에서도 장차 한학과를 설치하려고 한다고 한다. 이를 미루어 본다면 한학이 서양에까지 유입되었다고 이를 만한데, 하늘이 장차 우리 斯文으로써 온 세계의 문운을 계발하려는 것인지도 모른다.[206]

『한성순보』는 기본적으로 동도서기론적 입장을 철저히 고수하고 있었다고 할 수 있다.

1880년대 초반부터 시작된 문명과 개화에 대한 논의는 1884년경에 들면서 조금씩 확산되고 있었다. 윤치호는 조선이 오랫동안 폐쇄적이었기 때문에 문물 도입이 활발하지는 못했지만 여러 나라의 문명과 기술의 취사를 통촉하고 군정 · 세무 · 기계 등에 대해서도 많은 새로운 법을 좇고 있었다고 당시의 분위기를 설명하고 있다. 전체적으로 개화당 인사들은 소수였고 그들에 대한 시선도 곱지 않아 개화당을 비판하는 이들이 많았지만 개화가 이롭다

206. 『한성순보』 1883년 10월 1일자(제1호) 「各國近事: 漢學西行」. 길진숙(2004), 앞의 논문, p.328에서 재인용.

는 말로 설득하면 듣는 이들이 적극적으로 반박하지 않았다고 한다. 하지만 이러한 분위기는 1884년 갑신정변을 계기로 급변하였다. 갑신정변 이후 개화당에는 충의를 모르고 외인과 결탁하여 나라를 팔아먹고 겨레를 배반했다는 비난이 쏟아졌으며 그로 인해 개화에 관한 말은 전혀 입에 담을 수조차 없게 되었다.[207]

『한성순보』도 갑신정변의 여파로 발행이 중단되었다가 1885년 12월 『한성주보』로 이름과 발행 형식을 바꾸어 재창간되었다. 『한성주보』의 기본 입장은 『한성순보』와 마찬가지로 서양 제국이 부강한 이유를 찾아 그것을 수용하는 데 있었다.[208] 부강을 달성해야 하는 이유는 유럽의 침입에 대응하기 위해서이다. 주보에서 유럽은 오로지 무력만을 숭상하여 서로 침략을 일삼는 국가로 설명된다. 강화하여 조약을 맺어 통상을 하다가도 자신들에게 이익이 되면 공법을 무시하고 조약을 파기하고 그에 대해 전혀 부끄러움을 느끼지 않는다.[209] 이런 서구 국가에 문명의 이름이 어울릴 리 없다. 서구 국가에 붙는 수식은 단지 부강이다.

『한성주보』의 경우 갑신정변 이후 정국의 분위기를 반영하듯 '개화'나 '문명'의 사용례가 『한성순보』에 비해 현저히 줄어들고 있다.[210] 서양에 대한 경계심은 고조되어 서구 국가와 조약을 맺어 화친을 하는 한 그들과 상리商利를 다투게 되고 상리를 다투면 전

207. 『국역 윤치호일기』 上, p.327(1884년 음력 12월 30일).

208. 전체적으로 『한성순보』가 전체 기사 가운데 외국에 관한 기사가 65.4%, 국내 기사가 21.6%를 차지하고 있던 데 비해 주보는 그 비율이 각각 46.1%와 42.8%를 점하는 변화가 나타났다[정진석(1983), 앞의 논문]. 외국에 대한 관심이 상대적으로 감소했음을 볼 수 있는데 갑신정변으로 경색된 국면과 관계있는 것으로 보인다.

209. 『한성주보』1886년 3월 8일자(제6호) 「私議: 論天下時局」.

210. 김영작(2008), 앞의 논문, p.89.

쟁이 일어나 병리兵利를 다투게 될 것이라고 예상하였다.[211] 부강한 서구에 맞설 수 있는 방법은 부강을 달성하는 것뿐이다. 조선은 성명性命과 의리義理의 학문에는 그 법이 완비되었다고 할 만하지만 기술학과 농 · 상 · 공에는 취약하기 때문에 교육을 통해 이러한 단점을 극복해야 한다. 부강을 위해서는 귀천을 막론하고 모든 어린이를 학교에 입학시켜 다 같이 재화를 증식시키는 기술을 배우게 해야 한다고 할 정도로 부강 달성에 집착하였다.[212] 서구에서 취해야 할 서구의 장점은 기술적인 부분이었다. 『한성주보』는 법률의 중요성을 강조하지만 『대전회통大典會通』을 국가를 경영하는 원대한 계획과 법이라면서 이 법을 준행하여 기강을 바로잡는다면 국가가 진흥될 것이라고 자신하였다.[213] 그런 점에서 주보의 기본 입장 역시 철저히 동도서기적이었다. 『한성주보』에 서구적 '문명' 개념이 침투될 여지는 그리 크지 않았다.

2) 1880년 후반의 '문명' 개념

유길준의 '문명' 개념

1880년대 후반 문명론을 가장 활발하게 개진한 이는 유길준이다. 유길준은 1889년에 집필한 『서유견문西遊見聞』에서 문명론을 폈는데 그의 문명관은 1883년 당시의 그것과는 차이가 있었다. 유길

211. 『한성주보』 1885년 12월 21일자(제1호) 「私議: 論學政 第一」. 윤치호는 조선이 미국이나 영국과 같은 나라들과 조약을 맺으면 곧 독립국이 되는 것이라고 이야기하고 있다. 『국역 윤치호일기』 上, pp.255~256(1884년 음력 9월 19일).
212. 『한성주보』 1885년 12월 28일자(제2호) 「私議: 論學政 第二」.
213. 『한성주보』 1886년 7월 5일자(제23호) 「私議: 論法律」.

준은 1883년에 쓴 「경쟁론」에서 영국에게 멸망당한 인도의 예를 거론하면서 경쟁에서 살아남지 않으면 나라를 보전할 수 없다고 하여 힘의 논리를 앞세운 바 있다. 하지만 『서유견문』에서는 논조가 달라진다. 단적으로 그는 서구 문명론의 핵심인 사회진화론적 우승열패의 세계관 자체를 인정하지 않았다. 힘으로 강약을 판별하는 것은 동물 세계에나 통하는 것일 뿐 인간 세계의 강약은 시비로 정해져야 한다고 주장하였다.[214] 유길준은 경쟁에 대해서 새로운 시각을 제시한다. 경쟁 대신 경려競勵라는 단어를 사용하면서 경려라는 것은 "論議爭詰ᄒᆞᄂᆞᆫ 粉競아니오 進善ᄒᆞᄂᆞᆫ 勉勵를 指홈"이라고 설명한다. 그리고 도덕적 경려에 의해 인류가 진보되어 온 것으로 파악하면서 세계적으로 공통되는 이익을 추구하여 서로 돕기 때문에 경려에는 폐단이 없다고 강조한다.[215] 도덕적 문명관으로의 전환이다.

공법에 대한 인식에서도 문명관의 변화는 감지된다. 유길준은 세계가 국가끼리 교제하는 데 공법으로 규제하여 공평무사하다고 보았다. 그 때문에 모든 나라가 우호적이고도 평화로운 뜻으로 균등한 예우를 갖추어 조약을 서로 교환하고 사절단을 파견함으로써 강약을 구별하지 않고 권리를 서로 지켜 주며 침범하지 않게 되었다고 한다. 때로 공도를 돌보지 않고 그 힘을 휘두르는 경우도 있지만 그것은 특별한 일로 생각하였다. 강대국이 자기 나라의

214. 『유길준전서』 I, 「서유견문」, p.130. 유길준의 경쟁론에 대해서는 정용화(2004), 『문명의 정치사상: 유길준과 근대 한국』, 문학과 지성사, pp.127~128 참조.

215. 『유길준전서』 I, 앞의 글, p.131: "時世의 風氣漸開홈에 至ᄒᆞ야…競勵ᄒᆞᄂᆞᆫ 風習도 亦從ᄒᆞ야 變ᄒᆞᆫ지라 自己의 利達을 求ᄒᆞᄂᆞᆫ 者ᄂᆞᆫ 他人의 利達을 亦致ᄒᆞ고 自己의 慶福을 遂ᄒᆞᄂᆞᆫ 者ᄂᆞᆫ 他人의 慶福을 亦遂ᄒᆞ야 自己의 力으로 他人의 物을 貪ᄒᆞᄂᆞᆫ 弊風惡習이 遂絶ᄒᆞ니".

넉넉한 형세를 휘둘러서 약소국의 정당한 권리를 침범하는 것은 올바르지 못한 폭거이며 무도한 악습이기 때문에 공법에서 허용치 않는다고 설명한다.[216] 국제 관계에서도 힘이 아닌 시비의 원칙이 준수되고 있다고 본 것이다.

유길준은 개화에 대해서도 "개화의 큰 목적은 사람들을 권하여 사악함을 버리고 정당한 곳으로 돌아오게 하는 것"[217]이라고 언급하고 있다. 그는 개화를 '행실의 개화'·'학술의 개화'·'정치의 개화'·'법률의 개화'·'기계의 개화'·'물품의 개화'로 분류하였는데 첫 번째 항목으로 든 '행실의 개화'는 오륜의 행실을 독실하게 지켜 도리를 아는 것을 뜻하였다.[218] 유교적 의미가 다분하였지만 그렇다고 그가 내세운 도덕 개념이 반드시 유교적이었던 것만은 아니다. 그는 "今日에 野蠻의 名이 有ᄒᆞ야도 明日에 至ᄒᆞ야 人의 道理를 修ᄒᆞᆫ則 此亦開化域中의 人民"[219]이라 하여 사람의 도리를 야만과 문명의 기준으로 삼을 정도로 도리를 강조하고 있다. 그런데 여기에서 말하는 사람의 도리는 교육을 통해 지식을 깨우치는 것을 뜻하는 것이어서 의미상으로는 지덕智德의 지智에 가까운 것이었다. 그는 교육을 문명에 도달하기 위한 수단으로 보면서 도덕교육·재예교육·공업교육의 세 가지로 구분한 후 각각을 정덕·이용·후생과 연결시켰다.[220] 여기에서의 도덕은 "人世의 交際를

216. 『유길준전서』 I, 앞의 글, p.111. 후쿠자와는 "百卷의 만국공법이 數門의 대포에 미치지 못한다"는 유명한 말로 공법의 취약성을 설명한 바 있다. 유재곤(1996), 앞의 논문, pp.119~122 참조. 한편 유길준의 공법인식은 1908년경에 가면 바뀌어 武暴의 시대에 공법의 정리는 좌담할 바가 아니라고 지적하고 있다. 정용화(2004), 앞의 책, p.176.

217. 『유길준전서』 I, 앞의 글, p.158.

218. 『유길준전서』 I, 앞의 글, pp.395~396.

219. 『유길준전서』 I, 앞의 글, p.135.

220. 『유길준전서』 I, 앞의 글, p.127.

官制ᄒᆞᄂᆞᆫ 者"로 설명되었는데 이는 후쿠자와의 문명론에서 인간의 교제상에 작용하는 덕을 지칭하는 公德과 가까운 것이었다. 유길준의 도덕 개념에 후쿠자와의 영향이 보이기는 하지만 후쿠자와의 경우에는 도덕에 대해 비판적이었다.[221] 이를 보면 『서유견문』 단계에서 유길준은 후쿠자와의 영향에서 일정 정도 벗어나 자신의 독자적인 문명론을 구상했다고 볼 수 있다. 도덕과 시비를 중시한 유길준의 문명관에 유학적 요소가 다분했던 것은 분명하다. 의리를 중시하는 학풍을 견지했던 기계杞溪 유문兪門 출신이었던 그에게 유학을 포기하기란 쉽지 않았을 것이다.[222]

전통과 근대 사이에서 유길준은 변하는 것과 변하지 않는 것을 구분하여 변화 가능한 것만을 수용하는 방식을 채택하였다. 예를 들어 개화를 분류하면서 행실의 개화만은 세계 각국을 망라하여 동일한 규모로 천만 년이라는 장구한 세월을 지나도록 본질적으로 변화하지 않는 반면 정치 이하의 개화는 수시로 변하는 것이라고 주장하고 있다. 국가의 규범 가운데서도 변하는 것과 변하지 않는 것이 있다며 임금에 대한 충성이나 정부의 명령에 대한 복종이 변하지 않는 것이라고 주장한다.[223] 정부의 법률 역시 변하는 변천법變遷法과 영구히 바꿀 수 없는 항구법恒久法이 있다고 설명한다.[224] 동도서기적 사유 방식과도 상통하는 이러한 인식 태도는 유

221. 후쿠자와의 도덕 비판에 대해서는 고야스 노부쿠니(2007), 앞의 책, pp.184~187면 참조.

222. 기계 유문의 학풍에 대해서는 노대환(2006), 「조선 후기 기계 유문의 정치활동과 학풍」, 『호서사학』 제43집 참조.

223. 『유길준전서』 I, 앞의 글, pp.141~142. 유길준은 벌이나 개미 같은 미물도 임금과 신하 사이의 의리를 지켜 정부의 모양을 이룬다 하여 동물 세계에서 의리를 발견하고 있었다.

224. 『유길준전서』 I, 앞의 글, p.267.

학적 경세론의 전형적인 모습이라고 할 수 있다.

유학적 사유를 기본으로 삼았던 탓에 자유 · 평등 · 권리와 같은 서구 문명의 중요한 가치들을 확인했음에도 불구하고 결과적으로 그러한 가치들이 효력을 발휘할 수 있는 기회는 제한되었다. 예를 들어 유길준은 국민의 권리를 이야기하면서 유교적 우민관을 지니고 있던 탓에 권리의 핵심이라 할 수 있는 참정권을 국민들에게 즉각적으로 부여하는 것에는 부정적이었다. 지식이 부족한 국민들에게 참정권을 부여하면 변란이 발생될 것이라는 우려 때문이었다.[225] 교육을 시킨 후에야 국정 참여권을 부여할 수 있다고 주장하지만 국정 참여의 자격을 부여할 수 있는 교육은 무엇이며 교육을 시켰을 때 국정 참여의 자격을 어떻게 확인할 것인지와 같은 문제는 설명하지 못한다. 또 자유나 평등을 이야기했지만 그것들이 오륜과 충돌할 가능성은 고려하지 못하였다.[226]

윤치호의 '문명' 개념

유길준과 마찬가지로 윤치호에게도 1880년대 후반에 들어 문명관의 변화가 나타나고 있었다. 윤치호는 갑신정변에 관여하지 않았지만 정변의 여파로 상하이로 망명하였으며 이어 1888년부터 5년간 미국 유학 생활을 하였다. 미국 생활은 그의 문명관에 큰 영향을 미치게 되었다. 미국 유학은 서구 문명의 실체를 확인할 수

225. 『유길준전서』 I, 앞의 글, pp.151~152.
226. 후쿠자와는 전통적인 유교사상을 문명개화의 최대 장애요인으로 지적하고 있었다. 후쿠자와의 유교 비판에 대해서는 박양신(2001), 앞의 논문, pp.207~214; 황호철(2004), 앞의 논문 참조. 청말 중국의 사상가 譚嗣同은 『仁學』에서 오륜 가운데 평등하고 자유로운 것은 붕우의 도뿐이라며 오륜을 비판하고 있어 유길준과 비교가 된다.

있는 좋은 기회였다. 미국 생활 초기 그는 미국의 새로운 문물에 압도되었다. 내슈빌에서 전차가 개통된 것을 보고는 마차도 없이 가마로 왕래하는 조선을 생각하고 개화와 야만의 등별을 볼 수 있다고 평했는데 이는 새로운 문물을 접촉하면서 받은 충격이 어떠하였는지를 잘 보여 준다.

동시에 그는 미국으로 대표되는 문명국들의 부정적인 측면도 목격할 수 있었다. 윤치호는 문명국가들에 의해 노예제도, 아편무역, 주류밀수 등 각종 악행이 자행되는 사실에 혼란스러웠다. 그는 이러한 혼란을, 미국인들은 아메리카 대륙이 문명의 종점이라고 생각하지만 세계는 아직 그 마지막 단계의 발전에 이르지 못했다고 결론을 내림으로써 해결하였다. 그는 미국인들이 상대적으로 정신문화[spiritual culture]는 무시하면서 물질적 번영[material prosperity]에 매진하고 있는데 이는 물질적 부를 위한 광범위한 자원들 때문에 야기되는 필요악이라고 지적하면서 물질의 성장 후에는 문화 쪽으로 방향을 돌릴 것으로 전망하기도 하였다.[227]

문명국의 문제점을 목격하기는 했지만 윤치호에게 문명은 추구해야 할 중요한 가치로 인식되었다. 1889년 해이스팅스Warren Hastings(1732~1818)의 『인도정략Indian Policy』을 읽은 윤치호는 인도 정부가 스스로 인민을 보호하지 못해 내정이 어지러워져 영국의 식민지로 전락하게 되었다면서 영국이 인도를 차지한 것은 이상한 일이 아니며, 인도로서는 오히려 잘된 일이라고 평가하였다.

> 영국이 주인이 된 뒤 인도 내란이 진정되고 외우도 침식하여 인민

227. 유영렬(1995), 앞의 책, pp.75~77 참조.

의 생명 재산을 잘 보호하며, 학교를 베풀어 인재를 배양하며, 학문을 권면하여 전날보다 태평을 누리니 실상 인도를 위하여 말하면 영국이 그 은인이라 하여도 옳을 것이다. 아시아 여러 나라가 다 잔약하여 그 권리를 보전 못하여 서양 사람의 수중에 드는 나라 많으니 시강恃强능약陵弱하는 서양 정략이 옳지 않으나 아시아 여러 나라가 학정으로 그 인민을 잔약하게 하여 외환을 스스로 청하는 허물을 어찌 면하겠는가.[228]

문명국의 지배가 타락한 정부의 통치보다 낫다는 발상이다. 물론 최상의 방책은 내부 개혁을 통해 문명화를 달성하고 이를 발판으로 독립을 달성하는 것이다. 하지만 그는 조선의 현 상태로는 독립을 이룰 수도 없고 설사 독립을 이룬다고 해도 보전할 길이 없다고 보았다. 이 시기 그가 무엇보다 중요하다고 본 것은 인민의 지각과 기상이었다. 말하자면 문명의 정신을 추구한 것인데 이는 1880년대 전반 문명 정부의 중요성을 역설했던 것과는 차이가 있다. 이런 상황에서 인민의 지각과 기상을 회복시킬 수 있는 수단으로 생각한 것이 기독교였다. 1887년 상하이 망명 당시 기독교로 개종했던 그는 나라 교육을 돕고 인민의 기상을 회복시킬 수 있는 유일한 길은 예수교밖에 없다고 단정하였다.[229] 그가 기독교를 문명화의 수단으로 생각한 것은 미국 사회를 관찰하면서 미국의 문명과 민주주의를 만들어 낸 힘이 바로 기독교라고 인식하였기 때문이다.[230]

228. 『국역 윤치호일기』 下, p.303(1889년 음력 4월 26일).
229. 『국역 윤치호일기』 下, p.290(1889년 음력 2월 29일).
230. 윤치호는 중국 망명기에는 개인 윤리로 기독교를 수용했던 데 반해 미국에 유학하면서 기

그런데 기독교를 수용하면서 이번에는 기독교 신앙과 약육강식의 현실 사이에서 모순을 느끼게 되었다.[231] 하느님이 공정하다면 왜 어떤 민족은 약하게 만들고 다른 민족은 강하게 만들어 강한 민족이 약한 민족을 못살게 굴도록 만들었을까 하는 의문이다. 윤치호는 적도 지방이나 한대 지방에 강건한 민족이 없듯이 환경에 따라 인종의 상황이 달라지며, 또한 각 인종이 보유하는 정신적 · 육체적 능력에 현격한 차이가 있다고 보았다. 하느님은 왜 인종마다 환경 조건을 다르게 하고 똑같은 능력을 부여하지 않았는지 이해하기 힘들었다.[232] 윤치호는 이러한 정신적 혼란을 결국 다음과 같은 논리로 해결하였다.

> 국가간 · 인종간에 있어서 힘은 정의인가?… 우리는 더 강한 자가 더 약한 자보다 도덕과 종교와 정치에 있어 거의 항상 더 낫거나 덜 부패한 것을 발견하게 된다. 그러므로 우리는 정의에 대한 힘의 승리처럼 보이는 것은, 절대적인 것은 아니지만, 비교적 불의에 대한 비교적 정의의 승리라는 것을 알게 된다. 그래서 결국 다소의 예외는 있겠

독교를 사회의 문명화와 민주화를 이루는 사회윤리로 인식하게 되었다. 윤치호의 기독교 인식에 대해서는 유영렬(1995), 앞의 책, pp.75~85 참조. 한편 유길준은 1885년에 쓴 것으로 추정되는 편지에서 기독교는 종교 가운데 가장 훌륭한 것이어서 귀국하면 국내에 소개하겠다고 했지만 자신은 종교를 믿지 않는다고 밝혔다. 그는 조선을 위해서는 활동력 이외에 어떠한 종교도 도움이 되지 않는다고 언급하였으며, "惡을 善으로 보답하라"는 기독교 구절이 기독교 국가에서는 통용되지 않았고 오히려 조선에서 실천되었던 것이라는 설명을 달기도 하였다. 윤치호의 기독교 인식과 비교가 된다. 편지 내용은 이광린(1988), 「유길준의 영문서한」, 『동아연구』 제14권, pp.13~14 참조.

231. 그는 죽은 뒤의 낙토에는 세계의 等分과 교만과 무정한 일이 없을 것이라고 탄식할 정도로 세상의 부조리에 대해 큰 고통을 느끼고 있었다. 『국역 윤치호일기』 下, p.296(1898년 음력 3월 26일).

232. 허동현(2002), 앞의 논문, p.187.

지만 정의는 인종 간에 있어서도 힘이다.[233]

도덕과 종교, 정치의 건전성이 힘으로 발현되는 것이기 때문에 힘의 승리는 결국 정의의 승리이기도 하다는 것이다. 문명의 척도는 힘 말하자면 부강이며, 이런 논리에 따라 부강한 서양은 문명국이며 부강하지 않은 나라는 야만국이다. 이런 인식이 있었기 때문에 후일 청일전쟁이 발발하자 이를 "혁신적인 서양 문명과 퇴화하는 동양 야만 사이의 충돌 이상의 전쟁"이라고 지적하고, 전 동양의 이익을 위하여 일본이 승리하기를 간절히 기원하였다.[234] 힘이 정의임을 입증하기 위해서라도 일본의 승리는 반드시 필요한 것이었다.

박영효의 '문명' 개념

박영효도 1880년대 후반에 문명론을 개진했던 몇 안되는 인물 가운데 하나이다. 갑신정변 실패 후 일본으로 피신했던 박영효는 망명 중이던 1888년 고종에게 광범위한 개혁안을 담은 「건백서」를 올렸다.[235] 건백서를 올린 직접적인 목적은 서양 제국의 침략에

233. 유영렬(1995), 앞의 책, p.81에서 재인용.
234. 유영렬(1995), 앞의 책, p.91. 후쿠자와는 청 · 일전쟁이 일어나자 전쟁을 문명개화의 진보를 꾀하는 자와 그 진보를 방해하는 자와의 전쟁이며, 文野의 전쟁이라고 규정한 바 있다[함동주(2007), 「일본제국의 한국지배와 근대적 한국상의 창출—대한협회를 중심으로—」, 『일본역사연구』 제25집, p.90; 김석근(2008), 「'문명'과 '전쟁'—후쿠자와 유키치의 청일전쟁 인식에 대한 비판적 접근」, 『'문명' '개화' '평화'』, 아연출판부, pp.381～389]. 청 · 일전쟁에 대한 윤치호의 평가는 후쿠자와의 언급을 그대로 인용한 것이었다.
235. 박영효의 「건백서」에 대해서는 다양한 연구가 있다. 관련 연구 성과에 대해서는 박충석(2008), 「박영효의 부국강병론—전통과 근대의 내적 연관을 중심으로—」, 『'문명' '개화' '평화'』, 아연출판부, p.15 주3 참조.

대응할 방안을 제시하기 위해서였다. 박영효는 각국이 군사를 으뜸으로 삼아 강한 나라가 약한 나라를 병합하고 큰 나라는 작은 나라를 삼키고 있다면서 당시 국제 상황을 전국시대에 비유하였다. 비록 만국공법이 있기는 하지만 이러한 시기에 국가에 자립할 힘이 없으면 결국 다른 나라의 침략을 받아 나라를 빼앗길 수밖에 없다고 지적한다. 유럽인들이 비록 입으로는 법과 도리를 말하지만 속으로는 야수의 마음을 품고 있어서 아메리카, 아프리카 등 여러 지역을 합병하고 있다고 그들의 폭력성을 폭로하였다.[236] 공법의 효력을 인정했던 유길준의 주장과 상반되는 인식이다.

『한성순보』나 『한성주보』를 간행했던 주체들과 마찬가지로 박영효도 서양 세력에 맞서기 위해서는 부강의 달성이 시급하다고 보았다. 하지만 서양 과학기술의 수용을 통한 부국강병을 모색했던 『한성순보』나 『한성주보』와는 달리 그의 사고 속에는 문명 증진이라는 기본 구상이 담겨 있었다. 그가 추구한 것은 단순한 기술이 아니라 문명이었다. 그는 서양이 비록 침략적이지만 내부적으로 법률이 관대하고 정치가 공명정대하다고 보았다. 그 때문에 서양국이 침략하여 그러한 정치와 법률에 안주하게 되면 조선의 부흥은 요원하다고 지적하였다. 인도의 경우를 그 예로 들었는데 인도가 영국의 식민지가 되었지만 혹독한 인도 정부 치하 때보다 삶이 편하여 영국 정부의 명령을 기꺼이 따르고 스스로의 정부를 세우려고 하지 않는다는 것이다.[237] 문명화 정책의 시급성을 강조

236. 「건백서」, p.296.

237. 「건백서」, pp.296~297 박영효의 이러한 주장은 영국의 지배를 고맙게 생각해야 한다고 했던 윤치호의 인식과는 약간 차이가 있다. 한편 『한성순보』는 인도 인민들이 국가의 독립이 고귀하다는 것과 자주정치의 소중함을 알고 있다며 영국의 인도 지배를 비판한 영

한 것이다.

박영효는 아시아도 "예전 한때는 문명이 없지 않았다[古昔盛時 非不文明]"[238]라고 하여 전통적 문명 개념을 쓰기도 했지만 그것을 제외하면 「건백서」에서 문명은 전적으로 서구 문명을 지칭하였다. 한때 문명이 있었음은 지금은 문명이 없다는 것이며 문명이 없음은 곧 야만이다. 조선이 야만이라고 말하지는 않았지만 "아직 꿈에서 깨어나지 못해 어리석고 우매하며 술에 취하고 미친 것과 같아서 세계의 사정을 헤아리지 못해 온 천하로부터 모욕을 자초하고 있는"[239] 것으로 파악된 조선의 상황은 야만일 수밖에 없었다.

박영효의 문명관 기저에는 야만국인으로서의 수치 심리가 깊게 자리 잡고 있었다. 박영효는 서양의 침략적 속성을 지적하기보다 문제의 원인을 조선 내부의 상황에서 찾는 데 주력한다. 그가 보기에 한때 문명 지역이었던 아시아가 쇠퇴한 것은 각국 정부가 백성을 노예처럼 보아 인의예지로 그들을 이끌지 않고 문화와 기예로 그들을 가르치지 않았기 때문이다. 그로 인해 인민이 어리석고 부끄러움을 몰라 남에게 점령을 당해도 치욕이 되는 줄 모르고 재앙이 닥치려고 해도 심각성을 깨닫지 못하고 있다는 것이다.[240] 그는 또 구미인들이 아시아인들을 무시하는 것은 남녀 차별이나 신분 등급과 같은 나쁜 풍습이 있기 때문인데 이는 매우 치욕스러운 일이라고 지적한다.[241] 조선 거리가 지저분한 데 대해서도 외국

국 대신의 글을 소개한 바 있는데(『한성순보』 1883년 12월 29일자(제7호) 「各國近事: 英人演說」) 박영효의 주장과 비교가 된다.

238. 「건백서」, p.221.

239. 「건백서」, p.295.

240. 「건백서」, p.297.

241. 「건백서」, p.310.

인들의 비웃음을 받고 있다며 수치스러워했다.[242] 개혁 방안을 제시하면서도 박영효는 자주 수치심을 거론한다. 예를 들어 사람에게 수치심이 있으면 전쟁을 수행할 수 있다는 점을 들면서 군비 강화를 주장하고,[243] 인민들로 하여금 사람이 사람을 짐승처럼 부리는 것이 수치스러운 것임을 알게 해 야만적 자유를 제거해야 한다고 강조한다.[244]

박영효는 수치심을 자극하며 문명화에 나설 것을 촉구하였다. 문명화는 수치에서 벗어나기 위한 방안이며 수치심은 문명화를 통해서만 극복할 수 있다. 그는 「건백서」에서 문명 개념을 전달하는 데 힘을 쓰고 있다. 조선은 청이나 러시아 등을 대할 때는 신중해야 하는 반면 미국에 의탁하고 일본과 친교하며, 영국 · 독일 · 프랑스 등과 결탁해야 한다고 주장한다.[245] 그는 우선 자신이 갑신정변의 주역이면서 임금 앞에 나아가 벌을 받지 않고 일본에 망명한 것을 언급하면서 근세 문명국에서는 죄를 따질 때 모호한 것을 따지지 않는다며 조선이 문명국이 되어 자신이 역적 취급받지 않게 되기를 희망한다고 하고 있다.[246] 그는 문명과 야만을 대비하여 문명의 여러 이미지를 전하고 있는데 다음 두 가지는 그 대표적인 예이다.

① 그러므로 형벌을 혹독하게 하여 인을 해치고, 억지로 처벌하여

242. 「건백서」, p.303.
243. 「건백서」, p.303.
244. 「건백서」, p.311.
245. 「건백서」, p.309.
246. 「건백서」, p.293.

의를 무너뜨리며, 법을 제멋대로 하여 신을 잃음으로써, 인민의 마음이 연약하게 되거나 완고하고 포악하게 되거나, 의심을 품고 동요하게 되는 지경에 이르도록 하는 것은 야만스런 나라의 미개한 정치이며, 인으로 형을 행하고 의로 벌을 행하며 신으로 법을 행하여 인민의 마음이 안온한 경지에 이르게 하는 것은 문명국의 개명한 정치입니다.[247]

② 비록 죄를 범했어도 벌을 받지 않고, 힘으로 멋대로 포악하게 구는 것은 야만의 자유입니다. 법이 비록 관대해도 어기지 않고 힘에 의해 다스려지지 않고 마음에 의해 규제되는 것은 문명의 자유입니다.[248]

또 개명한 사람들은 각자 옳고 그름을 알아서 남을 해쳐 자신을 이롭게 하는 일이 없는 데 반해 우매한 사람들은 본능적인 욕심에 몸을 맡겨 남에게 포악한 일을 한다고 지적한다. 백성들의 몸을 건강하게 보살펴야 한다는 부분에서도 문명국 사람들은 몸을 건강하게 보살피는 반면 야만국 사람들은 몸을 상하게 한다고 대비시키고 있다. 대비는 때로 무리한 부분으로까지 확대된다. 구미는 박학다식, 조선은 불학무식으로 대비하면서 이 때문에 서양인들은 깨끗한 의복을 좋아하고, 음식은 깔끔한 음식을 좋아하며, 높고 넓은 집을 좋아하고, 일찍 일어나고 밤에는 잠을 자며, 때가 아니면 먹지 않는다고 설명한다.[249] 조선인은 무식하고 지저분한 것을

247. 「건백서」, p.297: "故酷刑而傷仁 勒罰而敗義 擅法而失信 乃致人民之心 軟而弱 頑而暴 疑而擾亂 蠻邦未開之政也 行刑以仁 行罰以義 行法以信 乃致人民之心 豪而健 和而平 信而安隱 文明開明之政也".

248. 「건백서」, p.310: "雖犯罪而不蒙罰 以力恣暴虐者 野蠻之自由也 法雖寬而無犯 不制於力 而制於心 文明之自由也".

249. 「건백서」, p.302.

좋아하는 민족으로 전락하였다. 박영효가 달성하고자 했던 문명의 이미지는 기본적으로 그가 문명국이라고 인식한 국가들에서 추출한 것이었다. 문명국에서 번성하고 있다는 이유로 인민들에게 여관 · 의류점 · 음식점을 많이 설립하도록 장려해야 한다고 할 정도로 박영효는 서구 문명의 수용에 적극적이었다.[250]

박영효에게 강하게 나타나는 수치의 심리는 수오지심羞惡之心 즉 유학적 정서와도 상통하는 측면이 있다. 「건백서」에서 박영효는 유별나게 인의예지를 강조하고 경서의 구절을 자주 인용하였는데 이것이 갑신 '역적'의 이미지를 쇄신하기 위한 의도에서 나온 것으로도 볼 수 있지만 잠재된 유학적 정서의 표출로 생각된다.

박영효는 유학에 대해 비판적이어서 사서삼경과 제자백가서를 읽거나 암송하고 글을 지을 수만 있다면 어리석은 부유腐儒라도 고관의 지위에 오르게 된 것이 아시아가 쇠퇴하게 된 중요한 이유라고 지적하였다. 그 때문에 구미에서 성행하는 학문을 수용해야 한다고 보았다.[251] 그러나 그러면서도 유학을 완전 폐기하지 않고 교화에 필요한 종교적 차원의 것으로 자리매김하여 존재 가치를 부여하였다. 박영효는 종교는 백성의 자유의사에 맡겨 신봉하게 해야 한다는 단서를 붙이기는 했지만 유교를 부흥시켜 문덕을 닦으면 국세도 그에 따라 다시 융성하게 될 것으로 전망하였다.[252]

종교를 중시하는 태도는 윤치호의 경우가 그러하였듯이 구미 국가들의 번성의 바탕에는 기독교 신앙이 있다는 인식에서 도출

250. 「건백서」, p.301: "權人民 多設旅店及衣食之廛事 文明之邦 此三事最盛".
251. 「건백서」, p.306.
252. 「건백서」에 나타난 박영효의 유교적 인식에 대해서는 박충석(2008), 앞의 논문 참조.

된 것이다. 즉 구미 국가를 문명의 모범으로 설정하여 모방하려는 심리이다. 종교의 자유를 명시한 것은 기독교 수용의 여지를 만들기 위한 것으로 보는 편이 합리적일 것이다.[253] 갑신정변의 주역들이 공맹孔孟의 도道를 무시했다는 비난을 받고 있던 터라 유학을 무시하는 발언을 하기는 쉽지 않은 상황이었음을 생각하면 유학의 종교화는 면피용 표현일 수도 있다. 그런데 「건백서」 곳곳에서 유학적 내용들이 발견된다. 강대국의 횡포를 지적하면서도 다른 한편으로 신뢰를 중시하여 외국과 교류할 때 배신해서는 안 된다고 강조했던 것은 그 한 예이다.[254] 그런 점에서 볼 때 그는 유학의 교화적 측면을 인정했을 가능성이 커 보인다. 하지만 그와 상관없이 문명–야만의 이분법적 구도를 견지하고 조선의 야만성에 수치스러워했던 박영효의 문명관은 서구 지향적일 수밖에 없었다.

253. 개화파들 사이에서 기독교를 수용하려는 시도는 1880년대 전반부터 있었다. 개화파의 개신교관에 대해서는 이광린(1975), 「개화파와 개신교관」, 『역사학보』 제66호 참조.

254. 「건백서」, p.309.

4. '문명' 개념의 확산

1) 1890년대 '문명' 개념의 확산

갑오개혁과 '개화' · '문명'

갑신정변 실패 이후 조선에서 개화는 한동안 사용이 금기시된 단어였다. '개화'라는 용어 자체는 한어에도 있었지만 일본에서도 근대 이전에는 별로 사용되지 않았던 단어였다. 일본의 경우 개화는 에도 시대에 많이 사용되던 '열리다, 트이다, 깨이다'라는 뜻의 '開ける' 라는 일상어의 한자어화일 것으로 추측되는데, 메이지 초기에 들면서 'civilisation'의 번역어인 문명과 함께 서양 문명을 뜻하는 용어로 사용되기 시작하였다.[255] 조선 지식인들도 1880년대

255. 박양신(2008), 앞의 논문, pp.38~39.

에 들면서 일본을 통해 개화 개념을 수용하였고 개화당의 결성을 계기로 개념이 점차 확산되는 양상이었지만 갑신정변이 발발하면서 상황이 급변한 것이다.[256] 개화당에는 충의를 모르고 외인과 결탁하여 나라를 팔아먹고 겨레를 배반했다는 비난이 쏟아졌고 그로 인해 개화에 관한 말은 전혀 입에 담을 수조차 없게 되었다.[257] 1888년(고종 25) 박영효가 고종에게 올린 「건백서」에 문명이라는 용어는 자주 사용되었던 반면 개화라는 말은 거의 등장하지 않는데 이는 개화에 대한 거부감을 의식한 때문이 아니었을까 추측된다.[258]

갑신정변 이후 공개적으로 개화를 논의하는 것은 거의 불가능했지만 논의 자체가 중단된 것은 아니었다. 소수이기는 하지만 유길준 · 윤치호 · 박영효 등의 글에는 개화 내지 문명화에 대한 열망이 잘 나타난다. 유길준은 『서유견문』에서 개화 개념을 소개하였고, 박영효는 「건백서」에서 문명과 야만을 대비시키면서 문명의 개념을 전달하는 데 주력하였다. 윤치호의 경우 조선에서 청 · 일전쟁이 일어나리라는 소식을 듣고 전쟁을 "혁신적인 서양 문명과 퇴화하는 동양 야만 사이의 충돌 이상의 전쟁"이라고 규정하면서 일본의 승리는 조선의 구제와 청국의 개혁을 초래할 것이므로 전 동양의 이익을 위해 일본이 승리해야 한다고 생각할 정도로 열렬히 문명화를 동경하였다.[259]

256. 1881년 조사시찰단의 일원으로 일본을 방문했던 이헌영은 일본인과의 대화에서 일본 땅에 와서 처음으로 개화라는 말을 들었다며 그 뜻이 무엇이냐고 물었다. 이헌영, 「問答錄: 橫濱港大淸理事署譯員日人林又六來訪問答」, 『日槎集略』 人.

257. 『국역 윤치호일기』 上, pp.326~327(1884년 음력 12월 30일).

258. 「건백서」에서 개화는 '문명개화'로 단 한 차례 사용되었다.

259. 유영렬(1995), 앞의 책, p.91.

잠복되어 있던 문명에 대한 논의가 수면 밖으로 나오게 되는 계기를 제공한 것은 갑오개혁이었다.[260] 1894년 6월 군국기무처가 설치되고 갑오개혁이 추진되면서 문명과 개화에 대한 논의가 활성화되었다. 갑오 내각이 성립된 1894년 6월 21일 고종을 접견한 일본 공사 오토리 게이스케大鳥圭介는 "이제부터 개화하면 두 나라의 교린 관계가 전날에 비해 더욱 돈독해지고 좋아질 것"이라고 밝혔다.[261] 오토리 게이스케가 실제로 개화라고 언급했는지는 확인할 수 없지만 당시에 갑오개혁은 흔히 개화로 칭해지고 있었다. 이는 "賊臣 金弘集 · 俞吉濬 · 金允植 등이 大鳥圭介와 서로 안팎이 되어 국가의 정법을 크게 개혁하면서 開化라고 칭하였다"는 기록에서 확인할 수 있다.[262] 일본인들이 우리에게 자주를 권하고 개화할 것을 가르치고 있다는 신기선申箕善(1851~1909)의 언급이나,[263] 박영효를 기용한다면 개화하는 방도가 혼잡을 면할 수 없고 치욕이 막심할 것이라는 이희화李喜和의 지적에서도[264] 갑오개혁을 개화로 인식하였음을 알 수 있다. 정부에서도 갑오개혁을 개화라는 용어로 표현하고 있었다. 예를 들어 1895년 고종은 전해부터 국정을 유신하고자 했지만 성과 없이 구습이 그대로 있고 새 명령은 늘 저지당하고 있다고 불만을 표출하면서 백성들에게 편리하고 나라에 이로운 일체 외부 규정이나 새로운 제도를 부지런히 강구하여

260. 갑오개혁과 문명의 관계에 대해서는 김도형(2003), 「대한제국 초기 문명개화론의 발전」, 『한국사연구』 제121호, pp.179~180 참조.
261. 『고종실록』 고종 31년 6월 22일 정묘.
262. 최익현, 『勉菴先生文集』 「附錄」 제2권, 「年譜」 甲午年.
263. 『고종실록』 고종 31년 10월 3일 병오.
264. 『고종실록』 고종 31년 8월 10일 갑인.

시행할 것을 독려하였다. 고종은 이러한 사업을 개화라고 칭했으며 개화는 백성들을 위한 데서 나온 것임을 강조하였다.[265]

갑오개혁은 "10년 전에 개화당의 이름을 얻는 자가 지금은 도리어 완고한 데 가깝다"[266]고 이야기될 정도로 당시의 일반적인 정서로 볼 때는 매우 급진적이고 광범위한 개혁안을 담고 있었다.[267] 갑오개혁을 계기로 개화 개념은 본격적으로 확산되기 시작하였다. 의정부 찬정 남정철南廷哲(1840~1916)은 개화를 핑계 삼아 아랫사람으로서 윗사람을 능멸하거나 분수를 어기고 규율을 위반하는 등 풍속을 무너뜨리고 있다며 이러한 행위를 일절 엄금할 것을 주장하였다.[268] 개화를 핑계 삼았다는 것은 당시 사람들에게 개화의 개념이 각인되기 시작했음을 의미한다. 그리고 신분 내지 서열 관계의 파괴와 같은 풍속의 변화가 개화의 주요 내용으로 이해되고 있었음을 알 수 있다.

갑오개혁을 계기로 개화 개념이 확산되어 가자 유림들은 그에 즉각적으로 반발하였다. 정통 유림 최익현崔益鉉(1833~1906)은 개화를 한 이후부터 선왕들의 법제를 모두 고치고 순전히 왜적이 시키는 대로만 하여 중화로 하여금 오랑캐가 되게 하고 인류가 짐승이 되

265. 『고종실록』 고종 32년 윤5월 20일 경신.
266. 『承政院日記』 고종 32년 5월 20일.
267. 이건창은 갑오개혁을 시행하면서 온 나라가 개화한다고 떠들어 4천 년을 내려오던 선대 임금들의 큰 법과 5백 년을 물려 오던 역대 조상들이 이루어 놓은 법은 남은 것이 거의 없게 되었다고 평가하였다(『고종실록』 고종 33년 5월 14일). 한편 조금 뒷시기이기는 하지만 한 독립협회 회원은 형법이 寬仁하면 국부병강하여 문명개화지국이 되는데 대한은 孥戮의 형벌이 행해지고 연좌율도 있었지만 갑오개혁으로 폐지하고 세계 각국의 문명한 법률을 취용하게 되었다고 평가하였다(『황성신문』 1898년 9월 27일자). 법률에 대한 인식에 큰 차이가 있었음을 볼 수 있다.
268. 『고종실록』 고종 33년 12월 8일(고종 33년부터는 양력을 사용하여 간지를 표시하지 않음).

게 하였다면서 개벽 이래 처음 있는 큰 변고라고 비판하였다.[269] 정성우鄭惺愚라는 인물은 소를 올려 개화를 주장하는 자들을 다음과 같이 비판하였다.

> 아! 이른바 개화하였다는 무리들은 외국으로 나다니다가 본국으로 돌아와서는 幻形을 기이하게 여기고 다른 나라 말을 능한 것으로 생각하면서 겉으로는 나라를 부강하게 한다는 말에 의탁하고 속으로는 불량한 마음을 품고는 뱀처럼 서리고 지렁이처럼 얽혀 외국 사람들과 결탁하도록 선동하고 만고에 없던 변고를 빚어내고 있습니다. 고금의 역사에 어찌 이런 역적이 있으며 천하만국에 어찌 이런 변고가 있겠습니까?[270]

개화를 서양화로 인식하여 문제를 삼은 것이다. 척사론자의 반발은 쉽게 예견되는 것이었지만 동도서기론자였던 신기선과 같은 경우도 갑오개혁에 비판적이었다. 신기선은 개화 자체에 대해서는 "공정한 도리를 넓히고 사사로운 견해를 제거하기에 힘쓰며, 관리들은 자리나 지키지 않게 하고 백성들은 놀고먹지 않게 하며, 사용하는 기구를 편리하게 하고 의식을 풍부하게 하여 생활을 윤택하게 하는 근원을 열며 나라를 부유하게 하고 군사를 강하게 만드는 도리를 다하는 것"이라고 긍정하였지만 갑오개혁에 대해서는 외국의 통제를 받아 오랑캐의 풍속을 따르게 하는 것이라고 비판하였다.[271] 비판의 핵심은 풍속의 변화에 있었음을 볼 수 있다.

269. 『고종실록』 고종 33년 2월 25일.
270. 『고종실록』 고종 33년 7월 9일.
271. 『고종실록』 고종 31년 10월 3일 병오.

갑오개혁이 개화로 인식되면서 개화라는 용어가 빈번하게 사용되었음에 비해 문명은 상대적으로 자주 등장하지 않았다. 사용된 경우에도 'civilisation'의 번역어가 아닌 임금의 덕이 훌륭함을 뜻하는 '준철문명濬哲文明' 식의 전통적 문명 개념을 담고 있는 것이 대부분이었다. 하지만 사용 빈도수와는 상관없이 문명은 갑오개혁 추진 당시 매우 비중 있는 위치를 차지하고 있던 단어였다. 갑오개혁을 시행하면서 정부에서 내세운 목표는 다름 아닌 문명의 경지에 도달하는 것이었다. 1895년 내무아문은 89조의 개혁안을 제시하면서 그 목표가 "我國의 固有ᄒᆞᆫ 獨立基礎를 立ᄒᆞ며 百度革新ᄒᆞᆫ 銳氣가 人民과 更始ᄒᆞ야 文明域에 進코저"하는 데 있다고 강조하였다.[272] 1895년 학부에서 소학교를 개설하면서 내린 훈시에서도 "교육은 개화의 근본이며, 나라를 사랑하는 마음과 부강해지는 묘리가 모두 학문으로부터 생기는 만큼 오직 나라의 문명은 학교가 성한가 쇠한가에 관계된 것"[273]이라고 하여 교육을 통해 문명을 달성해야 한다는 주장을 폈다. 문명은 갑오경장의 최종 도달점이었다고 할 수 있다.

정부에서 갑오개혁을 추진하면서 표방했던 문명이 'civilisation'의 번역어였는지는 확실히 알 수 없지만 전통적인 문명 개념과 차이가 있던 것은 분명하다. 문명의 경역에 들어가야 한다는 것은 현재 조선이 문명의 경역에 들어가 있지 못함을 전제하는데 이는 조선이 문명국임을 누누이 강조하는 전통적인 문명관과는 다른 것이었다. 고종이 언급한 문명은 전통적인 문명 개념과는 약간의

272. 『고종실록』 고종 32년 3월 10일 신사.
273. 『고종실록』 고종 32년 9월 28일 을축.

차이를 보인다.[274] 학부에서 공포한 교육 내용은 오륜 행실부터 『소학』과 우리나라 역사와 지리 · 국문 · 산술 그 외에 외국 역사와 지리 등 時宜에 맞는 책을 일체 가르쳐 실용을 숭상한다는 것이었다. 전통적인 문명이 유학을 통해 달성될 수 있는 것임에 비해 갑오개혁기에 표방된 문명은 실용 교육을 통해 달성된다고 본 점에서 문명 개념의 변화가 감지된다.

갑오개혁기 문명에 대한 정부의 입장과 관련하여 주목되는 것은 1895년 일본에 유학생을 파견한 일이다.[275] 유학생은 박영효의 주도로 1895년 3월 1차로 113명이 파견되었는데 학부 대신 박정양은 유학생들이 출국하기 직전 내린 훈시를 통해 "실용사무를 강구하여 지식을 넓히고 사리를 깨우쳐 굳세고 불굴하는 정신으로 독립 문명한 세상의 필요에 부응하기를 바란다"고 당부하였다.[276] 유학생들도 자신들의 유학 목적이 "문명개화의 정신과 골자를 자임하고자 함"이라고 밝히고 있었다. 박정양이나 유학생들이 언급한 문명은 분명 'civilisation'의 번역 개념이었다고 할 수 있다.

관비유학생 파견이 구체적인 성과를 거둔 것은 아니었다. 유학

274. 이와 관련하여 고종은 동도를 완전히 포기한 것은 아니어서 여전히 유교를 종교로 한다고 표방하였지만 유교정치이념의 준수에는 매우 소극적이었다는 평가가 참고된다. 도면회(1996), 「총론: 정치사적 측면에서 본 대한제국의 역사적 성격」, 『역사와 현실』 제19권, p.37.

275. 이 시기 관비유학생 파견에 대해서는 다음 논문이 참고된다. 한시준(1985), 「한말 일본 유학생에 관한 일고찰」, 『천관우선생환력기념 한국사학논총』; 송병기(1998), 「개화기 일본 유학생 파견과 실태(1881~1903)」, 『동양학』 제18집, 단국대학교 동양학연구소; 차배근(1998), 「대조선인일본유학생 『친목회회보』에 관한 연구: 그 창간취지, 경위, 내용을 중심으로」, 『언론정보연구』 제35권; 차배근(1999), 「대조선인일본유학생 『친목회회보』에 관한 연구(속)—창간후 종간호까지의 발간실태와 주요 내용—」, 『언론정보연구』 제36권; 박찬승(1999), 앞의 논문.

276. 『친목회회보』 1896년 2월 15일(제1호). 차배근(1998), 앞의 논문, p.9.

생은 게이오기주쿠에 입학하여 6개월 내지 1년 반에 걸쳐 보통과 교육을 받았는데 많은 유학생이 중도 탈락하여 귀국하였고 보통과를 졸업한 이는 70여 명에 그쳤다. 전체 유학생의 반 정도만이 정상적으로 과정을 마친 셈이다. 하지만 유학생들이 일본에서 문명론을 수용하면서 문명에 대한 관심을 확산시키는 데 적지 않은 역할을 했던 것으로 보인다.

박정양이 실용사무를 강구하도록 주문했던 데 맞추어 유학생들도 실용지식의 수용을 최우선으로 삼았다. 여병현呂炳鉉은 일본 유학의 목적이 문명개화의 실학을 강구하는 데 있다고 밝히면서 외국의 신정新政과 미속美俗 가운데 수용할 수 있는 것을 잘 살펴 장래의 실용에 대비해야 한다고 강조하였다. 홍석현洪奭鉉은 오늘날 세계는 진보주의를 관용實用하는 나라를 문명국이라고 한다면서 진보주의를 실행하여 국부민강國富民强하게 해야 한다고 주장하였으며, 이주환李周煥은 세계 각국이 문무文武 교육을 확장하여 공상工商 실무를 널리 열고 있다면서 교육을 진취시키고 기계를 발명하는 등 거구취신去舊就新해야 한다고 역설하였다. 유학생들에게 문명개화는 실용적 지식의 수용을 통해 도달할 수 있는 상태였으며 그것은 바로 부강이었다고 할 수 있다.[277]

실용적 지식과 기술의 수용을 문명개화로 이해했던 유학생들은 해외 문물 수용에 매우 조심스러운 태도를 보이고 있었다. 원응상元應常(1869~?) 같은 이는 단발 양복으로 프랑스 모자나 쓰고 구미 개화풍에 젖어 고상한 척하고 상하 없이 자유나 이야기하고 단합이 없이 독립을 제창하는 외관피상의 개화는 도리어 개화를 가

277. 관비유학생들의 문명개화론에 대해서는 박찬승(1999), 앞의 논문, pp.131~135 참조.

로막는 장애물이라며 무분별한 개화 논의에 제동을 걸기도 하였다. 일본의 개화를 무조건 수용해서는 안 되고 저들의 장점은 취하고 단점은 버려야 한다는 것이 그들의 기본적인 입장이었다. 그 때문에 전태홍은 적당한 기술을 하나씩 습득하여 힘을 합치면 구습에 얽매인 잘못된 타성이 점차 쇠퇴하고 "시무에 순수한 개명이 날로 진보될 것"이라고 강조하기도 하였다. 정부에서 추구했던 문명은 부국강병의 범위에서 벗어나 있지 않았다고 할 수 있다.

신문 창간과 문명론의 확산

갑오개혁을 계기로 촉발된 문명개화에 대한 관심은 『독립신문』과 『미일신문』의 창간을 계기로 새로운 전기를 맞게 되었다. 『독립신문』은 조선의 독립은 민중 계발을 통해서만 가능하다는 신념을 지니고 있던 서재필徐載弼(1864~1951)의 주도로 1896년 4월 창간되었다.[278] 『미일신문』은 1896년 11월 배재학당 학생이 중심이 되어 결성한 협성회에서 간행한 신문이다.[279] 협성회는 1898년 1월부터 주간지인 『협성회회보』를 발간하다가[280] 4월 9일 일간지 『미일신문』을 창간하였다. 『미일신문』은 1898년 4월 9일부터 1899년 4월

278. 『독립신문』에 대해서는 신용하(1985), 『독립협회연구—독립신문 · 독립협회 · 만민공동회의 사상과 운동』, 일조각; 이광린(1975), 「서재필의 「독립신문」 간행에 대하여」, 『진단학보』 제39호 참조.

279. 이광린(1978), 「서재필의 개화사상」, 『동방학지』 제18집, pp.24~30. 협성회의 구체적인 활동 상황에 대해서는 김동면(1981), 「협성회 활동에 관한 고찰—토론회와 기관지간행을 중심으로—」, 『한국학보』 제25집 참조.

280. 협성회는 회보 발간 목적을 "젼국동포의 이목을 여러 닉외국형편이 어덧게 될줄을 대강 알게ᄒᆞ고 우리 이천만 동포가 일심 협력ᄒᆞ여 우흐로 님군과 나라를 밧들고 아릭로 우리 집안들을 보호ᄒᆞ여 가자는 쥬의"라고 밝혔다[『협셩회회보』, 1898년 2월 1일자(제8호) 논설]. 회보는 일반인들에게 판매되었는데 많이 팔릴 때는 1,000여 부에 이르렀다고 한다.

3일까지 총 278회에 걸쳐 간행되었다. 협성회는 서재필의 지도를 받고 있었으며 독립협회가 창립되자 거기에 참여하여 적극 활동하였기 때문에 사실상 독립협회의 자매단체라 할 수 있다. 『독립신문』은 배재학당 학생들이 협성회를 조직하여 규칙을 엄히 지키고 연설하는 법을 배우고 있는데 의정부 대신들도 그 학생들에게 배우게 하는 것이 좋겠다며 협성회 활동을 높이 평가하며 지원하였다.[281] 『미일신문』은 독립협회 창립에 대해 "이회가 흔번 싱긴후 세상에 공도가 ᄂᆞ타ᄂᆞ고 인민의 문견이 널려 사람마다 제 권리를 생각ᄒᆞ고 ᄀᆡ명ᄒᆞ기를 주의ᄒᆞ니 이대로 한결같이 나가면 몇해 아니되어 대한이 문명ᄒᆞ고 부강ᄒᆞ여 오주세계에 일등국이 될 것"[282]이라고 기대를 표시하며 독립협회 활동을 지지하였다.

『독립신문』과 『미일신문』은 우호적인 관계를 유지하며 '문명' 개념 전파의 기지 역할을 하였다. 두 신문의 논조가 완전히 같았던 것은 아니지만 공통적으로 추구한 것은 '문명개화'였다. 『독립신문』은 문명은 막을 수 없는 세계의 대세이며 천하를 온통 삼키려고 하는 영웅이라고 표명하면서 이 대세를 역행하면 몸과 집안이 멸망하는 지경에 이를 것이라고 강조하였다.[283] 협성회는 『협셩회회보』를 간행할 당시부터 문명부강을 달성하기 위한 첩경은 교육에 힘쓰는 것이라며 문명부강을 당면 과제로 설정하고 있었다.[284] 일본은 서양을 배워 문명개화하여 세계에 몇 번째 안 가는 나라가 된 반면 청은 시세에 이로운 학문을 도외시하다가 다른 나

281. 『독립신문』 1896년 12월 3일자.
282. 『미일신문』 1898년 7월 26일자 논설.
283. 『독립신문』 1898년 11월 11일자 「문명은 셰계바룸과죠슈」.
284. 『협셩회회보』 1898년 2월 5일자(제6호) 논설.

라의 침탈을 받고도 당하기만 한다고 지적하면서 대한이 나아가야 할 방향을 제시한다.[285] 이러한 입장은 『미일신문』에도 그대로 이어졌다. 문명 진보에 큰 기초가 되기를 바란다고 창간 동기를 밝혔던[286] 『미일신문』에서 가장 자주 등장하는 단어는 '부강문명' 혹은 '문명부강'이었다. 『미일신문』의 지향점은 문명하고 부강한 나라의 건설이었다.

『독립신문』과 『미일신문』은 문명론이 확산되는 데 큰 역할을 하였다. 민간에서 문명 개념은 주로 '개화'라는 용어로 전파되고 있었는데 1896년에 개화라는 말이 근일에 매우 번성하여 사람마다 이 말을 옮긴다고 할 정도로 개화풍이 유행하였다.[287] 이러한 상황에 고무된 『독립신문』은 조선의 지각 있는 사람들이 개화의 뜻을 알아 생각하고 일하여 다른 사람들이 개화란 것이 나라에 진실로 좋은 것인 줄 알게 하면 개화를 하지 말라고 해도 저절로 개화가 될 것이라고 자신감을 내비치기도 하였다.[288]

개화풍의 유행은 대한제국의 탄생과 함께 광무개혁이 추진되면서 더욱 확산되었다. 갑오개혁에서 시작되었던 개혁사업은 광무 연간에 계속 추진되었다. 고종은 동도서기론자들을 불러 단발을 명하면서 거절하면 목을 자르겠다고 엄포하여 단발하게 하는 등 오히려 갑오 이전보다 좀 더 적극적으로 개화를 추진하였으며 자신의 주권 유지를 제외한 모든 부문에서 옛것을 버리고 새것을

285. 『협성회회보』 1898년 2월 12일자(제7호) 논설; 김도형(2003), 앞의 논문, pp.176~177.
286. 『미일신문』 1898년 4월 9일자 논설.
287. 『독립신문』에는 개화와 관련된 기고문들이 종종 눈에 띈다. 1897년 7월 20일 익명으로 신문사에 편지를 보내 개화에 대한 자신의 견해를 밝힌 것이나 1897년 8월 21일 배재학당 전 주사 최병헌이 개화론을 기고한 것 등이 그 예이다.
288. 『독립신문』 1896년 6월 30일자 논설.

채용하였다. 고종은 절충과 참작을 강조하였지만 '구본신참'이라기보다 오히려 신본구참의 원칙을 따르고 있었다.[289] 『독립신문』은 대한제국이 성립된 이후의 상황을 상당히 낙관적으로 파악하고 있었다. 『독립신문』은 고종 황제가 세계 문명의 대세를 용납하여 중흥의 업을 건립하였으며 국내에 생긴 문명의 기운을 막지 못할 것이며 그에 따라 지금 완고한 사람도 개명한 사람이 되며 상투를 목숨처럼 지키는 사람도 양복을 입게 될 것이라고 기대하였다.[290]

한편 문명개화론이 확산되면서 그에 대한 반발도 한층 강해졌다. 보수층의 핵심이었던 의병은 아관파천으로 성립한 내각의 복고정책과 고종의 해산 교지를 받고 대부분 자진 해산했지만 유생들은 1896년 이후 을미사변에 대한 복수를 주장하는 상소 운동을 지속적으로 벌였다. 유교 사회의 재건을 목표로 삼았던 이들은 1898년에는 도약소都約所를 조직하여 본격적으로 반개화운동을 전개하였다.[291] 유생층은 서양을 금수로 간주하는 전통적인 사고방식에서는 탈피하였지만 기본적으로 서양 학문에 비판적인 태도를 견지하였다. 혹 아는 사람의 자제가 서양 학문을 익힌다는 소리를 들으면 쫓아가 서학은 아무런 도움이 되지 못하고 해만 될 뿐이라고 충고하고, 집안에 서학을 하는 사람이 있으면 집안이 망했다고 탄식하는 것이 유생들의 모습이었다.[292] 이에 대해 독립협회로 대표되는 급진파는 만민공동회를 선동하여 체제 변혁을 지향하는

289. 서영희(2003), 『대한제국 정치사 연구』, 서울대학교 출판부, pp.110~111.
290. 『독립신문』 1898년 11월 11일자 「문명은 셰계바룸과죠슈」.
291. 도약소에 대해서는 서진교(1992), 「1898년 도약소의 결성과 활동」, 『진단학보』 제73호 참조.
292. 『황성신문』 1898년 9월 15일자 논설.

적극적인 정치 투쟁을 전개하였고, 유생들은 연좌법 부활과 독립협회 혁파를 주장하는 상소 활동을 벌이며 독립협회와 정면충돌하였다.

개화풍의 확산은 유자들의 거센 반발을 초래하였지만 개화는 이미 대세가 되어 가고 있었다. 그런 가운데 주자학적인 소양을 가지고 있는 인물들 가운데도 유생 자신들의 체질을 반성하면서 새로운 사상의 수용을 모색하는 이들이 등장하였다. 남궁억南宮檍(1863~1939) · 장지연張志淵(1864~1921) · 박은식朴殷植(1859~1925) 등 흔히 개신 유학자로 지칭되는 부류가 그들이었다. 1880년대 초반부터 전통 유학자들 사이에서도 변통을 주장하는 부류들이 등장하고 있었는데 개신 유학은 이러한 변통론의 연장선상에 위치해 있었다. 개신 유학자들은 변통론을 근거로 새로운 길을 모색하였다.

대표적인 개신 유학자 장지연은 1897년에 쓴 글에서 리理에 상常과 변變의 양 측면이 있음을 설명하면서 상에만 집착하고 변에 소홀한 부류[執拗者]와 변으로만 치달아 상에 어긋나는 부류[喜新者] 모두 중정의 모습이 아니며 상을 놓치지 않으면서도 변에 통해야 한다고 지적하였다.[293] 이러한 인식은 개화에 대한 태도에도 그대로 드러난다. 그는 참된 개화를 추구하기를 소망하면서 외국인을 화이론적 시각에서 배척하는 완고한 입장과 실질은 없이 그저 허명으로 외국인과 동화되려고만 하는 개화론자들의 태도를 동시에 비판하였다.[294] 시대가 달라 삼대의 문물은 지금 시대에는 우활하고

293. 노관범(2007), 「대한제국기 박은식과 장지연의 자강사상 연구」 서울대학교 대학원 국사학과 박사학위논문, p.257.

294. 노관범(2007), 앞의 논문, p.261.

풍속이 달라 서양의 좋은 법도 우리에게 맞지 않으므로 동서고금을 막론하고 시의를 추구하되 한국은 한인의 문물을 구비하고 한인의 법도를 행해야 한다는 것이 그의 주장이었다.[295]

개신 유학자들은 1898년 『황성신문』을 창간하면서 자신들의 주장을 본격적으로 개진하였다.[296] 신문의 발간 목적이었던 '인민의 개명'에서의 인민은 봉건적 유학자 계층을 의미하였다. 그들은 유림을 잠재적인 문명개진의 최대의 힘으로 보고 유림을 설득하여 문명개진의 장으로 끌어들이려고 하였다.[297] 평생 경서와 사책만 공부하면서 인생의 지혜와 재식이 모두 그 가운데 있으며 서양 학문은 쓸모가 없다고 주장하는 유림들을 우물 안 개구리에 비유하면서 구습을 탈피할 것을 촉구하였다.[298] 한편으로는 외국을 유람한 자들이 관찰사나 군수에 임명되면 모두 큰 기대를 거는데 막상 임용되면 외국 정치 학문을 전혀 활용하지 못하고 이전의 탐관보다 더 탐학부정이 심해 개명국의 문견이 없다며 문명개화론자들의 행태도 지적하였다.[299] 다른 나라의 사정과 우리의 사정을 비교하여 장점은 취하고 단점은 버려야 한다는 것이 개신 유학자들의 기본 입장이었다.[300]

295. 『황성신문』 1902년 5월 19일자 「廣文社新刊牧民心書」.
296. 『황성신문』의 문명론에 대해서는 길진숙(2006), 「문명의 재구성 그리고 동양 전통 담론의 재해석—『황성신문』을 중심으로—」, 『근대계몽기 지식의 발견과 사유 지평의 확대』, 소명출판 참조.
297. 박찬승(1992), 『한국근대 정치사상사연구—민족주의 우파의 실력양성운동론』, 역사비평사, p.79.
298. 『황성신문』 1898년 9월 15일자 논설. 『황성신문』은 각 관찰부에 4부, 각 군에 3부씩 발송했는데 더 보내달라는 곳은 있어도 거절한 곳은 없었다고 한다. 『황성신문』 1898년 10월 19일자 사설.
299. 『황성신문』 1899년 4월 14일자 논설.
300. 『황성신문』 1898년 9월 15일자 논설. 『황성신문』에 자주 나타나는 "옛것을 혁파하고 새

유생층의 일부가 문명개화의 대열에 합류하면서 문명론은 폭넓게 확산되어 갔다. 개화풍이 급속도로 확산되자 급기야 정부에서 나서 개화의 의미를 언급하며 개화풍의 확산을 차단하려고 시도하는 상황에 이르렀다. 법부法部는 무분별한 개화풍을 경계하는 다음과 같은 훈령을 각도의 관찰사에게 보냈다.

> 대범 ᄀᆡ명 화셩 ᄒᆞᄂᆞᆫ것을 ᄀᆡ화라 이르ᄂᆞᆫ것이니 ᄀᆡ화를 극히 잘 ᄒᆞ거드며 하ᄂᆞᆯ의 리치가 ᄇᆞᆰ아지고 사ᄅᆞᆷ의 륜긔가 바르게되고 만물의 셩질이 되야 가ᄂᆞᆫ 것이어ᄂᆞᆯ 사ᄅᆞᆷ들이 다ᄆᆞᆫ ᄀᆡ화ᄅᆞᆫ 일홈ᄆᆞᆫ 알고 ᄀᆡ화의 실샹을 몰으ᄂᆞᆫ ᄭᆞ닭에 ᄀᆡ화를 별건 ᄉᆞ무로ᄆᆞᆫ 알아 ᄆᆡ양 보면 분의를 범 ᄒᆞ고 쎳쎳ᄒᆞᆫ 일을 어지러히 ᄒᆞ며 륜긔를 능멸 ᄒᆞ고 리치를 거스리ᄂᆞᆫ 일을 문득 ᄀᆡ화라 이르니 이러 ᄒᆞ기에 긔강이 ᄂᆞᆯ노 문란 ᄒᆞ여지고 풍쇽이 ᄂᆞᆯ노 ᄑᆡᄒᆞ여 온 셰샹이 홀너셔 미친것도 ᄀᆞᆺ고 슐 취 ᄒᆞᆫ것도 ᄀᆞᆺ하여 ᄀᆡ화의 실샹을 ᄭᆡᄃᆞᆺ지들 못 ᄒᆞ니 ᄆᆞᄋᆞᆷ에 간졀히 ᄋᆡ셕 ᄒᆞ지라 대개 ᄀᆡ화ᄅᆞᆫ것은 곳 셩인네의 ᄒᆞ시던 일이라[301]

개화가 전통적인 가치관의 파괴로 인식되는 것에 대해 문제를 제기한 것이다. 법부는 아랫사람이 윗사람을 범하든지 천한 사람이 귀한 사람을 방해한다든지 젊은이가 어른을 능멸하는 것이 모두 법과 덕화를 거스르는 것이라며 이러한 짓을 하는 인민들을 엄히 처벌하겠다고 경고하였다. 『ᄆᆡ일신문』도 조선에 전에 없던 큰 병이 하나 생겼는데 개화병이 바로 그것이라며 무분별하게 확산

로운 것을 따라야 한다"는 '捨舊從新'이라는 표현은 그러한 입장을 보여 준다.

301. 『독립신문』 1898년 3월 5일자 「각부 신문」.

되던 개화풍에 문제를 제기하고 나섰다.

> ᄀᆡ화라 ᄒᆞ는것은 ᄌᆡ를 혀아려 편리 ᄒᆞ도록 ᄒᆞ야 실샹으로 힘써 ᄇᆡᆨ셩으로 ᄒᆞ여곰 힝 ᄒᆞ야 논것 ᄯᆞ롬이오 다른것이 업거늘 지금 움쟉이면 믄득 ᄀᆡ화라 ᄒᆞ는쟈는 제 ᄉᆡᆼ각대로 무숨 말을 ᄒᆞ다러도 ᄀᆡ화에는 그러ᄒᆞ다 ᄒᆞ며 샹 업는 ᄒᆡᆼ위를 ᄒᆞ고도 ᄀᆡ화 법에는 그러ᄒᆞ야 관계치 안이ᄒᆞ다 ᄒᆞ며 심지어 오륜샹에 대단히 관계가 되어 ᄑᆡ샹ᄒᆞᆫ 일이 잇듯러도 ᄀᆡ화에는 그러ᄒᆞ야도 샹관업다 ᄒᆞ며 ᄒᆞ다 못ᄒᆞ야 옷 ᄒᆞᆫ 가지만 류란니 입어도 ᄀᆡ화법이라 ᄒᆞ며 음식 ᄒᆞᆫ가지라도 이샹ᄒᆞᆫ것을 먹으면 ᄀᆡ화라 ᄒᆞ며 집에 류리챵 ᄒᆞ나만 박아도 ᄀᆡ화라ᄒᆞ며 젹은안경 ᄒᆞ나만 써도 ᄀᆡ화라 ᄒᆞ며 져른 집ᄑᆡᆼ이 ᄒᆞ나만 집어도 ᄀᆡ화라 ᄒᆞ며[302]

의식주를 비롯한 생활 전반에 개화풍이 침투하면서 전통적 가치관에도 큰 변화가 일어나고 있었음을 볼 수 있다. 하지만 개화풍의 확산에 대한 우려와 경계에도 불구하고 개화풍의 유행은 수그러들지 않아 "슈년 이러로 우리나라에 ᄀᆡ화란 말이 ᄃᆡ치ᄒᆞ야 사ᄅᆞᆷ마다 ᄀᆡ화 ᄀᆡ화 ᄒᆞ야 부녀 로소아와 하향벽촌에 쵸슈목동ᄭᆞ지 ᄀᆡ화 두글ᄌᆞ가 귀의 져져셔 언필칭 ᄀᆡ화"[303]한다고 지적되었다.

개화풍이 확산되면서 개화에 대한 유자들의 반감은 더욱 증폭되었고 그에 따라 개화가 되어야 살겠다는 측과 개화가 되면 죽겠다는 측으로 공론이 나뉘는 등 개화를 둘러싼 대립은 심각해졌다. 사태의 심각성을 인식하였던 듯 『ᄆᆡ일신문』은 귀천도 없고 노소

302. 『ᄆᆡ일신문』 1898년 12월 7일자 논설.
303. 『ᄆᆡ일신문』 1899년 3월 9일자 논설.

도 없이 버르장머리 없이 구는 것이 개화가 아니라며 개화의 본뜻을 재확인시키는 등 무분별한 개화론에 재차 제동을 걸기도 하였다.[304] 반면 『황성신문』은 주로 반개화론을 견제하는 편이었다. 1900년 9월 『황성신문』은 개화반대론자들의 주장을 담은 「원개화설怨開化說」을 2회에 걸쳐 게재한 후[305] 3회에 걸쳐 「해개화원解開化怨」을 실어 개화반대론자들의 주장을 조목조목 반박하며 개화의 정당성을 강조하였다.[306] 1901년 4월에도 반개화론에 대해 개화를 옹호하는 논설을 실었다.[307] 『믹일신문』이나 『황성신문』 모두 개화를 추진해야 한다는 원칙에는 변함이 없었던 것이다. 문제는 추구하려는 개화 또는 문명의 구체적인 내용이 무엇인가 하는 점이었다.

2) 신문을 통해 본 '문명' 개념

『독립신문』·『믹일신문』의 '문명'

『독립신문』과 『믹일신문』에서 시종일관 전파하고자 했던 것은 '문명' 개념이었다.[308] 양 신문에는 문명이라는 단어가 수없이 등

304. 『믹일신문』 1899년 3월 9일자 논설. 『독립신문』이 서구화를 지향했던 데 반해 『믹일신문』은 부강에 초점을 맞추는 등 양 신문 사이에도 인식의 차이는 있었던 것으로 보이는데 이에 대해서는 별도의 고찰이 필요하다.
305. 『황성신문』 1900년 9월 3~4일자 「怨開化說」. 「원개화설」은 세계가 모두 개화가 이익이 된다고 하지만 한국만은 개화의 독소가 퍼지지 않은 곳이 없다며 주로 갑오개혁의 문제점을 지적한 글이다.
306. 『황성신문』 1900년 9월 5~7일자 「解怨開化說」.
307. 『황성신문』 1901년 4월 6일자 논설.
308. 양 신문에 나타난 문명 인식에 대해서는 길진숙(2004), 앞의 논문 참조. 『독립신문』의 문명론은 정선태(2004), 「『독립신문』의 조선·조선인론—근대계몽기 '민족' 담론의 형성과 관련하여—」, 『근대계몽기 지식 개념의 수용과 그 변용』, 소명출판 참조.

장한다. 개화라는 용어도 자주 등장하는데 개화의 의미에 대해서는 다양한 정의가 있다. 다음은 개화의 의미를 설명한 대표적인 예이다.

① "ᄀᆡ화란 말을 당초에 청국셔 지어낸 말인ᄃᆡ ᄀᆡ화란 말은 아모것도 모로ᄂᆞᆫ 쇼견이 열녀 리치를 가지고 일을 ᄉᆡᆼ각 ᄒᆞ야 실샹대로 만ᄉᆞ를 ᄒᆡᆼ ᄒᆞ자ᄂᆞᆫ ᄯᅳᆺ시라"[309]

② "해해로 ᄂᆞᆯᄂᆞᆯ마다 극히 편리케 ᄒᆞ며 극히 연구 ᄒᆞ야 사ᄅᆞᆷ의 일과 물건의 치리를 시셰를 ᄯᅡ라 극진ᄒᆞᆫᄃᆡ 나아 감이 곳 ᄀᆡ화라"[310]

③ "대범 ᄀᆡ화라 ᄒᆞᄂᆞᆫ것은 그 녯적의 더럽게 물 드린것은 버리고 새법의 문명 ᄒᆞᆫ것을 쥰ᄒᆡᆼ ᄒᆞ야 우희로 나라를 돕고 아ᄅᆡ로 창ᄉᆡᆼ을 보호ᄒᆞᆷ이어ᄂᆞᆯ"[311]

③에서 볼 수 있듯 개화는 문명과 거의 같은 뜻으로 쓰이고 있었다. 굳이 차이를 지적하자면 문명이 어떤 상태에 도달한 것을 의미하는 반면 개화는 ②와 ③에서 나타나듯 목표를 향해 나아가는 진행의 상태를 가리킨다고 할 수 있다. 예를 들면 「나라등슈」라는 논설에서는 국가의 등급을 문명 수준에 따라 국가를 문명국 · 개화국 · 반개화국 · 야만국의 넷으로 분류하면서 개화국은 정치가 문명국과 같지만 조금 더 해야 할 일이 남아 있어 문명국을 매

309. 『독립신문』 1896년 6월 30일자 논설.
310. 『독립신문』 1898년 1월 20일자 논설.
311. 『독립신문』 1897년 7월 20일자 논설.

우 빨리 쫓아가는 것을 말한다고 설명하고 있다.[312] 문명과 개화를 이렇게까지 구분하는 것은 예외적인 경우이고 문명과 개화를 합쳐 '문명개화'로 칭하는 것이 일반적이지만 완료와 진행의 의미에 초점을 맞추어 문명과 개화를 구분한 것이다.[313]

개화는 진행 상태를 가리키는 것이어서 그 개념이 상당히 추상적이다. 그런데 추상적이나마 개화에 대해서는 정의가 있지만 문명 자체에 대한 정의는 거의 찾아볼 수 없다. 오로지 문명국의 상태를 언급함으로써 문명의 이미지를 전달할 뿐이다.[314] 문명 개념은 전적으로 문명국이라 생각했던 서구 국가에서 추출한 것이었다. 앞의 「나라등슈」에서는 "문명국이라 말홈은 그 나라의 법률 쟝뎡과 모든 다ᄉᆞ리ᄂᆞᆫ 일들이 붉고 공평 ᄒᆞ야 무식ᄒᆞᆫ ᄇᆡᆨ셩이 없고 사름마다 ᄌᆞ유권이 잇스며 나라이 지화 셰계가 되야 요슌 쌔와 다름이 업ᄂᆞᆫ것을 이름이요"라고 문명국을 설명한다. 문명국의 상태를 설명하기 때문에 문명은 매우 다양하고 구체적인 모습으로 그려지는데 몇 가지 예를 들면 다음과 같다.

① 문명ᄒᆞᆫ 나라에셔는 법률이 다ᄀᆞᆺ치 공평ᄒᆞ야 어늬 나라에 가던지 졔나라 사름과 ᄀᆞᆺ치 ᄃᆡ졉ᄒᆞ며 졔나라 법률과 ᄀᆞᆺ치 다ᄉᆞ리ᄂᆞᆫ 고로 다ᄀᆞᆺᄒᆞᆫ 권을 주되[315]

312. 『독립신문』 1899년 2월 23일자 「나라등슈」.

313. 『독립신문』에는 '문명진보'라는 표현도 자주 등장하는데 문명으로 나아가는 상태를 표시한다는 점에서 '문명개화'와 큰 차이가 없다.

314. 길진숙(2004), 앞의 논문, pp.332~334 참조.

315. 『미일신문』 1899년 5월 9일자 논설.

② 기명훈 나라 사름들은 도모지 놈을 모해 흐거나 수혐으로 다른 사름을 핍박 흐는 악습이 업는 고로 아모리 권리됴균 셰력이 만훈이라도 약 흐고 고단 훈 이를 릉멸히 넉이지 아닐뿐만 아니라 도로혀 보호 흐고 긍휼 흐것마는[316]

③ 문명ㄱ화훈 나라 사름들은 군수를 죠련홀줄 알고 리로온 병쟝긔와 화륜션과 철도와 젼신과 젼화와 편훈 의복과 유익훈 음식과 정결훈 거쳐를 문들줄 알고 나라 일에 죽는거술 영광으로 아는연고로 사름의몸이 강흐고 무옴이 굿세고 지혜가 놉하지거니와[317]

문명은 문명국을 충실히 따르는 것을 말한다. 『믹일신문』은 "우리나라 신민들도 분기훈 무옴을 발흐야 문명국에 뎡교대략과 풍속에 진미홈을 한갈갓치 본써다가 기명할 긔쵸를 일신케"[318]해야 한다며 문명국을 한결같이 본받아야 한다고 주장하였다. 『독립신문』에서는 잔혹한 형벌을 폐지해야 함을 주장하면서 만약 잔학한 형벌이 좋다면 구미 각국과 일본에서 행하지 않을 리가 없다고 이야기한다.[319] 문명국의 상태가 곧 문명이었던 것이다.

독자적인 문명의 기준을 갖지 못하고 문명국의 상태를 문명으로 인식함으로써 문명국의 모든 것들은 취사선택이 아닌 전적으로 모방해야 할 대상으로 설정되었다. 『독립신문』은 일본이 신학문 교육에 힘쓴 결과 보기 싫은 두루마기를 입던 사람들이 깨끗하

316. 『독립신문』 1899년 9월 15일자 논설.
317. 『독립신문』 1896년 4월 25일자 논설.
318. 『믹일신문』 1898년 4월 15일자 논설.
319. 『독립신문』 1898년 9월 26일자 논설.

고 튼튼한 양복을 입게 되고, 나무신이나 짚신을 신던 사람들이 가죽으로 만든 서양 신발을 신게 되었다고 설명한다.[320] 머리를 깎고 양복을 입는 것은 집을 고친 후에 새로 도배와 장판을 하는 것처럼 문명의 완성을 위해 필요한 것이었다.[321] 『독립신문』은 조선의 인민들에게 무명옷을 버리고 모직과 비단옷을 입고, 김치와 밥을 버리고 소고기와 빵을 먹을 것을 권유하였다.[322] 의식주를 비롯한 모든 것들을 서구의 기준에 맞추어야 하는 것이다.

문명개화를 달성하는 핵심적인 방법으로 제시된 것은 교육이었다. 법률을 고쳐야 개화, 정치를 고쳐야 개화, 군율을 고쳐야 개화, 경찰을 고쳐야 개화, 의복을 경편히 입어야 개화, 도로 교량을 어찌하며 집을 삼사층을 지어야 개화라고 하는 등 의견이 분분하지만 개화 전체의 실지는 인민의 마음부터 열리고 깨치게 해야 하는 것이며 그러기 위해서는 학교를 확장하여 인민의 자녀를 몰아다가 무식한 사람이 하나도 없게 해야 한다고 강조한다.[323] 배워야 할 대상은 당연히 '문명개화하는 학문', '공평 정직한 실학문' 등으로 표현된 서양의 신학문이었다. 신학문은 곧 부국강병에 기여하는 학문을 의미하였다.[324] 구미 국가들이 문명 부강한 것은 모두 옛적의 썩은 학문을 버리고 향기 나는 새 학문에 힘쓴 결과라면서 새 학문으로 완고한 구습을 완전 혁파하여 일신 우일신할 것을 주

320. 『독립신문』 1896년 4월 25일자 논설.
321. 『독립신문』 1896년 5월 26일자 논설.
322. 『독립신문』 1896년 10월 10일자 논설.
323. 『믜일신문』 1898년 10월 3일자 논설. 두 신문에 나타난 서양 학문 수용 태도에 대해서는 길진숙(2004), 앞의 논문, pp.338~342 참조.
324. 『믜일신문』 1898년 11월 5일자 논설.

문하였다.[325]

학문의 효용성이 부국강병에 기여할 수 있느냐로 판단되면서 전통 학문이 설 자리는 없어졌다. 신학문이 '문명개화하는 학문'으로 내세워졌던 반면 전통 학문은 '허학'으로 평가절하되었다. 신문은 신학문과 전통 학문, 구미의 교육과 대한의 교육을 비교 서술하면서 서양 교육의 우월성과 전통 학문의 열등성을 부각시켰다. 블라디보스토크에 거주하는 유진률이라는 인물은 『독립신문』에 기고한 글에서 아시아주에서 인류가 처음 나타났음에도 불구하고 구미와 문명의 차이가 크게 벌어진 것은 학문의 차이 때문이라고 지적한다. 서양 사람은 무슨 일이든지 모르는 것이 있으면 끊임없이 그 이치를 궁구하여 문명 진보된 반면 아시아는 한학에 사로잡혀 편안함만 추구한 결과 뒤처지게 되었다는 것이다. 그는 한학의 문제점을 다음과 같이 비판하였다.

> 한문을 공부ᄒᆞᆫ 사ᄅᆞᆷ이 무ᄉᆞᆷ 리치를 슝샹 ᄒᆞ야 세계에 ᄲᅱ여난 일 ᄒᆞᆫ 것이 ᄒᆞ나도 업고 한문 쇽에셔 지금 ᄒᆞᄂᆞᆫ 일이 쥭도록 공부 ᄒᆞ야도 시뎐 셔뎐 론어 ᄆᆡᆼ자 권이라 닑고 시부나 지으면 유식다 ᄒᆞ나 그 ᄒᆞᄂᆞᆫ 일을 샹고 ᄒᆞ여 보면 ᄉᆡ로 한문 쇽에셔 졍치 학문과 부국 슐법은 ᄒᆞ나도 업고 헛되이 쳥츈젹 세월을 보ᄂᆡ여 녯젹사긔나 긔록 ᄒᆞᆯ ᄯᆞ름이니[326]

청춘을 헛되이 보내게 하는 학문, 그보다 더 철저한 존재 가치의 부정은 없다. 조선 사람들은 겨우 한문만 조금 배워 그것만 믿

325. 『독립신문』 1899년 9월 20일자 논설.
326. 『독립신문』 1898년 9월 19일자 「유 지각ᄒᆞᆫ 친구의 글」.

고 관직을 하려 하는데 한학만 가지고는 이 세상에서 아무 일도 하기 어렵고,[327] 대접을 받고 먹고 살기 위해서는 반드시 신학문을 배워야 한다고 강조한다.[328]

문명개화를 달성하는 또 다른 핵심적인 방안은 기독교 수용이다. 1890년대 후반 『독립신문』과 『미일신문』을 중심으로 전개된 문명론에 나타나는 가장 특징적인 점은 기독교를 서구 문명의 핵심으로 파악하고 있다는 사실이다. 신문을 창간하고 운영하는 데 주도적인 역할을 했던 서재필과 윤치호가 기독교 신자였던 점을 생각하면 어느 정도 예견될 수 있는 것이었다.[329]

갑신정변 실패 후 미국에 망명했던 서재필은 처음에는 영어를 배우려는 목적에서 교회를 다녔지만 그 과정에서 점차 신앙심이 두터워져 신자가 되었다. 기독교가 자신의 일생에 위대한 힘을 주었다고 자평할 만큼 서재필은 기독교에 큰 영향을 받았다.[330] 그는 조선 민족이 기독교를 진실 되게 신앙하면 하느님의 권능으로 완전한 구원을 얻을 수 있다는 강한 신념을 가지고 열성적으로 기독교를 전파하였다.[331]

일본 유학 당시부터 기독교 사상을 접할 수 있었던 윤치호의 경우 갑신정변 실패 후 상하이에 망명하면서부터 기독교를 본격적

327. 『독립신문』 1896년 4월 25일자 논설.

328. 『독립신문』 1896년 12월 22일자 논설: "ᄉᆞ셔삼경을 읽어가지고ᄂᆞ 이셰계에ᄂᆞᆫ 무용지인이 될터이니 무숨 학업이던지 실샹 학문을 ᄇᆡ화 이셰계에셔 무숨일을 ᄒᆞᆫ가지능히 ᄒᆞ게 되어야 그 사ᄅᆞᆷ이 남의게 대졉도 밧고 무어슬 ᄒᆞ여 먹고 살던지 살방칙이 싱길지라".

329. 개화론자들의 개신교관에 대해서는 이광린(1975), 「개화파의 개신교관」, 역사학보 제66호 참조.

330. 김도태(1972), 『서재필 박사 자서전』, 을유문화사, p.179.

331. 김승태(2003), 「서재필」, 『63인의 역사학자가 쓴 한국사인물열전』 3, 돌베개, pp.156~157.

으로 믿기 시작하였다. 1886년부터는 기독교 신앙에 눈을 떠 성경을 공부했고 1887년에 기독교로 개종했다. 이듬해 미국에 건너가 본격적으로 기독교를 공부하면서 기독교 중심적 태도는 굳어져 갔다.[332] 윤치호는 미국 문명의 우수성을 찬양하고 그 문명과 민주주의를 만들어 낸 힘이 기독교라고 생각했고[333] 조선 정부가 무능한 상황에서 나라 교육을 돕고 인민의 기상을 회복시킬 수 있는 방법은 예수교밖에 없다고 보았다.[334]

이들의 기독교주의는 『독립신문』과 『미일신문』을 통해 전파되었다. 하나님을 존경하며 천도를 좇는 나라는 문명부강하고, 이단의 사술을 좇는 백성들은 동서양을 물론하고 반드시 쇠퇴할 것이라고 단언한다. 그 때문에 『독립신문』은 대한이 시급히 기독교를 수용해야 한다고 주장한다.

> 지금 대한국 정치와 풍속을 보건ᄃᆡ 태셔 문명ᄒᆞᆫ 나라에셔 존슝 ᄒᆞᄂᆞᆫ 교회ᄂᆞᆫ 이단이라 ᄒᆞ야 근본 리치를 궁구 ᄒᆞ여 보지도 아니 ᄒᆞ고 다만 태셔 각국의 병긔와 뎐보션과 젼어긔와 뎐긔차와 화륜션과 우톄법과 각 항 긔계ᄂᆞᆫ 취 ᄒᆞ여 쓰고져 ᄒᆞ니 이것은 그 근본은 바리고 ᄭᅳᆺ만 취 ᄒᆞᆷ이라[335]

기독교에 대한 관심은 문명국 대부분이 기독교국이라는 사실

332. 윤치호는 중국 망명기에는 개인윤리로 기독교를 수용했던 데 반해 미국에 유학하면서 기독교를 사회의 문명화와 민주화를 이루는 사회윤리로 인식하게 되었다. 유영렬(1995), 앞의 책, p.79.

333. 유영렬(1995), 앞의 책, pp.75~85; 김도형(2003), 앞의 논문, p.184.

334. 『국역 윤치호일기』 1889년 음력 2월 29일자.

335. 『독립신문』 1899년 9월 12일자 「나라의 근본」.

에서 출발한다.[336] 『독립신문』은 "지금 셰계 각국에 문명 긔화훈 나라들은 다 구교나 야쇼교를 밋는 나라인직 이걸 보거드면 크리스도 교가 문명 긔화 하는딕는 긴요훈것"[337]이라고 하여 기독교가 문명개화의 핵심이라는 점을 지적한다. 1898년 5월 『믹일신문』 논설은 아예 문명개화나 자주독립이라고 하는 것이 모두 기독교에서 나왔으며 법률과 학문은 거의 대부분 성경 속에서 나온 것이라고 단언하고 있다.[338]

기독교의 속성으로는 여러 가지가 거론되었는데 예를 들어 기독교 신앙은 "정직하고 공평하고 착하고 사랑하는 마음뿐"이라고 설명한다.[339] 하느님 앞에 모두 같은 인간이라는 기독교의 평등주의 덕분에 국왕과 백성들 간의 신뢰가 깊어지고 백성들의 자유권도 신장되었다며 평등주의에 주목하기도 하였다.[340] 서양의 교회가 기독교를 전파하려는 의도도 매우 순수하게 해석하였는데 그

336. 『독립신문』 1897년 1월 26일자 논설. 이러한 인식은 뒷시기 『대한매일신보』의 논설과 비교가 된다. 『대한매일신보』는 문명 각국에서 신앙하는 예수교나 천주교를 존숭하고도 망한 나라가 있고 불교를 숭상하고도 흥한 나라가 있으며, 회회교를 존숭하는 나라가 전에는 세계에서 제일 강했지만 지금은 매우 쇠약하다면서 이로써 볼 때 중요한 것은 어느 종교냐가 아니라 종교가가 국가주의를 갖는 것이라고 강조하였다. 그리고 국가의 흥망보다 도가 없어지는 것이 문제라고 하였던 이항로(李恒老)와 일본의 공자가 장수가 되어 일본을 침입한다면 마땅히 원수로 여겨야 한다고 했던 야마자키 안사이(山崎闇齋)를 비교하여 국가주의의 중요성을 부각시켰다(『대한매일신보』 1909년 11월 28일자 논설 「오늘날 종교가에게 구ᄒᆞ논바」).

337. 『독립신문』 1897년 12월 23일자 논설.

338. 협성회 회원들은 '우리나라 종교를 예수교로 홈이 가홈'이라는 주제로 토론을 벌일 만큼 기독교에 친화적이었으며, 이런 의식은 『믹일신문』에 그대로 반영되었다.

339. 『독립신문』 1897년 12월 23일자 논설.

340. 『믹일신문』 1898년 5월 28일자 논설. 윤치호는 유교를 압제적 계서체계라고 신랄하게 비판한 바 있다[유영렬(1995), 앞의 책, pp.174~177]. 그런 만큼 기독교의 평등주의는 유교와 비교되어 매우 매력적으로 인식되었을 것이다.

에 대해 『독립신문』 논설은 다음과 같이 설명하다.

태셔 각국에 존슝 ᄒᆞᄂᆞᆫ 교회ᄂᆞᆫ 일홈이 비록 예수교 텬쥬교 희랍교의 다름이 잇스나 근본은 ᄒᆞ나이오 그 교회의 죵지ᄂᆞᆫ 두 가지가 잇스니 一은 각국에 통샹 홈이오 一은 도를 젼파홈이라 통샹은 지력의 권으로 힝 하고 젼도ᄂᆞᆫ 덕형의 일노 힘쓰ᄂᆞ니 그 두가지 ᄯᅳㅅ이 텬하 만국의 물화를 교통 ᄒᆞ며 텬하 만민의 지혜를 통달케 ᄒᆞ야 다 ᄀᆞᆺ치 승평ᄒᆞᆫ 셰계에 군식 홈이 업시 안싱락업 ᄒᆞ기를 도모 홈이라[341]

통상과 전도가 교회의 기본적인 역할이라는 것이다. 여기에서 말하는 통상은 무역의 개념이 아니라 교섭을 통한 서양 문물의 광범위한 수용을 뜻하는 것으로 부강과 유사한 개념이었다. 교회가 종교적인 기능뿐만 아니라 부강을 달성하는 역할까지도 담당하고 있다는 것이다. 교회가 이렇게 중요한 역할을 수행함에도 불구하고 동양 여러 나라들이 통상과 전도 모두를 탐탁지 않게 여긴 반면 일본만은 세계 정세를 깨달아 각국과 열심히 통상하여 부강을 이루었다고 평가하였다. 하지만 일본은 기독교에는 관심을 두지 않아 교화의 근본을 알지 못하고 그로 인해 근본이 단단하지 않아 장구한 개명책이 되지 못한다고 지적한다.[342]

기독교 신앙으로 무장한 서양인 특히 기독교인들이 은혜로운 존재로 부각된 것은 당연하다. 『독립신문』과 『미일신문』은 서양인들은 남을 내 몸처럼 사랑하라는 기독교 신앙을 실천하기 위해 어

341. 『독립신문』 1899년 9월 19일자 논설.
342. 『독립신문』 1899년 9월 12일자 「나라의 근본」.

려움을 무릅쓰고 건너오는 것으로 그려 내고 있다. 서양의 기독교인들은 박해를 받으면서도 학교를 세워 문명의 학문을 교육시켜 주고 병원을 설치하여 자기 돈을 써가며 병을 고쳐 주는 고마운 존재들인 것이다.[343] 이런 사실을 근거로 세상에 종교가 많이 있지만 기독교처럼 참 착하고 참 사랑하고 참 남을 불쌍히 여기는 교는 세계에 다시없다고 강조한다.

기독교 신앙을 전파하는 과정에서도 가장 문제가 되는 것은 역시 유학이다. 신문은 기독교와 유교를 대비하여 기독교의 우월성을 강조한다. 조선 사람은 자신만 위할 줄 알지 다른 사람을 위해서는 무슨 일을 하는 것을 도무지 모르는데 이는 다른 사람을 위하는 생각이 들게 하는 종교가 없기 때문이라고 지적한다. 또 조선 사람이 본성은 착하지만 못된 동양 학문에 절어 본성을 다 잃어버려 그른 일 하기를 옳은 일 하기보다 좋아하는 이들이 많다고 지적한다.[344] 기독교는 다른 사람을 위하게 만드는 종교인 반면 동양 학문 즉 유학은 그른 일 하기를 좋아하게 만드는 학문이다. 흔히 유학적인 가치로 인정받았던 윤리의식마저도 제대로 평가받지 못하였다. 유교에서 내세우는 충효나 예의의 측면에서 비교해 보아도 조선은 외국의 문명개화한 나라와는 도저히 상대가 되지 않는다. 기독교를 진실 되게 믿으면 오륜이 바로 서게 될 것이며,[345] 참된 인의예지와 효제충신도 기독교를 통해 이룰 수 있다고 주장한다.[346]

343. 『독립신문』 1896년 8월 20일자 논설; 『미일신문』 1898년 5월 28일자 논설.
344. 『독립신문』 1897년 6월 5일자 논설.
345. 김도형(2003), 앞의 논문, p.186.
346. 『독립신문』 1897년 6월 5일자 논설. 기독교인들의 인식은 철저히 서구 지향적이었다.

구미 국가를 모범으로 설정하는 문명관은 필연적으로 여타 국가를 비하하는 야만관을 수반한다. 개명한 나라 사람들은 도무지 남을 모해하거나 사혐으로 다른 사람을 핍박하는 악습이 없다고 했던 『독립신문』은 야만국에 대해서는 "도무지 예의 염치를 모르고 짐승과 다를 바 없으며 다만 흉포한 일을 행하는 나라"라는 꼬리표를 붙인다.[347] 이러한 야만관은 기독교 인식과 밀접하게 결부되어 있었다. 남을 사랑하고 이해하는 것을 기독교의 전유물처럼 여겨졌고 그에 따라 기독교를 믿지 않는 나라는 원천적으로 문명국이 될 자격을 박탈당했다. 『독립신문』은 어떤 종교를 믿는가에 따라 국가 수준이 달라진다며 기독교의 신앙 여부로 문명과 야만을 구분한다. 기독교를 착실히 믿는 나라들은 세계에서 제일 강하고 제일 부유하고 제일 문명하고 제일 개화가 되어 하나님의 큰 복을 받는 반면 이슬람교와 같은 이단을 믿는 나라들은 대개 반야만이라는 것이다.[348]

『독립신문』은 옳고 의리 있는 일을 하면 하느님이 보아 주신다는 믿음이 있기 때문에 기독교를 믿는 백성들은 그렇지 않은 백성

1896년 9월 기독교인들이 개최한 고종 탄생 경축회에서 기도한 내용은 "죠션이 ᄌᆞ쥬 독립이 되고 인민이 타국 인민과 ᄀᆞᆺ치 셰샹에 ᄃᆡ졉을 밧고 학문과 ᄌᆡ능이 늘며 싱히 ᄒᆞᄂᆞᆫ 법이 진보 ᄒᆞ야 의복 음식과 거쳐 범절이 태셔 각국과 ᄀᆞᆺ치 되게" 해달라는 것이었다. 『독립신문』 1896년 9월 3일자 논설.

347. 『독립신문』 1899년 9월 15일자 논설; 1899년 2월 23일자 「나라 등슈」.

348. 『독립신문』 1897년 1월 26일자 논설. 『ᄆᆡ일신문』은 "셰계에 문명부강ᄒᆞᆫ 나라들을 보면 다 이교를 슝봉ᄒᆞ고 셰상에 잔약ᄒᆞ고 야만의층에 드ᄂᆞᆫ 나라들일ᄉᆞ록 귀신과 우샹을 셤기ᄂᆞ니 지금 쳥국과 아비리가를보면 쇼연히 알지라"라고 하여 청과 아라비아를 아예 야만으로 분류하였다. 『ᄆᆡ일신문』 1898년 5월 28일자 논설. 기독교 중심주의의 전통에 대한 비판에 대해서는 정용화(2001), 「문명개화론의 덫: 윤치호 일기를 중심으로」, 『국제정치논총』 제41권 4호, pp.41~44 참조.

들보다 마음이 강하고 용맹하며 죽는 것을 두려워하지 않는 의리가 강하다고 강조한다.[349] 그토록 옳고 의리 있는 서구인들의 국가가 왜 침략적인가에 대해서는 전혀 의문을 제기하기 않으며 그들의 시선으로 비기독교 국가를 제멋대로 재단할 뿐이다. 예를 들어 1897년 그리스와 터키 사이에 벌어진 전쟁을 소개하면서 유럽 국가들이 모두 기독교를 믿는 반면 터키만 이슬람교를 신봉하여 유럽에서 야만으로 취급하고 있다면서 유럽 국가들이 터키 정부에 개화한 법률로 나라를 다스리도록 여러 번 권고하였다고 지적한다.[350]

기독교 인식을 바탕으로 한 야만관은 인종주의로 귀착되면서 정점에 도달한다. 『독립신문』은 구라파인과 동양인, 흑인의 외모를 비교하여 백인종의 우월성을 부각시키고 있다.

> ᄇᆡᆨ인죵은 오날ᄂᆞᆯ 셰계 인죵 즁에 뎨일 영민 ᄒᆞ고 부진런 ᄒᆞ고 담대ᄒᆞᆫ 고로 온 텬하 각국에 모도 퍼져 ᄎᆞᄎᆞ 하등 인죵들을 익이고 토디와 쵸목을 ᄎᆞ지 ᄒᆞᄂᆞᆫ 고로 하등 인죵즁에 ᄇᆡᆨ인죵과 셧겨 ᄇᆡᆨ인죵의 학문과 풍쇽을 ᄇᆡ화 그 사ᄅᆞᆷ들과 ᄀᆞᆺ치 문명 진보 못 ᄒᆞᄂᆞᆫ 죵ᄌᆞ들은 ᄎᆞᄎᆞ 멸죵이 되야[351]

문명관에 입각한 인종주의는 극단적이어서 흑인종들은 동양인보다 미련하고 백인종보다는 매우 천하다고 지적한다. 오스트레일리아 토착민을 설명하면서는 생긴 것이 흑인종과 닮았으며 개

349. 『독립신문』 1897년 1월 23일자 논설.
350. 『독립신문』 1897년 3월 13일자 논설.
351. 『독립신문』 1897년 8월 10일자 논설.

화된 것이 흑인종보다 거의 낫지 않아 거의 짐승과 다름이 없다고 비하하기도 한다. 또 백인종을 닮지 못하면 멸종될 수밖에 없다면서 그 대표적인 예로 미국의 토착민을 든다. 백인종의 학문과 개화를 배우지 않은 까닭에 처음에 몇 천만 명이던 토착민이 다 죽어 없어지고 지금은 몇 천 명밖에 남지 않아 얼마 지나지 않으면 멸종될 것이라고 지적한다.[352] 멸종에서 벗어날 수 있는 길은 문명화뿐이다.

『황성신문』의 '문명'

『황성신문』은 '인민의 개명'을 목표로 설정했던 만큼 신문에 가장 빈번하게 등장하는 용어는 '개명'이었다. '개명'은 전통 시대에도 자주 쓰이던 용어로 대개 사람의 마음이나 지혜가 밝아지는 것을 의미하였다. 조익趙翼(1579~1655)의 『포저선생집浦渚先生集』에 나오는 '심지개명心智開明'이나[353] 이덕무의 『청장관전서靑莊館全書』에 보이는 '개명심술開明心術'이[354] 그 대표적인 용례이다. 『조선왕조실록』에 등장하는 '개명'도 대부분 사람의 자질이나 지혜가 밝은 것을 가리킬 때 사용되고 있다. '개명'은 사람의 정신이나 마음을 밝게 만든다는 의미를 강하게 내포한 용어였다.

이러한 '개명' 개념은 1880년대에 들면서 약간의 변화를 보인다. 1882년 고영문高穎聞은 소를 올려 서양의 능력 있는 기예 교사를

352. 19세기 말 지식인의 인종주의에 대해서는 전복희(1995), 「19세기 말 진보적 지식인의 인종주의적 특성—『독립신문』과 『윤치호일기』를 중심으로—」, 『한국정치학회보』 제29권 1호.

353. 조익, 「道村雜錄」 上, 『포저선생집』 권24.

354. 이덕무, 「書: 內弟朴稚川 宗山」, 『雅亭遺稿』 八.

초빙하여 학문을 배우게 할 것을 청하면서 그것이 개명하는 한 가지 방도라고 설명하였다.[355] 이러한 인식은 1898년대 후반에도 그대로 이어지는데 전병훈全秉薰은 지식의 개명을 강조하면서 서양의 지식을 수용하여 사람들을 개명시켜야 한다고 주장하였다.[356] 지식을 핵심으로 본 점에서는 전통 개명 개념의 연장선상에 있지만 그 지식을 서양 학문으로 본 점에서 차이가 있다. 개명을 서양 문명과 거의 같은 의미로 사용하기도 했는데 박영효가 그 대표적인 경우였다. 1888년 고종에게 올린 「건백서」에는 개명이라는 용어가 자주 등장하는데 거기에서의 개명은 서양 문명을 뜻하였다.

한편 척사론자들은 1890년대 후반 독립협회가 개명을 내세우고 있다며 공격하였다. 송인회宋寅會는 "독립회가 한번 만들어진 뒤로 성인을 모욕하고 경전經典을 무너뜨리는 자들이 개명의 맹주로 자처하고 있다"[357]며 독립협회를 비판하였다. 심상희沈相禧는 『독립신문』·『황성신문』 등 신문사의 사장을 역적의 괴수라고 비난하면서 그러한 행위가 어찌 개명이겠느냐고 반문한다.[358] 전통적 의미의 개명과 새로운 의미의 개명 사이에 각축이 나타나고 있었던 것이다.

『황성신문』의 개명은 어떤 의미를 지니는 것이었을까. 1898년의 논설에는 꿈속에서 목격한 개명 세계를 설명한 내용이 들어 있다. 그 개명 세계는 높은 건물이 좌우에 즐비하고 정예한 군사가 훈련을 하고 있으며, 많은 학도가 각종 학문을 강구하고 있고, 여

355. 『承政院日記』 고종 19년 9월 22일.
356. 『承政院日記』 고종 35년 11월 20일.
357. 『承政院日記』 고종 35년 11월 22일.
358. 『承政院日記』 고종 35년 11월 21일.

러 공장에서 기계를 제조하고 있으며, 다양한 상점에 물품이 진열되어 있는 그런 곳이었다. 꿈에서 만난 그 나라의 교사는 그곳이 예전의 형어국形語國인데 자기 나라의 재상이 서양과 통교한 이후 정사를 크게 변화시켜 대화大化의 역域을 이루게 된 것이라고 설명하였다.[359] '大化의 域'이 곧 개명인데 개명은 서양과의 통교를 계기로 정치가 변화하면서 이루어진 것이며, 개명의 구체적인 내용은 형어국의 상황을 통해 짐작할 수 있듯 부강이었다. 『황성신문』은 개명국을 살펴보면 특별히 광대한 도덕과 신묘한 단서는 없고 다만 사리를 철저히 밝힐 뿐이라고 지적하고 있다.[360] 개명국의 도덕이 별로 대단한 것이 없다고 했던 것을 보면 개명은 실무 지식의 습득을 의미하였다고 할 수 있다.

『황성신문』에 문명이라는 용어도 등장하는데 문명에는 전통적인 개념과 새로운 개념이 혼재되어 있었다. 기자가 동래한 이후 개명되기 시작하였으며 조선이 개창되면서 문명의 경역에 들어가게 되었다거나,[361] 대한이 "五百年文明古國"이라는 것[362] 등은 문명을 유교적 교화를 뜻하는 전통적인 개념으로 쓴 대표적인 예이다. 반면 "西洋과갓치文明을期"[363]한다는 내용은 문명을 'civilisation'의 번역어로 사용한 경우이다. 대한이 유교 문명국임을 자부하면서

359. 『황성신문』 1898년 10월 14일자 논설. 형어국의 교사는 자기 나라가 大化의 域을 이룬 후 황제가 세계의 同等權을 잡게 했다고 설명하였는데, 이 내용은 갑오개혁 이후의 상황을 언급한 『황성신문』 1898년 12월 7일자 논설에 그대로 나온다. 그렇게 보면 형어국은 대한을 가리키는 것이 아니었을까 짐작된다. 개명에 대한 기대감을 꿈에 빗대어 내비친 것이다.

360. 『황성신문』 1898년 12월 14일자 논설.

361. 『황성신문』 1898년 9월 5일자 사설.

362. 『황성신문』 1898년 9월 16일자 논설.

363. 『황성신문』 1899년 1월 12일자 사설.

도 서양의 문명을 수용하지 않을 수 없음을 인식한 것이다. 그런데 신문에는 갑오개혁 이후 가장 빈번하게 사용되었던 '개화'라는 용어는 의외로 자주 등장하지 않는다. 개화 자체에 대해서는 다음과 같이 설명한다.

> 客이 余다려 問ᄒᆞ여 왈 開化라 ᄒᆞᄂᆞᆫ 자ᄂᆞᆫ 何物을 指홈이며 何事를 謂홈이뇨 여ㅣ 응ᄒᆞ여 왈 開物成務ᄒᆞ며 化民成俗을 개화라 謂ᄒᆞᄂᆞ니라 왈 근세에 개화ᄒᆞᄂᆞᆫ 자ㅣ 다 서양을 의모ᄒᆞ니 당초동양에ᄂᆞᆫ 개화ᄒᆞᆫ 자 무ᄒᆞ냐. 왈 엇지 무ᄒᆞ리오 상고에 조서계대결승ᄒᆞ여…행실개화ᄂᆞᆫ 천하만국의 通同ᄒᆞᆫ 규모라. 천만년 閱歷ᄒᆞ여도 장구불변ᄒᆞ고 정치이하제개화ᄂᆞᆫ 시대를 隨ᄒᆞ야 변개도 ᄒᆞ며 지방을 從ᄒᆞ야 殊異도 ᄒᆞᄂᆞᆫ 고로 古에 합ᄒᆞᆫ 자ㅣ 今에 불합ᄒᆞᆫ 자도 유ᄒᆞ며 피에 선ᄒᆞᆫ 자ㅣ 차에 불선ᄒᆞᆫ 자도 유ᄒᆞᆫ 즉 고금의 형세를 참작ᄒᆞ며 피차의 사정을 비교ᄒᆞ야 其長을 취ᄒᆞ고 其短을 棄ᄒᆞᄂᆞᆫ 거시 개화의 대도니라[364]

이를 보면 개화가 서양화의 의미로 사용됨에 따라 의도적으로 개화라는 용어를 피했던 것으로 짐작된다. 개화의 개념을 시정하고자 했던 『황성신문』은 개화를 '행실의 개화', '학술의 개화', '정치의 개화', '법률의 개화', '기계의 개화', '물품의 개화' 여섯 가지로 구분하면서 그 가운데 행실의 개화만은 변하지 않지만 그 나머지 개화는 시대나 장소에 따라 변한다고 설명한다. 또 개화를 실상개화와 허명개화로 분류하여 "사물의 이치와 근본을 깊이 궁구하여 그 나라의 처지와 시세에 합당케 하는 것"이 실상개화라고

364. 『황성신문』 1898년 9월 23일자 논설.

이야기한다. 유길준의 개화론을 그대로 차용한 것이었다.

『황성신문』의 개명 · 문명 · 개화는 서양의 실용적 제도 내지 지식의 수용을 의미하는 것이라고 할 수 있다.[365] 『독립신문』이나 『매일신문』이 문명국을 문명과 동일시하여 문명국의 모든 것을 이식하려 했던 것과 달리 『황성신문』은 정치와 법규를 문명의 핵심으로 보았다. 1898년 9월 27일 『황성신문』에는 중추원의 고위 관료와 독립협회의 연소한 회원 간의 대화 내용이 실려 있는데 그 가운데 독립협회 회원의 문명과 관련된 발언이 들어 있다. 중추원 관료가 지금의 조선은 삼대나 문명국과 비교할 수 없다고 이야기한 데 대해 반박한 내용이다.

> 三代盛時던지 文明各國이던지 君臣上下가 同心合力하야 仁術德政과 良法美規를 誠心行之하면 今日野蠻國이 明日文明이 되고 今日貧弱國이 明日富强國이 되는지라 無論何國이던지 行政善惡에 在하지 본래 野蠻文明과 貧弱富强이 별로히 分等을 定하야 變化치 못홀 天理가 有ᄒᆞ오릿가[366]

문명과 야만은 고정 불변의 상태가 아니라 인술덕정과 양법미규의 시행 여부에 따라 언제든지 바뀔 수 있다는 설명이다. 문명을 구성하는 핵심적인 요소로 파악된 것은 인술덕정과 양법미규

365. 『황성신문』은 오륜행실 · 소학 · 맹자 · 논어 · 대학 · 중용으로 어린 아이들에게 필요한 내용을 뽑아 교과서를 만든다는 학부의 방침에 대해 일부 인사들이 경전을 删拔한다고 훼방하자 학부의 계획대로 교과서를 편찬해야 한다는 입장을 밝혔다(『황성신문』 1898년 12월 23일자). 서양 지식의 수용과는 별도로 유학은 포기할 수 없는 가치였다.

366. 『황성신문』 1898년 9월 27일자 논설.

였다. 독립협회 회원의 말을 빌렸지만 『황성신문』의 논조라고도 할 수 있다. 『황성신문』은 정치와 법령을 문명국의 핵심으로 파악하였으며,[367] 그런 이유로 신문에는 법규의 중요성을 강조하는 '미제양규美制良規'·'미법양규美法良規'·'양법미규良法美規' 등의 용어가 자주 등장한다.

『황성신문』은 법규를 매개로 서구 문명과 연계하고자 했다. 신문은 우리나라에도 예전부터 미법양규가 있어 문명의 정치가 행해졌기 때문에 외국의 신법을 수용할 필요가 없다는 주장을 수구로 규정하면서 이제는 세계적으로 통용되는 문명국의 규법을 따라야 한다고 주장하였다. 세계에 통용되는 규법을 행하지 않고 예전의 폐정만 답습하면 저들이 우리에 대한 우의적인 태도를 바꾸어 압제력을 시행할 것이라고 경고한다.[368] 또 국제 관계에서 조약을 위배하거나 이익이 공평치 못하면 혹 군사까지 동원한다고 설명하였다.[369]

문명이 언급되면서 그 대립 개념인 야만도 등장하지만 『황성신문』에서 문명의 반대 개념으로서 야만에 대한 언급은 거의 없는 편이며 야만에 대한 멸시도 그리 심하지 않다. 『황성신문』은 정치와 법령을 문명의 핵심으로 보았기 때문에 야만은 그 반대 상태라고 보았다. 문명인의 교화를 받지 못해 지식이 전매하고 신의를 몰라 탐심학정貪心虐政을 일삼는 것이 곧 야만이었다. 예전에는 이러한 야만인이 많았지만 근래에 들어 문명 각국과 교통하면서 덕성

367. 『황성신문』 1899년 6월 28일자 논설.
368. 『황성신문』 1899년 6월 28일자 논설.
369. 『황성신문』 1898년 12월 2일자 논설.

을 익히고 문견을 넓혀 악습을 제거하면서 점차 개명되고 있다고 설명한다.[370] 그리고 지금과 같은 개명 세계에서는 세계 각국에 통행하는 법을 모르는 나라는 미개나 야만 취급을 받으며 만국공회에 참여치 못하여 나라가 쉽게 망한다고 지적한다.[371]

개신 유학자들도 문명과 야만의 이분법적 구도에서 자유롭지는 못했지만 문명국을 그대로 추종하지는 않았다. 그들은 문명국들의 잘못된 태도는 정면으로 비판했는데 군비 확장이 그 대표적인 것이었다. 서구 문명국들이 자국 내에서는 살인을 막기 위해 법률을 제정하면서 밖으로는 참혹한 전쟁을 일으키고 군사를 더 늘리는 것이 개신 유학자들이 본 국제 현실이다. 문명 열강은 군사를 도덕 학술보다 중시하기 때문에 종교적인 인애는 말뿐이며 국제적인 공법은 그저 글자에 불과하다고 지적한다. 헤이그에서 만국평화회의가 열린다는 소식을 접하자 이들은 만국의 국민이 병사를 싫어하는 마음을 가지고 통상의 우의를 돈독히 하고, 문명의 교육으로 싸울지언정 무기로 싸우지 말고, 상공업으로 싸울지언정 토지나 인민을 차지하기 위해 싸우지 말고, 약육강식을 허락하지 말며 세계에서 전쟁이 빨리 종식되기를 기원하였다.[372] 『황성신문』은 "兵이란者는 凶器라"고 하여 무력을 매우 부정시하였다. 예전의 무기는 궁弓이나 노弩에 불과했지만 인민을 잔멸殘滅케 하는 근심이 없을 때가 없었는데 지금은 예전보다 무기가 훨씬 강력해져 약육강식이 더욱 치열해지고 그에 따라 인민들이 다치고 멸망

370. 『황성신문』 1899년 4월 14일자 논설.

371. 『황성신문』 1898년 9월 12일자 논설.

372. 『황성신문』 1899년 3월 8일자 논설 「武備之日增擴張文明國之蠻習」.

할 걱정이 끝이 없다는 것이다.[373] 일본에 대해서도 동양 삼국이 함께 개진하여 서양과 맞설 생각은 하지 않고 자국의 이익을 취하는 데만 열중하여 군사를 동원하는 것을 비판하였다.[374]

하지만 시간이 지나면서 약육강식의 경쟁 구도에 대한 비판 의식은 점점 약화되어 갔으며 그 대신 약육강식의 국제 정세를 인정하고 그 안에서 생존할 수 있는 방안을 찾는 데 열중하였다. 그러한 과정에서 점차 부강에 관심이 집중되는 양상이 나타난다. 개념상 부강은 문명보다는 한 차원 낮은 단계의 것이었다. 공평한 법률로 인민을 전제하여 인민이 감히 입을 열지 못하게 하면 문명이라고 확칭할 수는 없지만 부강의 이름은 이룰 수 있으며, 정부와 인민이 합의하여 상하화응하면 법률이 자연히 공평해져 문명부강을 겸비하게 될 것이라는 논설 내용은 부강과 문명의 관계를 어떻게 인식했는지 짐작하게 한다.[375] 하지만 부강은 문명의 경지에 나아가기 위해 반드시 추구해야 할 것으로 인식되었고,[376] 그에 따라 문명과 부강은 짝을 이루어 흔히 '문명부강' 내지 '부강문명'으로 표현되었다. 서구의 이미지가 부강문명富强文明인 반면 동양의 그것은 빈약야매貧弱野昧였다.[377]

373. 『황성신문』 1899년 6월 16일자 논설. 한편 큰 기대를 걸었던 만국평화회의에서 군비 제한 문제를 놓고 의견이 분분하여 성과를 거두지 못했다는 소식에 실망하면서도 개신 유학자들은 언젠가는 결실을 맺게 될 것이라는 기대를 버리지 않았다.

374. 『황성신문』 1899년 8월 17일자 논설.

375. 『황성신문』 1898년 10월 22일자 논설: "各國政治를 推究ᄒᆞ건ᄃᆡ 或政府에셔 公平ᄒᆞᆫ 法律로 人民을 專制ᄒᆞ야 人民이 不敢開口케ᄒᆞᆫ즉 文明이라 確稱치ᄂᆞᆫ못ᄒᆞ나 富强之名은 自致ᄒᆞ고 或政府와 人民이 協議ᄒᆞ야 上下和應ᄒᆞᄂᆞᆫ 故로 法律이 隨以公平ᄒᆞ야 文明富强이 兼備ᄒᆞ거니와".

376. 『황성신문』 1902년 7월 23일자 논설 「論加藤增雄氏農商工部顧問官招聘事」.

377. 『황성신문』 1899년 4월 15일자 논설.

개신 유학자들은 부강에 강한 집착을 보였다. 장지연은 지식과 경쟁으로 근세 문명이 더욱 진보하고 있음은 자연스러운 시세이며, 세계 열국이 근세 문명에 기초해 정치 · 경제를 발달시켜 부강을 이룩했다고 설명한다.[378] 장지연과 함께 개신 유학계를 이끌었던 박은식은 1901년에 쓴 「흥학설興學說」에서 국가의 부강은 문학을 진흥하여 문명을 성취함에 달려 있다고 주장한다.[379] 장지연이나 박은식 모두 부강을 궁극적인 목표로 설정하였고, 문명을 부강 달성을 위한 전제조건으로 보았던 것이다. 문명과 부강의 관계가 역전된 것이다.

개신 유학자들은 동서 열방의 부강문명의 기본은 학술에 있다고 보았다. 장지연은 학교에서 학습할 다양한 학술들이 "萬物의 原理를 硏究ᄒᆞ며 其 功用을 發明ᄒᆞ야 人生의 便利ᄒᆞᆫ 道理를 助"한 것들이고 그러한 학술이 물질문명을 건설하고 생업의 이익을 늘려 부강을 이룩한다고 생각하였다.[380] 교육의 목적은 물질문명의 건설, 궁극적으로는 부강의 달성이었다. 부강의 달성을 위해 중요하다고 본 것은 실업 교육이었다. 서양이 동양보다 앞선 이유에 대해 개명한 나라는 어떤 인종을 막론하고 학문에 힘써 만물의 근원을 연구하며 농병상공農兵商工에 부지런하기 때문이라고 설명한다.[381] 근세 학술은 성명고현의 학문에 힘쓰지 않고 경세실용을 추구한다는 것이다.[382] 실업 교육이야말로 부강의 근본이라고 보았

378. 『황성신문』 1902년 12월 19일자 「告諸公」.
379. 박은식, 「興學說」, 『謙谷文稿』.
380. 노관범(2007), 앞의 논문, p.290.
381. 『황성신문』 1899년 4월 15일자 논설.
382. 『황성신문』 1904년 7월 15일자 논설 「農商工學校之實施」.

던 『황성신문』은 「부강지본재호교육농상공富强之本在乎敎育農商工」·「부강재어발달인재富强在於發達人材」와 같은 논설을 게재하여 실업 교육에 매진할 것을 촉구하였다.

수용해야 할 경세실용의 학문은 물론 서양의 신학문이었다. 개신 유학자들은 실용에 무관심한 유학자들을 비판하면서 신학문 수용의 필요성을 강조하였다. 교육 개혁의 필요성을 절감하여 1900년에 『학규신론學規新論』(1904)을 저술한 박은식은 시의를 살피지 못하고 의리만 공담할 뿐이며 경제에는 어둡고 이용후생의 신학신법新學新法을 배척하는 전통 유자들을 비판하였다. 육대주가 서로 통하고 열강이 패권을 다투는 상황인데도 이러한 태도를 버리지 못한다면 장차 남의 노예가 될 것이라고 경고하면서 신학문의 수용을 주장하였다.[383] 박은식은 국가의 부강은 문학을 진흥하여 문명을 성취함에 달려 있다고 보았는데 여기에서 문학은 농학·상학·법률학·의학·격치학 등을 포괄하는 서양의 신학문을 의미하는 것이었다.[384] 그는 학생들을 널리 해외에 파견하고 외국에서 교사를 초빙할 것을 주장하면서 신학을 진흥하고자 하면 먼저 외국에서 배우지 않을 수 없다고 지적하였다.[385]

장지연은 한국 인민이 성명학性命學의 껍데기만을 탐색했을 뿐 도덕의 진리는 궁구하지 못했고 사장학詞章學의 흉내만 냈을 뿐 격치의 실학에는 전혀 어두워 학술은 부화浮華한 허문虛文에 지나지 않았고, 유자들은 공령功令만을 학습하여 공명功名을 취할 계책만 삼

383. 박은식, 「論學要遜志」, 『학규신론』; 금장태(2005), 「박은식의 유교개혁사상」, 『종교학연구』 제24집, pp.8~14.

384. 박은식, 「論學要遜志」, 『학규신론』; 노관범(2007), 앞의 논문, p.167.

385. 박은식, 「興學說」, 『謙谷文稿』.

았다고 한국의 학술을 신랄하게 비판하였다. 이러한 잘못된 태도로 인해 전국이 모두 이욕에 물들어 국가 사상과 실업 공부에는 관심이 없었으며 서양 신학문을 극력 배척하여 고질적인 고폐固閉의 습성이 체질화되었다는 것이다. 그는 이러한 병균은 잘 드는 칼로 장부臟腑를 열어 맑은 물로 세척하여 오장육부五臟六腑와 뇌근골수腦筋骨髓까지 깨끗하게 한 연후에 신학신술新學新術로 목욕하고 문명의 정기로 호흡해야 없앨 수 있다고 처방을 내렸다.[386] 전통 학술을 도덕적인 진리조차 밝혀내지 못한 것으로 철저히 부정하고 전통 학술을 신학문으로 대체해야 한다고 본 것이다.

개신 유학계의 화두는 단연 서양 신학문의 수용이었다. 『황성신문』 논설에서 논자는 종교와 도덕 교육 이외에 격치물리格致物理에 관한 학문은 반드시 서양의 신학문을 전적으로 이용해야 학문의 체용이 겸비된다고 주장한다. 논자는 모든 나라가 격치물리학을 활용하여 부강문명을 이루고 있다면서 서양의 신학문을 버리면 개명할 수 있는 힘을 얻지 못할 것이라고 지적하였다.[387] 서양의 격치물리학은 개명의 원동력이며 부강문명을 달성할 수 있는 바탕이었다.

부강에 대한 적극적인 관심은 문명의 개념에도 일정한 변화를 초래한 것으로 보인다. 장지연은 1904년에 기고한 논설 「문약지폐文弱之弊」에서 자신의 문명론을 밝히고 있다. 장지연은 '문'은 정치제도의 도구인데 정치가 융성한 자취를 문명이라 하고 풍화휴미風化休美의 효력을 문화라고 한다고 설명한다. 이러한 설명은 전통적인 문

386. 『황성신문』 1905년 3월 16일자 「教育之術宜痛除痼習」.
387. 『황성신문』 1902년 12월 13일자 논설 「論遊學外國之效」.

명관에서 크게 벗어난 것이 아니었다. 하지만 장지연은 문을 지나치게 숭상하면 폐단이 발생한다고 지적하면서 이 때문에 요즈음의 문명은 그러한 폐단을 극복하는 것이 되어야 한다고 강조한다.

> 現今東西洋諸國之號稱文明者난 其所文明者ㅣ 非徒尙文而已라 務求實質之文하며 兼備武力之備하야 欲其文武之並用而弛張之互旋하니 是可謂文明之實地也라[388]

지금 시대의 문명은 단순히 문을 중시하는 것이 아니라 실질적인 문에 힘쓰고 무력을 겸비하는 것을 말한다는 것이다. 전통적인 문명 개념은 본래 무력과는 전혀 관련이 없으며 오히려 무력을 배척하는 것이었다.

388. 『황성신문』 1904년 12월 2일자 「文弱之弊」.

5. '문명' 개념의 변화와 균열

1) 1900년대 '문명' 개념의 변화

문명지도론에 대한 동조

1904년 러시아와의 전쟁에서 승리한 일본은 한국에 대한 지배권을 강화해 갔다. 한국을 식민지화하는 데 대해 영국, 미국, 러시아 등의 승인을 얻은 일본은 통감부를 설치하여 조선을 보호한다는 명분하에 간접적으로 조선을 통치하려는 계획을 세웠다. 그리고 1905년 11월 이러한 내용을 담은 을사조약을 강제로 체결하였다.

일본의 동양평화론을 믿고 있던 인사들에게 을사조약의 체결은 충격적인 것이었다. 을사조약이 체결되자 『황성신문』은 을사조약 체결의 전망을 담은 기사를 게재하여 조약 체결의 부당성을 고발하였다. 장지연은 『황성신문』에 「시일야방성대곡是日也放聲大哭」을 게재해 한국민이 노예가 되었음을 개탄하면서 을사조약의 강제 체결을 비난하였다. 『대한매일신보』 역시 『황성신문』에 게재된 조약 체결 전말 기사를 입수하여 1905년 11월 22일부터 25일까지 소개하였으며 27일자 호외 기사로 「한일신조약청체전말韓日新條約請締顚末」을 실어 조약 체결의 부당성을 폭로하고 나섰다.[389] 을사조약이 체결되자 일본인이 한인을 대하면 말끝마다 문명을 개도한다, 독립을 돕는다고 하였고 한인은 일본을 신뢰했지만 이것들이 모두 병탄을 위한 계략이었다면서 분노를 터뜨렸다.[390]

일본의 태도는 충격적인 것이었지만 열강들의 태도도 뜻밖이었다. 한 인물은 박은식과의 대화에서 을사조약 체결에 대한 외국의 반응에 당혹감을 표한다. 그는 한국이 외국 열강들과 조약을 체결한 후 30여 년 동안 정성을 다해 신의를 지켰으며 열강들도 특별히 나쁘게 대하지 않아 열강들이 독립을 지켜 줄 것으로 믿고 있었다. 어떤 강국이 한국의 독립을 위태롭게 하면 열강들이 만국공법에 의거하여 부정행위를 금지하고 한국의 주권을 공동으로 보호해 줄 것으로 생각했다. 그런데 막상 일이 생겨도 열강들이 전혀 반응을 보이지 않는 것을 보자 그는 공법이 어디 있으며 인도를 논할 필요가 어디 있느냐고 탄식하였다.[391]

을사조약으로 위기감을 느낀 지식인들은 위기의 원인을 진단

389. 노관범(2007), 앞의 논문, pp.34~35.

390. 『대한매일신보』 1905년 11월 22일자 논설 「危哉韓日關係」.

391. 필자 미상(1906), 「自强能否의 問答」, 『대한자강회월보』 제4호.

하고 거기에서 벗어날 수 있는 방안을 모색하였다. 장지연은 한국이 이 지경에 이른 것은 국민 전체가 우약愚弱하기 때문이라며 지금과 같은 생존경쟁 시대에 온 국민이 우약한 병에 걸려 있어서는 노예가 되고 패망하는 치욕에서 벗어날 수 없을 것이라고 지적하였다. 그는 구습舊習을 깨끗이 씻고 문명적인 학술을 개진하며 국가적 사상을 권장하는 것이 치욕에서 벗어날 수 있는 방법이라고 제시하였다.[392] 박은식 역시 한국의 정계와 사회의 정황이 이처럼 결렬된 것은 습관이 제거되지 않고 문명신화文明新化의 정도가 수준에 도달하지 못했기 때문이라고 지적하였다.[393] 보호국으로 전락한 것은 결국 내부의 구습으로 제대로 문명화되지 못했기 때문이며 따라서 좀 더 적극적으로 문명 학술을 연마해 위기에서 벗어나야 한다는 인식이다. 구습 내지 습관의 제거와 문명 학술의 흡수가 핵심이었다.

자강론자들은 단체 결성을 통해 인민들을 교육시켜 문명화해야 한다고 보았다. 단체를 문명화 추진의 주체로 설정한 것은 무력한 정부에 더 이상 기댈 수 없다는 인식에서 기인한 것이었다. 장지연은 한국 정부는 부패하여 어떤 개혁도 제대로 추진하지 못해 나라를 망하게 만들었다고 비판하면서 자강의 주체를 정부에서 단체로 바꾸었다.[394] 박은식도 장지연과 마찬가지로 대한제국의 국권이 일본제국주의에 의해 침탈된 상황에서 국가의 발전을 더 이상 정부에 의존할 수 없으며 일반 인민이 직접 나서서 국권

392. 『황성신문』 1906년 2월 13일자 「警告同胞」.
393. 박은식(1907), 「團體成否의 問答」, 『西友』 제3호; 노관범(2007), 앞의 논문, pp.220~221 참조.
394. 노관범(2007), 앞의 논문, pp.276~277.

회복의 임무를 다해야 한다고 보았다.[395]

1900년대 후반의 정치 단체와 학회는 이러한 문제의식에서 설립된 것이었다. 이 시기 설립된 단체 가운데 대표적인 것은 역시 대한자강회라고 할 수 있다.[396] 장지연을 비롯하여 윤효정尹孝定(1860~1939) 등이 주요 발기인이었으며 임원진에는 『황성신문』과 『대한매일신보』 계열의 인사들이 참여하였다. 박은식도 1906년 『대한자강회월보大韓自强會月報』 편찬위원으로 활동하면서 주로 논설 집필을 담당하였다. 대한자강회는 1900년대 후반 자강론자들의 문명인식의 특징을 잘 보여 준다.

대한자강회는 우선 설립취지서에서 한국이 자강을 강구하지 못해 인민이 우매하고 국력이 쇠퇴하여 일본의 보호를 받게 되었다고 지적한다. 일본을 비판하는 것이 아니라 현실을 수긍하면서 문제의 원인을 내부에서 찾는 것이다. 부회장 윤효정은 우리나라는 인민 전체가 세력이나 私情에 의뢰하는 것이 일상화되어 있고 외교는 수백 년 동안 사대주의로 일관하였으며 그 결과 조선은 '世界中最下第一位之國'의 위치로 전락하게 되었다고 비판하였다.[397] 내부의 분발을 촉구하는 것이지만 일본 문명론자들의 조선관을 그대로 따른 것이기도 하였다.[398] 내부의 문제로 강해지지 못

395. 노관범(2007), 앞의 논문, p.220.

396. 이 시기 학회 활동에 대해서는 이송희(1986), 「대한제국말기 애국계몽학회 연구」, 이화여자대학교 대학원 사학과 박사학위논문 참조. 자강회에 대해서는 이현종(1996), 「대한자강회에 대하여」, 『진단학보』 제29 · 30호; 유영렬(1987), 「대한자강회의 애국계몽운동」, 『한국근대민족주의운동사연구』, 일조각 참조.

397. 『대한자강회월보』 제5호(1906) 「本會會報」.

398. 일본의 문명화 논리에 대해서는 함동주(2007), 「일본제국의 한국지배와 근대적 한국상의 창출—대한협회를 중심으로—」, 『일본역사연구』 제25집 참조.

한 것이 최하국으로 전락한 원인이므로 문제를 해결할 수 있는 방법은 명료하다. 스스로 강해져 독립을 달성하는 것인데 문제는 어떻게 자강을 달성할 것인가 하는 점이다. 그에 대해 대한자강회는 다음과 같이 제시한다.

> 如究其自强之術이면 無他라 在振作教育也요 在殖産興業也니 夫教育이 不興則民智未開ᄒᆞ고 産業이 不殖則國富莫增ᄒᆞᄂᆞ니 然則開民智養國力之道ᄂᆞᆫ 豈不在教育産業之發達乎아 是知教育産業之發達이 卽惟一自强之術巳라… 內養其祖國之精神ᄒᆞ며 外吸乎文明之學術이 卽今日時局之急務也[399]

교육과 식산의 발달이 자강을 달성할 수 있는 유일한 방법이며 안으로 조국의 정신을 배양하고 밖으로 문명의 학술을 흡수해야 한다는 것이다. 대한자강회는 자강을 실천하는 구체적인 방안과 관련하여 규칙 제4조에서 "國法 範圍와 文明 軌道의 以內行動으로 或 民을 指導ᄒᆞ며 或 政府에 建議ᄒᆞᆯ 事"라고 하여 현 체제에서 허용된 범위 내에서 문명화를 추진하겠다는 뜻을 밝혔다. 한편 대한자강회 고문을 맡았던 오가키 다케오大垣丈夫는 제1회 통상회通常會 연설에서 한국이 문명을 흡수하여 부강의 실만 성취하면 신협약을 해제할 수 있으며 완전한 독립국으로 세계 열강과 나란히 설 것이 명료하다며 이러한 사리에 의거하여 국권 회복과 독립의 기초를 정하는 것이 대한자강회의 방침이라고 설명하였다.[400] 결국 대한

399. 『대한자강회월보』 제1호(1906. 7) 「本會會報」.
400. 백동현(2008), 「대한협회계열의 보호국체제에 대한 인식과 정당정치론」, 『한국사상사학』 제30권, p.260.

자강회의 문명화 방책은 을사조약에서 "韓國政府 及 日本政府는 兩帝國을 統合하는 利害共通의 主義를 鞏固히 하고자 韓國의 富强의 實을 認할 時에 이르기까지 이 目的으로써 左의 條款을 約定함"이라고 명시되었던 일본의 논리를 추종한 셈이다.

대한자강회의 대일 의존적 태도를 의식하였기 때문인지 박은식은 회지에서 생존경쟁과 약육강식의 시대에 열강은 절대 믿을 수 없다고 강조하였다. 문명이 가장 발달했다는 영국이 인도와 이집트에 대해 어떤 정책을 펴고 덕의를 숭상한다는 미국이 필리핀을 어떻게 하고 있냐고 반문하면서 열국이 입으로는 보살처럼 말하지만 행동은 야차野叉라고 비판하면서 절대 다른 국가의 도움을 기대해서는 안 된다고 지적하였다.[401]

문명을 달성하면 언젠가 국권을 회복할 수 있을 것이라는 자강론자들의 기대와는 달리 1907년 한일신협약이 체결되었다. 한일신협약이 체결되자 『대한매일신보』는 을사조약보다 독립이 더 적어지게 되었다고 개탄한 『경향신문』의 논설을 인용하여 그를 비판하였다. 신협약의 여러 조목 가운데 특히 통감부가 마음대로 일본인을 한국 관리로 임명할 수 있게 된 것을 문제 삼으며 일본의 힘이 커질수록 독립은 점점 적어진다고 주장하였다.[402] 『대한매일신보』는 문명의 관점에서도 일본을 비판하였다. 일본이 문명하다고 자칭하지만 사람마다 법을 지켜 한 가지도 흠이 없어야 문명이라 할 수 있는데 그렇지 못한 흉악한 인종이 많다며 그 예를 열거하였다. 크게 취하여 부녀자를 희롱하는 등 행패를 부리는 행위,

401. 박은식(1906), 「自强能否의 問答」, 『대한자강회월보』 제4호.
402. 『대한매일신보』 1907년 8월 4일자 논설.

일본 술집 여성들이 손님들을 유혹하는 행위, 의병을 진압한다는 명목으로 부녀자를 겁간하는 행위 등이 그것이다.[403]

하지만 자강론자들에게는 한일신협약도 조선이 아직 독립을 달성하기에는 취약한 상태임을 보여 주는 것으로 인식될 뿐이었다. 유길준은 한일신협약을 정법政法상에 지도승인권을 세우고 관리임명을 간섭하며 일본 인사를 추천하여 일을 돕게 하려는 것이며, 군대 해산에 대해서는 한국의 군대가 국방을 담당하기도 부족하고 항명하여 소란을 일으키는 등 극히 위험한 까닭에 임시로 해산한 것이라고 설명하였다. 나라의 체면상 원하는 바는 아니지만 우리가 자초한 것이지 일본이 강제한 것은 아니기 때문에 협약을 성심으로 준수해야 한다고 주장하였다. 유길준은 일본이 조선의 독립을 돕고 있다고 굳게 믿고 있었다. 병자수호조약 체결 이래 갑신정변, 갑오개혁에 이르기까지 일본은 시종일관 조선의 독립을 지원하였다고 보았다. 그리고 을사조약에서 명시한 '韓國 富强의 實을 認할 때까지'라는 문구를 근거로 일본이 한국의 부강을 권하고, 바라고, 기다려 한국을 광복시켜 줄 것이라고 기대하였다. 유길준은 한국을 병인病人, 일본을 양의良醫에 비유하면서 일본이 우리의 맥을 짚고 증상을 살펴 이러 저러한 처방을 내리는 것이라고 지적하면서 우리의 병이 나으면 의사의 간섭과 구속이 저절로 없어질 것으로 예상하였다.[404]

문명화를 독립의 전제 조건으로 보았던 인사들이 결집하여

403. 『대한매일신보』 1908년 10월 18일자 「시ᄉᆞ평론」. 1909년 8월 10일 기사에도 일본인들의 비문명적 행태를 지적하는 글이 보인다.

404. 『황성신문』 1907년 10월 29일 · 30일자 논설 「兪氏의 光復策」.

1908년 대한협회를 창설하였다. 협회 창립에는 대한자강회 고문이었던 오가키의 역할이 컸는데, 대한자강회에서 활동했던 인사들이 대거 참여하고 창립 목적도 비슷하여 대한협회는 거의 대한자강회의 후신이라 할 수 있다.[405] 대한협회에서 주도적인 역할을 했던 윤효정은 협회 창립 직후 열린 제1회 총회에서 한국민이 나아갈 길을 다음과 같이 제시하고 있다.

> 嗚呼라 我國은 亞細亞大陸東隅에 僻在하야 世界文明에 進步가 失時함으로 今에난 先進文明國의 指導에 依하야 國事를 整理하고 人文을 獎勵하야 自今 以後로 國民이 協同一致하야 文明을 吸收ᄒᆞ고 施政을 改善하야 能히 國富國强을 增進하며 列國에 並肩함을 期日可待할새[406]

한국은 문명의 대열에 합류하지 못했기 때문에 선진 문명국의 지도를 받아 문명화를 이루고 부국강병을 달성해야 한다는 것이다. 일본의 지도를 받아야 한다고 언급하지는 않았지만 선진 문명국이 일본을 지칭하는 것임은 분명하다. 일본의 지도를 긍정적으로 받아들였던 윤효정은 의병장들에게 국가의 앞날을 대한협회에 일임하고 폭행을 즉시 중지하도록 경고하였다. 한국에서 일본을 축출하려는 의병은 한국 문명화를 가로막는 폭도로 인식되었다.

405. 이현종(1970), 「대한협회의 조직과 활동에 관한 성격」, 『아세아연구』 제39호, pp.150~151. 대한협회 계열의 자강운동에 대해서는 박찬승(1992), 앞의 책, pp.56~62 참조.

406. 윤효정(1908), 「大韓協會의 本領」, 『대한협회회보』 제1호. 윤효정에 대해서는 차선혜(1994), 「애국계몽운동기 윤효정의 정치활동과 그 사상」, 경희대학교 대학원 사학과 석사학위논문 참조.

대한자강회 · 대한협회 계열의 인사들은 일본의 의도를 순수한 것으로 받아들였다. 윤효정은 일본 보호정치의 진의가 한국의 문명부강에 있다면 전 국민이 그 사실을 빨리 깨달아야 한다면서 보호정치의 필요성을 직접적으로 언급하였다.[407] 대한협회의 주요 간부였던 천도교 지도자 오세창吳世昌(1864~1853) 역시 일본을 동양의 문명선도자로 칭하면서 일본이 한편으로는 서양 세력의 침략을 막아 주고, 다른 한편으로는 동양 이웃 나라의 미몽迷夢을 깨우고 있다고 강조하였다. 그는 한국을 병이 깊게 들었음에도 의사를 거부하고 약을 기피하는 습성이 있는 환자, 일본을 어진 의사에 비유하면서 일본의 적극적인 도움을 기대하였다.[408] 1908년 11월에 개편된 조직에서 회장을 맡았던 김가진金嘉鎭(1846~1922)은 일본이 조약을 체결하여 한국을 병합하려 한다는 주장에 대해 수차례 조약 체결은 일본이 자위의 차원에서 한국을 다른 국가에 넘기지 않기 위한 것이라면서 한국이 일본을 배척해서는 독립을 유지하기 힘든 것이 분명하므로 양국의 화의를 견고하게 하는 것이 당연하다고 변론하였다.[409]

「시일야방성대곡」을 통해 일본의 기만성을 비판했던 장지연조차 통감정치 이후의 사회상에 대해 사회가 진보하고 국권 회복의 기미를 배양한 것으로 파악하여 통감정치에 대해 긍정적 반응을 보이기도 하였다. 1909년 무렵 작성한 글에서 일제의 통감통치가

407. 윤효정(1908), 「本會의 本領」, 『대한협회회보』 제9호: "目今의 我國政治는 日本의 代表者가 指揮監督을 行ᄒᆞ는 者이니 其 眞意가 果然 我民國의 文明富强을 啓發ᄒᆞ기에 在ᄒᆞ다 謂ᄒᆞᆯ지면 我國民 一般이 其 眞意를 雖一日이라도 急速히 徹底了解치 아니ᄒᆞᆷ이 不可ᄒᆞ고".

408. 오세창(1908), 「對照的의 觀念」, 『대한협회회보』 제5호.

409. 김가진(1908), 「我國 有識者의 日本國에 對ᄒᆞᆫ 感念」, 『대한협회회보』 제6호.

문명진보를 이룩하도록 장려하고 지도하여 한국 인민의 지식을 계발하여 국가공동의 복리를 증진하도록 해야 한다고 주문하였다.[410] 문명화를 최우선의 목표로 설정하였던 이들에게서 나타나고 있던 친일의 기조는 이 시기 자강론이 해결해야 할 중요한 과제였다.

'물질문명'에 대한 관심의 고조

1905년 을사조약 체결을 계기로 국제 현실의 냉혹성을 깨닫게 된 한국의 지식층 대부분은 당시 시세를 경쟁이 날로 치열해지는 위기의 시대로 규정하였으며 그러한 경쟁에서 살아남기 위해서는 문명화 작업에 더욱 박차를 가해야 한다고 보았다. 『황성신문』에 3회에 걸쳐 연재된 「경쟁시대競爭時代」라는 논설은 극단적인 경쟁 의식을 보여 준다. 논자는 이 세계를 지배하는 원리는 경쟁이라고 보았다. 주야가 바뀌고 계절이 바뀌는 것도 경쟁이며, 도덕과 인의도 모두 경쟁의 수단인 것이다. 고금古今은 전국戰局, 세계는 전장戰場, 강산은 진막陣幕, 인류는 대오隊伍에 비유된다. 이러한 전쟁터에서는 강자가 대장이고 그 아래는 모두 졸병이고 일용의 물건은 전쟁에 필요한 기계들인데 전투에서 살아남기 위해서는 기계를 이용하여 강자가 되는 길밖에 없다고 주장한다. 논자는 경쟁의 마음으로 경쟁의 장에 뛰어들면 일본이 30년 만에 문명을 완성했던 것보다 더 빨리 10년 혹은 20년 이내에 문명 상태에 도달할 수 있을 것이라면서 문명화에 매진할 것을 촉구하였다. 문명 달성은 "處今之世者ᄂᆞᆫ 只有二道ᄒᆞ니 日興日亡이오 興亡之故ᄂᆞᆫ 何在오 日文明日野昧라"

410. 백동현(2008), 앞의 논문, p.265.

고 이야기될 정도로 절박한 과제였다.[411]

1908년 『대한매일신보』에 게재된 「홍슈의 셰계」라는 논설 역시 경쟁 시대에서 뒤처지지 말아야 한다는 절박성이 잘 표현되어 있다. 논자는 당시의 세계를 권리를 경쟁하는 사상이 시작되고 민족주의의 물결이 점점 거세지는 홍수의 세계라고 표현하였다. 이러한 세계에서는 가벼운 돛대와 급한 노질로 군함을 빨리 움직여 물을 건너야 살아남을 수 있으며, 그렇게 살아남은 나라들이 영국, 독일, 프랑스, 이탈리아와 같은 국가들인데 문명국이 되어 행복을 누리고 있다고 설명한다. 문명국들은 내부적으로 행복을 누리지만 다른 국가에 대해서는 냉혹하다.

> 오호라 장ᄒᆞ고도 쾌ᄒᆞ도다 나팔륜 · 쎄스막ᄀᆞᆺ흔 영웅들이 바닷가에 버러섯스며 월잉ᄐᆞᆫ · ᄂᆡᆯ손ᄀᆞᆺ흔 쟝슈가 부두에 둘러잇셔셔 뎨국쥬의로 ᄇᆡ를ᄆᆞᆫ돌고 샹업졍칙으로 돗ᄃᆡ를 세우며 식민방침으로 낙싯ᄃᆡ를ᄒᆞ고 날달머라ᄒᆞᄂᆞᆫ 교육으로 미ᄭᅵ ᄉᆞᆷ아셔 슌풍에 돗흘돌고 ᄉᆞ방으로ᄃᆞᆫ니며 엿보다가 어ᄂᆞ곳에든지 열니지 아니ᄒᆞᆫ 민족이 잇거든 ᄭᅬ이기도ᄒᆞ고 공갈도ᄒᆞ며 쥬살질도ᄒᆞ고 그물질도ᄒᆞ야 일체로 ᄌᆞ귀집 속과 가마로 모라넛ᄂᆞ니[412]

411. 『황성신문』 1906년 11월 16일 · 17일 · 19일자 논설 「競爭時代」. 박찬승(1992), 앞의 책, p.74 참조. 『황성신문』의 이러한 논조는 이전 시기와는 분명 다른 것이었다. 예를 들어 1890년대 후반의 논설들은 세계 각국이 철혈정책을 도덕학술보다 중시하여 兵禍가 끊이지 않는 것을 비판하며 선의의 경쟁을 벌일 것을 주장하거나(『황성신문』 1899년 3월 8일자 논설 「武備之日增擴張文明國之蠻習」), 약육강식의 풍조 때문에 무한한 근심이 닥칠 것을 경고하는 등(『황성신문』 1899년 6월 16일자 논설) 열강들의 행태에 상당히 비판적이었다.

412. 『대한매일신보』 1908년 8월 9일자 논설 「홍슈의 셰계」. 나팔륜은 나폴레옹, 쎄스막은 비스마르크, 월잉ᄐᆞᆫ는 웰링턴, ᄂᆡᆯ손은 넬슨을 가리키는 것으로 생각된다.

문명국 인민이 활동하면서 생기는 홍수에 미개한 나라 인민은 빠져죽는 것이 현실이다. 논자는 문명을 평화롭게 행복을 추구하는 것으로 잘못 해석하는 것은 어리석은 자의 완고한 꿈에 불과하며, 인류가 진리에 의지하여 산다고 하여 힘을 반대하는 것은 썩은 선비의 오활한 의론일 뿐이라고 지적하였다.

문명 달성을 과제로 설정하였던 1900년대 후반 문명론의 전개와 관련하여 흥미로운 것은 문명을 물질문명과 정신문명으로 구분하면서 문명화를 주장하는 논의가 많다는 사실이다. 물질문명과 정신문명 가운데 어느 쪽을 중시하는가는 논자에 따라 달랐다. 『황성신문』에 게재된 「物質의 文明이 爲富强之基礎」는 물질문명의 중요성을 강조한 대표적인 논설이다. 문명의 효력이 부강이며 야매의 결과가 빈약이라면서 문명이 부강을 이룬 이치를 연구 발휘해야 한다면서 부강할 수 있는 대책을 제시하였다. 논자는 문명을 질서의 정비를 가져다주는 윤리 문명과 실업의 발달을 얻게 하는 물질문명으로 구분하고 실업의 발달이 부강의 기초라고 지적한다. 부강을 달성하기 위해서는 물질문명에 정진해야 하는데 한국은 윤리문명만을 숭상하고 물질문명을 경시하여 이용후생의 자질이 전혀 결핍되고 그로 인해 실업이 쇠퇴하고 국력의 부패가 심한 지경에 이르렀다고 비판하였다.[413] 논자는 결론적으로 실업상주의實業上主義로 물질상발명物質上發明을 시작하여 물질문명을 이루면 부강할 수 있을 것이라고 강조하였다. 서양 문명의 핵심을 물질문명으로 보아 물질문명의 추구를 촉구한 것이다.

『대한자강회월보』에 실린 「물질개량론物質改良論」도 물질문명의

413. 『황성신문』 1908년 9월 27일자 논설 「物質의 文明이 爲富强之基礎」.

중요성을 강조한 대표적인 글이다. 이 글에서 논자는 문명한 민족이 강성하면 야매한 민족이 쇠멸하는 것은 정해진 원리라고 전제한다. 전선과 우신이 부설되자 역체驛遞와 봉대烽臺가 폐지되고 화륜선과 기차가 다니자 범선과 가마 · 수레가 없어진 것 등을 그 예로 들었다. 문명은 교통 · 통신 · 무기 등과 같은 것들을 의미하였다. 논자는 당시의 경쟁을 물산의 경쟁으로 보아 물품제조를 급속히 개량하여 화구위신化舊爲新할 것을 주장하였다.[414] 같은 호에 실린 「現世界文明은 石炭과 鐵의 力」이라는 논설 역시 같은 논조를 보인다. 논자는 공중으로 뿜어져 나오는 연기와 연통이 진동하는 가운데 문명신기文明新氣가 쏟아져 나오고, 전선으로 연락하고 궤도가 횡행하는 가운데 문명신화文明新化가 전달된다고 표현하면서 세계문명을 주조하는 근본적인 힘은 철과 석탄이라고 주장하였다. 따라서 이 두 가지를 원동력으로 하루 빨리 문명 세계를 조성해야 한다는 것인데 문명은 곧 서양의 물질적 성과를 뜻하는 것이었다.[415]

물론 정신문명의 중요성을 강조하는 논의도 있다. 『대한매일신보』에 실린 「정신과 물질」이란 논설은 정신문명의 중요성을 강조한다. 논자는 사람들이 철도가 대륙을 횡단하거나 화륜선이 대양을 항해하는 것을 보고 놀라 물질문명만 수입하면 사회와 국가가 문명화될 것으로 생각하지만 그렇지 않다면서 정신문명의 중요성을 부각시키고 있다.

414. 필자 미상(1909), 「物質改良論」, 『서북학회월보』 제8호.
415. 필자 미상(1909), 「現世界文明은 石炭과 鐵의 力」, 『서북학회월보』 제9호.

> 대뎌 물질의 문명이 뎌러케 발달된것은 실노 물질의 문명이 홀노 ᄌᆞ뢰홈이업시 발달된거시 아니라 졍신의 문명과 물질의 문명이 셔로 의뢰ᄒᆞ여 이러게되엿도다. 그런즉 졍신의 문명이 업고ᄂᆞᆫ 그샤회가 도뎌히 문명ᄒᆞᆫ샤회가 되지못ᄒᆞ며 졍신의 문명이업고ᄂᆞᆫ 그 국가가 됴뎌히 문명ᄒᆞᆫ국가가 되지못ᄒᆞ여 졍신문명의 발달이업스면 물질문명도 ᄯᅩᄒᆞᆫ 발달되기를 ᄇᆞ랄수가 업거늘…물질의 문명을 슈입ᄒᆞᆯ ᄯᅢ에 졍신의 문명을 ᄒᆞᆷᄭᅴ 슈입ᄒᆞ며 졍신의 문명을 슈입ᄒᆞᄂᆞᆫᄯᅢ에 물질의 문명을 ᄒᆞᆷᄭᅴ 슈입ᄒᆞ여 두가지에 ᄒᆞᆫ가지도 폐치말지어다.[416]

문맥에서 파악할 수 있듯이 정신문명을 강조하기는 했지만 그렇다고 물질문명의 가치를 무시한 것은 아니다. 정신문명은 오히려 물질문명의 진보를 위한 기초로서 논의되고 있다. 그런 점에서 논자가 강조한 정신문명은 문명의 정신이라고 부를 수 있다.

물질문명을 강조하는 논의가 활발히 전개되는 가운데 무력의 중요성을 부각시키는 논설도 등장하였다. 이러한 성향을 강하게 보인 매체는 『대한매일신보』이다. 『태극학보太極學報』의 논설을 번역하여 실은 「무비론武備論」은 그 대표적인 글이다. 문명한 법률과 정밀한 제도로 정치를 조직하면 부강하다고 할 수 있지만, 강한 힘이 없으면 그 나라가 비록 문명하다고 해도 멸망을 막기 어렵기 때문에 오직 군대를 구비한 연후라야 문명하고 부강한 기초를 지킬 수 있다는 주장을 담고 있다.[417] 「세계에ᄂᆞᆫ 강권이 쳣지」라는 논

416. 『대한매일신보』 1910년 2월 13일자 논설 「졍신과 물질」.
417. 『대한매일신보』 1907년 10월 10일자 「武備論」. 『태극학보』 제8호, 1907년 3월 24일자에 기고된 글로 기고자는 具滋旭이다.

설은 강한 힘에 대한 동경을 단적으로 보여 준다. 이 논설에서 논자는 서양 국가들이 같은 민족이나 국민에게는 도덕만 쓰고 권력은 행사하지 않지만, 다른 민족이나 국민을 만나면 권력만 쓰고 도덕은 무시한다며 그들의 이중성을 지적하였다. 이민족에게는 강권을 행사하기 때문에 현 국제 정세에서 필요한 것은 그에 맞설 수 있는 강권뿐이다. 논자는 강권이 있는 자가 성현이며 군자이며 영웅이오, 강권이 없는 자는 용렬한 놈이며 천한 놈이며 소나 말, 개, 돼지에 불과하다고 설명한다. 궁예와 견훤을 천하게 생각하지만 만약 왕업만 열었다면 성聖이라는 이야기를 들었을 것이고 주몽과 온조는 어진 임금 소리를 듣지만 만약 왕조가 멸망했다면 야만 추장 소리를 들었을 것이라고 한다. 강권 앞에 인의나 도덕은 아무짝에도 쓸모없는 것이라면서 강권을 추구할 것을 강력히 촉구하였다.[418]

1910년 2월 22일부터 연재된 「이십셰긔 신국민」이라는 논설은 『대한매일신보』의 지향점을 잘 보여 준다. 논설은 중고 시대에도 상고 시대의 상태를 면치 못한 이들은 정신문명과 물질문명 양자를 갖춘 민족에게 멸망되었다면서 20세기에 중고 시대의 정신과 물질을 고수하다가는 실력이 강대하고 문명이 번창한 민족에게 패망당할 것이라고 경고하였다.[419] 그리고 지금 세계 열강은 물질문명을 발달시켜 병장기를 더욱 새롭게 만들고 국민개병제도를 시행하여 날로 강대해지고 있음을 지적한다. 그런데 한국은 문치

418. 『대한매일신보』 1909년 7월 21일자 논설 「셰계에는 강권이 쳣지」; 길진숙(2007), 「1905~1910년, 국가적 대의와 문명화—『대한매일신보』의 문명 담론을 중심으로—」, 『근대계몽기 지식의 굴절과 현실적 심화』, 소명출판, p.19.

419. 『대한매일신보』 1910년 2월 22일자 논설 「이십셰긔 신국민」.

만 숭상하여 무력을 억제해 왔다면서 이제부터는 물질계와 정신계를 물론하고 무력을 확장시켜야 한다고 강조하였다. 국민들을 양성할 때 군사를 숭상하는 것을 위주로 교육시켜 의롭고 용감하고 강경하고 과단하며 견고하고 인내하는 아름다운 덕이 국민의 뇌수에 박히게 하는 것이 정신적 무력이다.[420]

『대한매일신보』에 대한이 지향해야 할 목표로 설정되었던 문명 자체에 대해 검토한 글은 잘 보이지 않는다. 다만 세계 열강과 교섭한 지 30여 년이 지났지만 인민의 습속은 여전히 부패하고 인민의 지식은 여전히 몽매한 데 대한 초조함을 느껴 문명화에 더 매진해야 한다고 주장할 뿐이다.[421] 그 문명은 물론 서구 지향적인 것이었다. "開化라 云ᄒᆞᄂᆞᆫ 者ᄂᆞᆫ 列强의 文化 政治 法律 兵 農 工 商 等 般般學術을 考據硏究ᄒᆞ야 我가 自開ᄒᆞ며 我가 自化ᄒᆞ야 可取란 取코 可棄란 棄ᄒᆞ야 我가 我의 民의 發達을 計劃ᄒᆞ며 我가 我의 國의 富强을 圖謀코져 홈"[422]이라고 하여 열강에서 받아들일 수 있는 것을 연구하는 것을 의미하였다. 문명화를 뜻하는 '신新'이 추종의 대상이었던 반면 '구舊'는 제거해야 할 대상이었다. 암매暗昧한 것을 파괴하고 문명으로 나아갈 것을 촉구한 「파괴시더」는 문명에 대한 집착을 보여 준다. 논자는 한국은 기둥이 썩고 지붕도 부서져 부분적인 수리가 불가능한 집이어서 모두 다 헐어 버리고 터부터 다시 다진 후 새 집을 짓는 수밖에 없다고 보았다. 새 집을 짓는 것처럼 옛 법과 옛 풍속 가운데 폐단이 되는 것을 일체 개혁하

420. 『대한매일신보』 1910년 2월 27일자 논설 「이십세긔 시국민」.
421. 『대한매일신보』 1910년 7월 26일자 논설 「슈구당을 경고홈」.
422. 尹商鉉(1908), 「告社會志士諸公」, 『기호흥학회월보』 제3호.

고 새 법과 새 풍속을 반포해야 한다는 것이다.[423]

신문을 비롯하여 각 학회의 기관지들은 구학과 구습, 수구를 매도하는 논설들을 경쟁적으로 쏟아냈다. 구신자究新子라는 필명을 썼던 한 인사는 문명 열강이 모두 신학의 효력이며 구학의 효력은 조금도 없는데 깊은 꿈에서 깨어나지 못해 구학만을 고수하니 지식 경쟁의 시대에 어떻게 살아가겠느냐고 반문하면서 구학을 매도하였다.[424]

유자들은 한국을 쇠퇴하게 한 주범으로 지목되었다. 제국주의가 만연하여 각국이 영토 확장에 열을 올리는 시기에 한국은 유생들이 좀먹은 책자나 들여다보고 조정에서는 헛된 문구와 예절이나 의논하다가 비참한 지경에 이르게 되었다고 지적하였다.[425] 세계 열국의 부강 문명이 농공상 실업학에 근본한다고 보았던 장지연은 한국의 임하독서인林下讀書人이 실용에 적합한 신학을 배척하여 한국의 빈약에 일조했다고 보았고 옛날부터 문화국이었음을 자부하는 한국의 儒士들이 유용한 실업 저술을 내지 않음을 개탄하였다.[426] 박은식은 개명전도에 분발전진하는 자도 있고 꿈속에서 잠꼬대나 해대는 사람도 있는데 10 중 8, 9가 후자라며 그러한 이들을 열거했는데 첫 번째로 거론된 부류가 유림가였다.[427]

문명의 기준에서 유림은 문명화된 유림과 완고한 유림으로 구

423. 『대한매일신보』 1910년 7월 30일자 논설 「파괴시딕」.
424. 구신자(1909), 「新學과 舊學의 區別」, 『서북학회월보』 제8호.
425. 『대한매일신보』 1910년 2월 19일자 논설 「문화와 무력」.
426. 노관범(2007), 앞의 논문, p.296.
427. 박은식, 「舊習改良論」, 『西友』 제2호(1907. 1. 1). 장지연과 박은식의 유교 인식에 대해서는 홍원식(2000), 「애국계몽운동(愛國啓蒙運動)의 철학적 기반—박은식과 장지연을 중심으로—」, 『동양철학연구』 제22집, pp.278~283 참조.

분되었고 완고한 유림은 개조의 대상으로 전락하였다. 완고한 유림은 예의염치와 구속하는 행실이나 강론하고 세계 열강을 이적이라고 배척하며 문명한 교육을 왜학倭學이니 양이의 만학蠻學이니 하며 비난하는 자들이다. 이들에게 교육을 확장하라 실업을 진흥하라고 요구하지만 그들의 사상 자체를 고치지 않고는 효과가 없다고 지적한다. 고루한 사상을 고치고 신문명을 받아들이는 것만이 진정한 유학가가 되는 길임을 강조한다.[428] 옛 법을 지키기를 고집하는 수구당에 대해서는 일신의 영욕만 생각하고 국가의 화복을 돌아보지 않으면 멸망할 수밖에 없을 것이라고 경고하면서 함께 문명한 지경으로 향하자고 권고하였다.[429]

물질문명에 대한 관심의 집중은 1900년대 후반 문명론의 중요한 특징이었다. 약육강식의 경쟁에서 살아남기 위해서는 물리력을 지녀야 하고 물리력을 갖추기 위해서는 물질문명의 추구는 불가피한 것이었다. 하지만 그 당위성에도 불구하고 물질적 문명론은 신학과 구학 간의 갈등을 심화시키고 물질 만능주의가 확산되면서 도덕적 타락을 초래하는 등 폐단을 낳고 있었다. 이러한 폐단을 시정하는 것 또한 지식계가 해결해야 할 또 다른 과제였다.

2) 새로운 '문명'의 모색

일본 유학생들의 '정신문명'

을사조약 체결 이후 문명에 대한 관심이 가속화되면서 국내에

428. 『대한매일신보』 1910년 3월 23일자 논설 「유림의 ᄉᆞ샹을 곳칠일」.
429. 『대한매일신보』 1910년 7월 26일자 논설 「슈구당을 경고홈」.

서는 신학문을 추종하는 신학가와 전통 유학을 고수하는 구학가 간의 갈등이 첨예화되고 있었다. 문경의 한 유학자가 자기 자식이 학교에 입학하자 나무에 목매 자살하려다가 구출된 일이 있는데 그 이야기를 들은 신학가들이 보인 반응은 문명한 집안의 장애물로서 죽어도 아깝지 않은 자를 왜 구출했는지 모르겠다는 것이었다. 신학과 구학의 갈등이 어느 정도 심각했는지 적나라하게 보여준다.[430] "신학과 구학이 각기 명목을 세워 구학에 빠진 자들은 신학을 부화무실하다고 배척하고 신학을 쫓는 이는 구학을 부패무용하다고 조소하며 서로 비방하여 그 폐해가 심각하다"[431]고 지적되던 것이 당시의 현실이었다.

신학과 구학 간의 갈등은 주로 신학가들이 구학가를 공격하는 양상으로 전개되고 있었다. 신학가들은 구학에 대한 공세를 강화하여 구학가들을 '완고頑固'라고 지목하며 몰아붙였다. 구신자究新子라는 필명의 한 신학가는 구학에 대해 수신제가치국평천하의 도가 없지는 않지만 구학가들이 이치를 살피지 못하고 학문의 범위가 협소하다고 비판하였다.

> 新學은 異於是ᄒᆞ야 今之哲人志士의 精研熱究ᄒᆞᆫ 新智識이니 經濟, 政治, 農學, 工學, 化學, 理學과 其 他種新學이 甚多ᄒᆞ야 其 理를 詳察ᄒᆞ면 萬理를 畢擧ᄒᆞᆯ지라. 目今 文明列强의 國이 皆 新學의 效力이요.

430. 鄭應卨(1908), 「宜有頑固」, 『호남학보』 제1호.

431. 成樂賢(1909), 「欲學新學先學舊學」, 『대동학회월보』 제20호. 신학과 구학 간의 갈등에 대해서는 이광린(1980), 「구한말 신학과 구학의 논쟁」, 『동방학지』 제23 · 24합집; 유영렬(1987), 「대한자강회의 신구학절충론」, 『최영희선생화갑기념 한국사학논총』, 탐구당; 김도형(1996), 「한국 근대화 과정에서의 구학 · 신학 논쟁」, 『역사비평』 제34호; 백동현(2002), 「대한제국기 신구학논쟁의 전개와 그 의의」, 『한국사상사학』 제19권 참조.

舊學의 效力이 少無ᄒᆞ거ᄂᆞᆯ 彼頑固俗士ᄂᆞᆫ 長夜昏夢을 不覺ᄒᆞ고 徒守舊學ᄒᆞ야 處此智識競爭ᄒᆞᄂᆞᆫ 時代에 生活을 自圖코쟈 ᄒᆞ니 譬如摘春花而欲壽于夏令이며 取朝露而欲保于午陽이니 豈可得乎아. 現我青年은 惟日 勤勉ᄒᆞ야 新學에 進步홀지어다[432]

구학에 대한 철저한 부정과 신학에 대한 완전한 맹신이다. 신학가의 공세에 대해 구학가를 대표하는 인물이라고 할 수 있는 유인석柳麟錫(1842~1915)은 신학가들이 말하는 문명이라는 것은 "백 가지 기술과 천 가지 기교가 극에 이르도록 하는 것으로 그 궁극적 의도는 맛있는 음식, 사치스러운 옷, 웅장한 집, 강한 병사 등의 일을 도모하는 것에 불과"하다고 지적하면서 그런 것들이 문명이라면 요 · 순 · 우의 시대보다 주 · 걸 · 진시황 때가 더 문명한 것이냐고 반문한다.[433] 신학가들이 경쟁을 문명 발달의 중요한 요인으로 보았던 것과는 달리 그는 경쟁과 문명은 완전히 상반되는 것으로 보면서 신학가들의 문명관을 비판하였던 것이다.

신학가들의 공세에 밀려 구학가들의 입지는 점점 좁아지고 있었다. 구학가에서 신학가로 전신하는 이들이 나타나고 이들까지 구학 공격에 가담하는 상황에서 신학에 논리적으로 대응하는 것은 결코 쉽지 않은 일이었다.[434] 그런데 이러한 상황에서 주목되는 것은 신학가들 내부에서 신학가들의 행태에 대한 문제 제기가 이

432. 구신자(1909), 「新學과 舊學의 區別」, 『서북학회월보』 제8호.

433. 유인석, 『宇宙問答』.

434. 이기(李沂, 1848~1909)는 그 대표적인 인물인데 구학이 국가에 큰 해를 끼치고 있다고 비판하였던 그는 자신이 한때 완고하였음을 고백하면서 자신의 경험을 바탕으로 구학의 문제점을 제시하였다. 이기(1907), 「習慣生愛戀愛戀生頑固」, 『대한자강회월보』 제8호.

루어지고 있었다는 사실이다. 이러한 움직임을 주도한 이들은 재일 유학생들이다.[435] 최고의 신학가라 할 수 있던 유학생들은 신학가 내부 사정에 누구보다 밝은 이들이었다. 유학생들은 사림의 기풍이 매우 한심하다고 지적하는 등 전통 유림에 대해서도 비판적이었지만[436] 이들이 특히 비난 대상으로 삼은 것은 흔히 가지사假志士로 불리던 위선적인 지식인들이었다.

계봉우桂奉瑀(1880~1959)는 가지사의 행태를 문제 삼았던 대표적인 인물이다. 그는 겉으로는 국가와 사회를 위해 모든 것을 바치는 사람처럼 행세하면서 실제로는 매국행위를 하고 동포를 죽이는 가지사의 위선적인 행태를 열거하면서 그들을 '대괴물大怪物', '대병물大病物'이라고 맹비난하였다. 그가 가지사의 근거지로 든 것은 학교와 사회였다. 신학문을 배우고 각종 단체에서 활동하는 지식인들이 주 표적이었던 것이다. 학교에서 지식을 배양하고 사회에서 명예를 얻고 있지만 진실한 도덕과는 배치되며 자기에게 이익이 되면 종사가 폐허가 되도 조금도 염려하지 않고 동포가 죽어나가는 것에는 처음부터 관심이 없는 존재라면서 이러한 가지사를 멸종시켜야 한다고 맹비난하였다.[437]

곽한칠郭漢七 역시 위선적인 지식인의 행태를 문제 삼았다. 그는 겉으로는 세상의 이치를 다 아는 척 안하무인의 태도를 보이면서 애국이니 국권회복을 부르짖지만 실제로는 주지主志도 없고 사욕

435. 본서에서는 일본에서 발행되었던 『태극학보』, 『대한학회월보』 『대한유학생회학보』에 실린 글들을 일본 유학생들의 인식을 분석하는 자료로 삼았다.

436. 觀海客(1908), 「士習의 腐敗」, 『태극학보』 제23호(1908. 7. 24).

437. 계봉우(1908), 「社會의 假志士」, 『태극학보』 제25호(1908. 10. 24). 계봉우는 『대한협회회보』를 통해 眞志士의 자격에 대해 설명한 바 있다. 계봉우(1908), 「眞志士」, 『대한협회회보』 제6호.

만 채우고 있다고 가지사를 비판하였다. 또 많은 한국인들이 해외 각국으로 유학을 떠났지만 본국에 어떤 좋은 결과를 가져다주고 어떤 모범을 창출하였느냐고 반문한다.[438] 신학가 가운데 신학가라 할 수 있는 유학생에 대한 비판이다.

양치중楊致中은 유학생에 대한 비판은 더욱 신랄하다. 양치중은 '수구守舊'와 '취신就新'의 대립이 극에 달했다고 탄식하면서 '취신'으로 표현된 신학가들, 특히 유학생 출신자들의 행태를 문제 삼았다. 수구자들은 옛것을 지키려고만 하여 진보는 없을지라도 적어도 외국인의 앞잡이가 되어 나라에 해를 끼치는 일은 없지만 취신자들은 그렇지 않다고 지적한다. 그들은 해외에 나가 공부를 하면 문명의 지식이 있는 듯하며 사회에 참여하여 독립을 외치고 있지만 실제로는 명치대학 출신이니 제국대학 출신이니 거들먹거리면서 원수에게 아부하여 더러운 졸업장으로 출세할 계책만 세우는 매국노들이라는 것이다.[439] 학문을 출세와 협잡의 도구로 삼아 사리사욕만 채우는 신학가들의 행태에 대한 날카로운 비판이다.

위선적 지식인들의 행태는 기존의 문명 수용 방식에 중대한 오류가 있으며 새로운 대안이 제시되어야 한다는 것을 반증하는 것이었다. 신학가들의 행태에 크게 실망한 곽한칠은 학문이 중요하지 않은 것은 아니지만 인격이 수반되지 않으면 전혀 쓸모가 없다면서 청년시대의 최대 요무는 인격의 수용이라고 강조한다.[440] 문명 학술보다 더 중요한 것은 건전한 인격이라는 주장이다. 인격의

438. 곽한칠(1907), 「人格修養과 意志鞏固」, 『태극학보』 제9호.
439. 양치중(1908), 「守舊가 反愈於就新」, 『태극학보』 제22호; 노관범(2007), 앞의 논문, p.238.
440. 곽한칠(1907), 「人格修養과 意志鞏固」, 『태극학보』 제9호.

중요성에 대한 강조는 신상호申相鎬의 글에서도 잘 나타난다. 그는 물비상物費上 문명이 점차 진보함에 따라 정신상 문명 즉 윤리와 도덕은 반대로 퇴보하여 국가 간에는 약육강식을 일삼고 개인들은 평생 금전이나 명예를 추구하는 풍조가 만연하게 되었음을 개탄한다. 사람들이 문명의 진보를 위해 학문만능주의를 주창하는데 학문이 귀중하지 않은 것은 아니지만 그에 앞서 인격을 갖추는 것이 급선무라고 지적한다. 인격에 대한 강조는 물질문명 중심주의를 반성하고 정신문명의 가치를 재평가해야 한다는 것을 의미하였다.[441] 자강론에서 가장 중시했던 교육 문제와 관련해서도 자강론자들이 신학문 수용에 집중했던 데 반해 유학생들은 진정한 교육의 목적은 사물의 이치를 탐구하여 품성을 도야하고 인격을 높이는 데 있다고 강조하는 등[442] 새로운 방향을 모색하였다.

정신문명에 대한 강조는 재일 유학생들에게서 공통적으로 보이는 면모였다.[443] 추구해야 할 정신문명이 무엇인지에 대해서는 논자에 따라 의견이 달랐는데 각 범주가 뚜렷하게 구분되는 것은 아니지만 대략 세 가지 입장 정도로 분류해 볼 수 있다.

첫째는 유교적 윤리 내지 도덕으로 보는 입장이다. 윤태진尹台鎭이라는 인물은 신학을 주장하는 자들이 도덕을 동양이 빈약하게 된 원인으로 지적하는데 이는 잘못된 것이라고 비판하였다. 그는 약이 사람을 살리는 것이지만 좋지 못한 의사가 사용하면 독이 될 수 있고, 병기가 사람을 보호하는 것이지만 나쁜 사람이 쓰면 흉

441. 신상호(1906), 「思潮滴滴」, 『태극학보』 제3호.
442. 南宮營(1907), 「人格을 養成ᄒᆞᄂᆞᆫ데 教育의 效果」, 『대한유학생회학보』 제1호.
443. 한 회원은 태극학회는 精神과 志氣로 규합된 단체라고 성격을 규정하고 있다. 唐岳石菱生(1907), 「人族의 貴寶ᄂᆞᆫ 精神과 志氣라」, 『태극학보』 제9호.

기가 될 수도 있다면서 근본이 되는 것은 도덕이라고 강조하였다. 재지才智만 중시하고 도덕을 도야하지 않으면 부강은 달성할 수 있을지 몰라도 문명의 이름은 얻을 수 없으므로 재지에 앞서 도덕을 닦아 문명과 부강을 함께 이루자고 주장하였다.[444] 도덕을 문명과 부강을 구분하는 기준으로 보았던 것이다.

문일평文一平(1888~1936) 역시 비슷한 입장을 피력하였다. 그는 유사 이래 세계 문명의 발달 과정을 약술하면서 문명은 각 국민의 특유한 소질에 따라 각기 다르게 발달했다고 설명한다. 유대는 종교로, 그리스는 문예와 학술로, 로마는 제왕주의帝王主義로 각기 문명을 일으켰다는 것이다. 이러한 관점에서 그는 한국의 신문명을 창조할 것을 제안하였다.

> 然則 如何훈 精神으로써 如何훈 文明을 做出홀고 ᄒ면 曰 我國民이 倫理思想에 最富함은 抑世界의 共知하는 바라. 如此 固有한 特質로써 一切 權謀術數는 棄하고 一視同仁의 天意를 體하야 上天의 代命으로 世界의 橫道를 討伐剿誅하고 萬國 安全의 方針을 講究하야 平和의 鍵을 秉함이 卽 我國民의 特質에 適合하도다.[445]

윤리를 한국 국민의 특질로 보아 윤리 문명을 창조하고 그를 확장시켜 평화적 문명을 창조해 나가야 한다는 것이다. 한국 국민이 오륜의 도가 바르다는 점을 강조하고 있던 것을 보면 한국민의 특질로 거론한 윤리 사상이 유학과 밀접한 관계가 있는 것임을 짐작

444. 윤태진(1907), 「者必先修道德」, 『대한유학생회학보』 제1호.
445. 문일평(1907), 「韓國의 將來文明을 論홈」, 『태극학보』 제12호.

하기 어렵지 않다.[446] 윤리에 기반한 문명을 신문명이라 언급한 데서 그의 문명관은 서구 중심적인 데서 탈피한 것임을 볼 수 있다.

이동초李東初는 정신의 강조가 세계적인 경향임을 강조하여 정당성을 부여하였다. 그는 세상에서 문명, 개화를 이야기하고 사람들은 흔히 학술과 실업에 대해 말하지만 선진국에서는 정신 수양의 교육책을 연구하는 것을 중시한다고 설명한다. 그 때문에 피상적이고 경박한 교육에 물들지 말고 처음부터 정신 교육을 함양하여 완미完美한 경역에 도달하기를 기약해야 한다고 강조하였다. 이동초는 일본이 무사도를 지켜오다가 메이지유신 때 신진주의로 전환하여 신진 문물을 수용했지만 외래 풍조를 숭상하는 풍조가 만연하고 외화 문명에만 골몰하며 강한 것만 숭상하여 자기 이익만 앞세워 침략하는 폐단이 일어났다고 지적하였다. 이 입장은 메이지유신을 통해 문명화를 달성한 일본을 모범으로 삼아야 한다는 이전 문명론자들의 주장과는 다르다. 이동초는 연소배들의 덕성을 배양하면서 문명 학식계에 등장케 해야 한다고 보았다. 학식을 갖춘 유생들의 두뇌를 신공기로 세척해야 한다는 것인데 안으로 도의덕망을 갖추고 밖으로 학술기예를 갖추게 하는 것이 교육 목표였다.[447]

둘째는 애국 정신 내지 국가 정신을 강조하는 입장이다. 최석하崔錫夏가 그 대표적인 경우인데 그는 한국인의 고유한 조선혼朝鮮魂을 발휘할 것을 주문하였다. 최석하는 동서고금을 막론하고 국가를

446. 문일평은 『대한매일신보』에 쓴 논설에서도 한국의 윤리 사상을 통해 평화적인 문명을 만들어 나가야 한다는 주장을 반복하였다. 문일평, 「문명론」, 『대한매일신보』 1907년 11월 9일 · 12일자.

447. 이동초(1907), 「精神的 敎育의 必要」, 『태극학보』 제11호.

구성하는 민족은 특유의 국혼이 있다고 보았다. 예를 들어 무사도를 숭상하여 국가를 위해 생명을 바치는 것이 일본의 대화혼大和魂이며, 문화文華를 전파하여 국력을 신장시키고자 하는 것이 프랑스의 국혼이고, 해상권을 장악하여 식민지를 건설하고 상업권으로 웅비하려는 것이 영국의 국혼이며, 부력富力으로 온건한 제국주의를 행하고자 하는 것이 미국의 국혼이다. 문명국들의 밑바탕에는 국혼이 있다고 본 것이다. 그는 을지문덕 · 윤관 · 이순신 등이 외침에 맞서 싸운 정신이 바로 조선혼이라면서 조선혼을 발휘한다면 국권을 회복할 수 있을 것이라고 주장하였다.[448]

국민의 원기元氣를 갖추어야 한다는 정제원鄭濟原의 주장도 최석하의 입장과 같은 맥락이다. 그는 서양이 문명으로 나아가려면 문명국 서양의 문명을 수용할 수밖에 없다면서 수용 방법을 제시한다. 정제원은 문명을 형질의 문명과 정신의 문명으로 구분하면서 문명은 바로 정신에 해당하는 것이라면서 정신이 갖추어지면 형질은 자연히 생기기 때문에 정신문명을 수용해야 한다고 주장하였다. 그가 정신의 핵심으로 규정한 것은 국민의 원기였다.[449] 그는 형질문명에서도 복식 · 기계 · 궁실은 형질의 형질에 해당하고 정치 · 법률과 같은 것은 형질의 정신에 해당한다며 형질의 정신의 중요성을 강조하였다.[450] 이 밖에 애국의 정신인 충절을 강조한 김기주金基柱의 논설도 국가 정신을 중시한 입장으로 볼 수 있다. 그

448. 최석하(1908), 「朝鮮魂」, 『태극학보』 제5호.

449. 이러한 주장은 문명을 '문명의 형태'와 '문명의 정신'으로 구분한 후 백성들의 독립의 기개에 해당하는 '문명의 정신'을 수용해야 한다던 후쿠자와 유키치의 그것과 흡사하다. 후쿠자와 유키치(2007), 앞의 책, pp.77~78 참조.

450. 정제원(1907), 「文明의 精神을 論홈」, 『태극학보』 제16호.

는 학문을 충절을 제조하고 양성하는 수단이라고 보아 국가를 독립시키고 문명으로 나아가기 위해서는 학문에 피를 쏟으라고 주문하였다.[451]

국가 정신의 강조는 문명화에 따른 폐단을 시정한다는 의미를 지니고 있었다. 한 논자는 문명이 노숙되면 자연히 개인주의가 발달하고 그 결과 희생적 정신이 감퇴한다며, 경쟁 사회에서 최강자가 되려면 무사적 · 몰개성적 애국사상이 필요하다고 주장하였다. 그는 개성적 자유가 발달되면 헌신적 애국사상과 조화될 수 없다고 보았다.[452] 헌신적 애국사상의 강조는 매국적 태도를 보이던 일부 신학가들을 겨냥한 것이었다.

셋째는 종교를 정신의 핵심으로 보는 입장이다. 포우생抱宇生이란 필명의 논자는 정신적 만족을 할 줄 아는 자가 상지上智이며 대사업을 성취하기 위해서는 반드시 일정한 신앙처가 있어야 한다고 주장하였다. 그에게 종교는 대사업을 고상하고 신속히 성취하기 위해 필요한 것이었다. 그는 문명을 심기 위해서는 종교상의 교리를 깊이 연구하여 정신적 취미와 능력을 개발해야 한다고 강조하였다.[453]

구체적으로 어떤 종교를 수용할 것인가는 논자에 따라 의견이 달랐다. 유승흠柳承欽은 종교란 국민의 정신두뇌이며 교육의 근본

451. 김기주(1906), 「忠節은 우리의 當務」, 『태극학보』 제24호; 李潤柱(1906), 「愛國의 義務」, 『태극학보』 제5호; 윤정원(1907), 「獻身的 精神」, 『태극학보』 제7호 등도 애국 정신을 강조한 글들이다. 『태극학보』는 애국심을 매우 강조하는 입장이었는데 이에 대해서는 정선태(2009), 「근대계몽기 '국민' 담론과 '문명국가'의 상상—『태극학보』를 중심으로—」, 『어문학논총』 제28집, 국민대학교 어문학연구소 참조.

452. 友洋生(1908), 「日本文明觀」, 『대한학회월보』 제8호.

453. 포우생(1908), 「教育者와 宗教」, 『태극학보』 제24호.

이라고 파악하면서 유교를 진흥시킬 것을 주장하였다. 그는 유교에 대해 지나치게 명분적이고 압제가 심하여 신지新智를 발달시킬 수 없다는 비판이 가해지지만 그것은 유학의 유폐流弊일 뿐 본뜻이 아니라고 변론하면서 만약 유교가 없어지면 민족이 야만으로 전락할 것이라고 경고하였다.[454] 이한경李漢卿은 종교의 본질적 요소로 도덕과 박애를 거론하며 종교가 있어야 인민의 의무와 단체의 마음이 생긴다고 주장하였다. 그러면서 구미의 종교 가운데 가장 세력이 강한 기독교나 동양에서 이어져 내려오는 유교 가운데 시세에 따라 유력하고 단합에 용이한 것을 골라 믿으면 국가의 황금시대가 그 가운데 있을 것이라고 하였다.[455] 김태은金太垠이라는 승려는 유교·불교·기독교 가운데 훌륭한 인물들의 가르침을 뽑아 종교를 바로 확립한 후에 신학문을 배우게 하자고 제안하기도 하였다.[456]

1900년대 후반 유학생들 사이에서 논의된 정신 중심의 문명론은 문명은 물질과 정신으로 구분될 수 있다는 전제에서 출발하였다. 문명을 구분하려는 태도는 1900년대 후반에 특징적으로 보이는 현상이었다.[457] 1890년대 중반 이후 문명론이 본격적으로 전개될 당시 서구 문명을 물질문명과 정신문명으로 구분하는 방식은 잘 나타나지 않았다. 일반적으로 문명은 서구와 거의 동일한 개념

454. 유승흠(1906), 「宗教維持方針이 在經學家 速先開化 附祝歌」, 『태극학보』 제1호 · 제2호.
455. 이한경(1908), 「國家와 宗敎」, 『대한학회월보』 제3호.
456. 김태은(1907), 「三國 宗敎略論」, 『태극학보』 제7호.
457. 논자에 따라서는 문명을 좀 더 세분화하는 경우도 있었다. 사회가 성숙해 가는 과정이 문명개화이며 최선의 문명개화는 정치기관 · 생산기관 · 무비기관 · 이상기관의 4가지를 균등하게 발전시키는 것이라고 주장했던 단산인(丹山人)의 논설이 그 대표적인 예이다. 단산인(1908), 「最善의 文明開化는 各種産業 發達에 在홈」, 『태극학보』 제18호.

으로 이해되고 있었다. 서구의 총체적인 모습이 문명이라는 단어에 집약되어 있었던 것이다. 문명을 세분하려는 시도는 그간 문명이라는 하나의 상으로 정립되어 있던 서구 중심적 문명 인식에 균열이 발생하기 시작했음을 의미하는 것이라고도 볼 수 있다.[458]

구분된 문명 개념에서 서양 문명은 대개 물질적인 것으로 규정되었다. 구학을 성리학적인 것으로, 신학을 물질적인 것으로 구분한 것이 대표적인 예이다.[459] 물론 서양 문명이 정신과 물질을 겸한 것으로 보는 인물도 있지만 그런 경우에도 서양의 특질은 물질문명으로 설명된다. 이승근李承瑾은 동양은 사상계에만 전력을 경주하고 물질계 방면에는 착안치 못해 이기利器의 발명이 매우 적어 세계의 진운進運에 공헌한 바가 미약한 까닭에 세계적 문명이라 칭할 것이 없지만 서양은 사상의 연마와 더불어 물질계에도 진력하여 서양의 문명이 세계의 문명이라는 말이 나오게 되었다고 설명하고 있다.[460] 동서양의 차이는 물질 방면의 성과 여부에 있으며 그러한 성과를 문명으로 칭하므로 서양 문명의 핵심은 이기利器를 뜻하게 된다. 문명을 정신과 물질로 구분하는 이분법적 인식이 유행하는 가운데 서양 문명은 물질문명으로 규정되면서 이전에 비해 전반적으로 왜소화되고 있었다고 할 수 있다.

서양 문명을 물질문명으로 규정하는 가운데 문명의 개념을 새롭게 정립하려는 시도가 나타났다. 당시 유학생들의 문명론에는

458. 1900년대 후반 문명 개념의 분열 양상에 대해서는 류준필(2001), 「'문명' · '문화' 관념의 형성과 '국문학'의 발생—'국문학'이라는 이데올로기 서설—」, 『민족문학사연구』 제18호, pp.22~28 참조.

459. 朴海遠(1908), 「新舊學辨」, 『대한학회월보』 제2호.

460. 이승근(1908), 「界文明의 來歷을 論홈」, 『대한학회월보』 제2호.

두 가지 다른 수준의 인식이 혼재해 있었다. 하나는 시급히 문명을 달성해 열강과 어깨를 나란히 해야 한다는 인식이다. 지금까지의 논의가 물질 중심이었음을 반성하면서 문명화를 위해서는 서양 문명의 핵심적 요소를 파악하고 그를 수용해야 한다는 것이다. 그리고 그 핵심적 요소로 파악된 것이 정신력이었다.

다른 하나는 문명 진보에 다른 폐단을 강조하고 그 폐단의 시정을 촉구하는 논의이다. 문명 도달 방식의 문제가 아니라 추구해야 할 목표로 설정되었던 문명 자체에 대해 의문을 제기한 것인데 문명의 개념을 새롭게 정립하려는 시도라고 볼 수 있다. 인격이나 윤리의 강조는 그 대표적인 시도였다. 문명 개념에 새롭게 접근하면서 그간 문명론이 발판으로 삼고 있던 사회진화론에 대해서도 다른 시각을 제시하였다. 장응진張膺震은 국가가 경쟁의 단위가 된 요즈음 생존에 적합한 성질이 없으면 패망하여 멸망하는 우승열패의 대법칙은 피할 수 없다고 보았다. 그러면서도 인도를 유린하고 인권을 멸시하며 박애의 정신을 실추하면 다른 동물과 차이가 없다며 동물 사회와는 다른 인간의 고상한 사상과 특수한 정신을 강조하였다. 그는 약자를 보호하며 우자를 유발하고 자기 생존의 활로를 스스로 개진하는 것이 인류가 자연도태하는 동물에 비해 고상한 사상과 특수한 정신이 있는 증거라고 주장하였다.[461] 앞서 살핀 것처럼 신상호는 약육강식을 일삼는 태도 자체를 비판하였다. 기존 문명론의 근거였던 사회진화론에 대한 문제 제기는 문명론의 새로운 전개를 의미하는 것이었다.

461. 장응진(1906), 「進化學上 生存競爭의 法則」, 『태극학보』 제4호.

국내 지식계의 '도덕문명'

신학가들의 구학에 대한 공세가 강화되던 1900년대 후반 국내에서도 신학가들에 대해 조심스럽게 문제가 제기되고 있었다. 윤상현尹商鉉은 『기호흥학회월보』에 게재된 「고사회지사제공告社會志士諸公」에서 개명한 인사들이 자신들의 구습舊習은 버리지 못하면서 오히려 지방의 완고한 자들에게 구습을 버리라고 요구한다면서, 자신은 차라리 "頑固한 頑固는 될지언졍 開明한 頑固는 不願"한다며 신학가들의 행태를 비판하였다.[462] 박은식은 예전에 학계에 활발한 기상과 실용적인 기술이 결핍된 것을 개탄하여 신학의 발달을 힘껏 주창했지만 근일에 이르러 학계의 정황을 살펴보니 조금이라도 신학문을 알면 스스로 대단한 것처럼 여겨 부노장자父老長者를 무식한 사람으로 간주하는 경우가 있다며 신학가들의 잘못된 태도를 지적하였다.[463]

신학가들의 행태에 대해 문제가 제기되는 가운데 신학과 구학 간의 문제를 해소하려는 시도도 나타났다. 그러한 움직임은 1908년 대동학회大東學會의 창립으로 본격화되었다. 일본의 자금 지원을 받았던 탓에 대동학회는 친일적인 단체로 알려져 있지만 학회 창설의 기본 목적은 신학과 구학의 접점을 찾는 것이었다.[464]

대동학회 창립을 주도한 신기선은 취지서에서 성명性命만을 공담하여 시무의 변화에 어두운 전통 유림과 열강의 융성함을 사모하여 일체 개화하려는 개화 세력을 동시에 비판하면서 '참작신구

462. 윤상현(1908), 「告社會志士諸公」, 『기호흥학회월보』 제3호.
463. 『황성신문』 1908년 8월 30일자 논설 「勸讀論語說」.
464. 대동학회의 친일적 성격에 대해서는 강명관(1988), 「일제초 구지식인의 친일적 문예활동」, 『창작과 비평』 겨울호 제16권 4호 참조.

參酌新舊'를 주장하였다. 공맹의 종지를 지키고 사물의 시의를 밝혀 정덕 · 이용 · 후생 세 가지를 병행하면 문명에 도달할 수 있다는 것이 그의 주장이었다.[465] 김윤식金允植(1835~1922)은 서문에서 인의도덕을 체로 삼고 이용후생을 용으로 삼을 것을 제창하였다. 인의도덕은 만국이 모두 우러르는 바인데 우리의 성현들이 밝힌 것이 가장 뛰어나기 때문에 이를 따르고, 이용후생 역시 성현들이 이미 각국에서 언급하고 시행한 것이지만 신학문이 여기에 공이 크기 때문에 신학문을 수용해야 한다는 것이다.[466]

신구학 절충을 수행할 주체는 문명화된 유림들이다. 도덕성이 유학의 특징으로 거론되었으므로 유림이 전면에 나서는 것은 당연한 일이다. 조중응趙重應(1860~1919)은 『대동학회월보』 창간호 논설에서 유림들을 문명적 귀족으로 만들어 국가를 보위하고 국민들을 개도하며 문명의 학업을 이루어 서구와 같은 문명 민족을 만들어야 한다고 주장하였다.[467] 그런 점에서 대동학회의 입장은 유림의 문명화를 도모했던 개신 유학계의 그것과 동일한 것이었다.

대동학회는 문명의 개념 자체를 변화시키고자 했던 것은 아니었다. 신기선이 밝히고 있듯이 대동학회에서 추구하는 궁극적인 목표는 문명의 성취였다. 구학과 신학의 결합을 통해 문명을 성취하고자 했던 것이다. 구학과 신학의 구체적인 관계는 김윤식에게서 나타나듯 구학을 바탕으로 신학을 흡수한다는 것이었다.[468] 『대

465. 신기선(1908), 「大東學會趣旨書」, 『대동학회월보』 제1호.
466. 김윤식(1908), 「序」, 『대동학회월보』 제1호.
467. 조중응(1908), 「會說」, 『대동학회월보』 제1호.
468. 김의진(1985), 「운양 김윤식의 서학수용론과 정치활동」, 연세대학교 대학원 사학과 석사학위논문, pp.17~23.

동학회월보』에 실린 「욕학신학선학구학欲學新學先學舊學」이라는 논설은 신구학 참작에 대한 학회의 입장을 잘 보여 준다. 필자 성낙현成樂賢은 구학은 도덕, 신학은 부국강병책을 말하고, 나무에 비유하면 구학은 뿌리이고 신학은 가지이며 물에 비유하면 구학은 근원이고 신학은 지류에 해당한다고 양자의 관계를 설명하면서 신학을 배우기 위해서라도 구학에 먼저 힘써야 한다고 역설하였다.[469] 기본적인 논리는 동도서기론과 같지만 동도서기론이 서기 수용을 합리화하는 데 강조점이 있었던 반면 대동학회는 구학舊學인 유학을 복권시키는 데 목적이 있었다.

대동학회에서 복권시키고자 한 유학의 가치는 도덕이었다. 사실 도덕은 신학가들에게 비판의 대상이 되던 것이었다.[470] 도덕 문제에 관심을 보였던 박은식이 1908년 8월 서북협성학교에 찾아가 학교 업무를 논의하는 과정에서 『논어』를 읽히자고 제안했을 때 한 교원은 구학문의 습관을 버리지 못했다고 박은식을 비판하였다.[471] 박은식은 지력과 재력과 무력으로 경쟁하는 시대라 시무에 관심이 있는 자들이 공리주의를 주장하고 기술을 장려하는데 심지어는 공의公義와 정리正理를 무시하는 자도 많다고 지적하였다. 공리주의에 심취한 이들에게 심성도덕을 이야기하면 이를 개명한 신 사회에 해독을 끼치는 부패한 논의로 비판하는 상황이었다.[472] 신학가들에게 도덕은 구학의 습관 내지 부패한 논의로 인식될 뿐

469. 성낙현(1909),「欲學新學先學舊學」, 『대동학회월보』 제20호.
470. '문명' 개념을 정립했던 후쿠자와 유키치의 경우에도 도덕에 비판적이었는데 이에 대해서는 고야스 노부쿠니(2007), 앞의 책, pp.184~187 참조.
471. 박은식의 자강론 전환에 대해서는 노관범(2007), 앞의 논문, pp.235~236 참조.
472. 『황성신문』 1908년 3월 5일자 논설 「警告各社會人士」.

이었다.

대동학회의 관심은 유학적인 도덕을 문명의 핵심적인 부분으로 재구성하는 데 있었다. 이를 위해 서양에서도 도덕을 중시한다는 점을 부각시키기도 하였다. 『한성주보』의 주필을 지낸 바 있던 장박張博은 구미를 직접 보기 전까지는 동양이 구미에 미치지 못하는 것이 형질의 문명뿐이고 수신도덕은 구미에 못지않다고 생각했는데 막상 가서 보니 그렇지 않았다면서 차도와 인도의 구분, 길에서 침을 뱉지 않는 것, 공중화장실 사용 등 몇 가지를 그 예로 거론한다.[473]

대동학회의 일부 인사들은 도덕을 종교로 자리매김하고자 시도하였다. 김윤식은 대동학회의 창설 이유 가운데 하나로 종교가 부진한 점을 들고 있었는데 이로 보아 인의도덕을 종교적인 것으로 생각했음을 볼 수 있다. 도덕을 종교화하려는 시도는 문명화 작업의 일환이기도 하다. 종교의 중요성에 대한 근거는 언제나 문명국이 종교를 중시한다는 점이었다. 조중응은 세계 각국이 모두 종교가 있어 국민들의 정신을 함양하고 있다며 한국은 공맹孔孟의 유도儒道로 한국인을 이끌어 문명의 도덕을 개발해야 한다고 주장하였다.[474]

1900년대 전반 독립신문과 매일신문을 통해 기독교가 문명의 핵심이라는 주장이 전파되면서 종교는 문명의 상징으로 인식되고 있었다. 그 때문에 서양인들이 동양에 종교가 없다고 하는 이야기를 들으면 얼굴에 노한 기색을 띠며 우리를 모멸하고 무함하려는

473. 장박(1908), 「公德」, 『대동학회월보』 제3호.
474. 조중응(1908), 「會說」, 『대동학회월보』 제1호.

것으로 생각하기도 하였다.[475] 내세관이 없는 유학을 종교로 볼 수 있는가는 논란의 여지가 있는데 유학을 종교로 본 이들은 오히려 이 점을 다른 종교와 다른 유학의 특징으로 부각시켰다. 기독교나 불교와는 달리 실행하기 어렵지 않으며 하루도 없어서는 안 될 이치라는 것이다.[476] 김윤식은 종교 본연의 자세를 지키고 항심을 잃지 않게만 한다면 배척할 필요가 없다고 하여 서양 종교도 긍정하였다. 유학과 서양 종교는 본질적으로 같다는 점을 들어 유학의 보편성을 강조하였던 것이다.

대동학회를 중심으로 시작된 신구학 절충론은 점차 도덕적 문명론의 형태를 띠기 시작하였다. 유길준은 유교를 기반으로 한 도덕적 문명론으로의 전환을 잘 보여 준다. 본래 도덕을 강조했던 유길준은 1900년대 후반에 도덕을 본격적으로 강조하고 나섰다.[477] 그는 1907년에 쓴 「흥사단취지서興士團趣旨書」에서 문명은 지식의 계발과 도덕의 수양 정도에 따라 고하가 결정된다고 하여 지식과 도덕을 문명의 핵심으로 설정하였다.[478] 1908년 『대동학회월보』에 발표한 「시대사상時代思想」에서도 도덕, 법령, 기술의 합일을 주장하였다. 이 글에서 유길준은 세계는 도덕정치시대－법령정치시대를 거쳐 기술정치시대로 변화해 가는데 중국의 유자들은 도덕에만 집착하여 쇠약해졌다고 지적하였다. 유길준은 사상을 시대

475. 장박(1908), 「世界學問合論」, 『대동학회월보』 제1호.

476. 元泳義(1908), 「宗敎之區別」, 『대동학회월보』 제3호.

477. 유길준의 도덕적 문명론에 대해서는 장인성(1999), 「유길준에 있어서의 '도덕'과 '정치'—자기－타자 인식의 정치적 사유—」, 『세계정치』 제23집 1호; 정용화(2004), 앞의 책, pp.130～133 참조.

478. 『유길준전서』 II, 「興士團趣旨書」(1907. 11. 30), p.364.

적 수요의 산물이라고 보았다. 춘추 시대에 이륜彝倫이 거의 끊어지자 공자가 강상으로 도의 종지를 삼았고, 인도에서는 계급 문제가 심각해 석가가 평등으로 설법하였으며, 유대인들이 다른 민족을 미워하자 예수가 박애를 주장했다는 것이다. 즉 시대적 수요에 부응하는 사상을 창출해야 한다는 것으로 유길준은 도덕을 정치의 근본으로 삼고, 법령을 정치의 도구로 삼으며, 기술을 정치의 사업으로 삼으면 문화가 날로 진보되고 부강해질 것이라고 주장하였다.[479]

지식과 도덕이 병렬되었지만 유길준의 사고에서 도덕의 비중은 점차 높아졌는데 이는 1908년 쓴 『노동야학독본勞動夜學讀本』에서 잘 드러난다. 유길준은 "부강富强ᄒᆞ나 도덕으로써 ᄒᆞ지 아니ᄒᆞ면 그 부강이 참 부강이 아니오 사회社會가 비록 갈오대 문명文明ᄒᆞ나 도덕으로써 ᄒᆞ지 아니면 그 문명이 참 문명이 아니라"[480]고 도덕이 뒷받침된 문명부강이야말로 참 문명부강이라고 강조하였다. 유길준이 주장하는 도덕은 유교적 성격이 강했다. 『노동야학독본』에서 유길준은 사람이 사람 노릇하는 6대 근본의 첫 번째로 '사람의 도리'를 들고 있다. 사람의 도리는 곧 사람의 행실이라고 하면서 가족의 윤기倫紀로 부모의 자애 · 자녀의 효도 · 부부의 화순 · 형제의 우애, 사회의 윤기로 사람 간의 신의 · 귀천의 등분 · 상하의 차례, 국가의 윤기로 임금이 임금의 일을 행하고 신하와 백성이 임금에게 충성하는 것을 들었다.[481] 특히 '오군吾君'조에서는 중세적인 논

479. 유길준(1908), 「時代思想」, 『대동학회월보』 제1호.
480. 『유길준전서』 II, p.322.
481. 정용화(2004), 앞의 책, pp.131~132.

리를 그대로 끌어 임금의 은혜와 덕택에 보답하는 좋은 백성이 될 것을 주문하고 있다. 또 1908년 『황성신문』에 한글 소학교과서를 편찬하여 보급할 것을 주장하는 글을 게재하였는데, 여기에서 유길준은 국가 기초의 확립과 사회 질서의 유지를 소학교과서 편찬의 목표로 설정하고 군주국에서 임금에게 충성하는 의식을 고취해야 한다고 강조하였다.[482] 유교적 윤리를 중시하였던 탓에 유길준의 도덕론은 봉건적 성격을 내포하기도 했지만 대외 침략과 같은 서구 문명의 부정적 면모들을 비판하고 공존과 공익의 중요성을 내세우는 등 새로운 면모를 보였다.[483]

박은식은 1900년대 후반 도덕적 문명관의 정점을 보여 준다. 박은식은 학문에 도덕의 본령이 있어야 국가와 동포에게 이익을 줄 수 있고, 도덕의 본령이 없으면 학술이 도리어 해를 준다며 도덕의 중요성을 강조하였다. 박은식은 자신이 도덕을 내세운 이유는 문명을 촉진하려는 데 있다면서 구체적으로 '유림계 고습痼習의 전이轉移'와 '사회 기풍風氣의 개량改良' 두 가지를 들었다. '유림계 고습의 전이'는 유림들의 회유를 의미하였다. 즉 개명파들의 공격으로 유림들이 점점 숨어들어 가고 있는데 이들이 모두 숨어 버리면 문명개진의 최다력最多力을 상실하는 것이기 때문에 이들과 소통하고자 도덕 종지를 발명하게 되었다는 것이다. '사회 풍기의 개량'은 사회단체들 사이에 충돌과 결렬의 양상이 나타나는데 이는 과거시대의 부패성이 유전되기 때문이며 따라서 도덕을 통해 부패한 풍기를 개량해야 한다는 것이었다. 박은식은 도덕의 종지를 발

482. 『유길준전서』 II, pp.257~260.
483. 장인성(1999), 앞의 논문, p.96.

명하여 충후겸공하고 진실공평한 인격을 양성해야 완전히 견고한 사회가 성립될 것이며 이러한 덕성을 양성하기 위해서는 동양 구래의 철학가의 정신을 발휘해야 한다고 역설하였다.[484]

박은식은 사회가 발달하고 인지가 개명됨에 따라 인도시대人道時代가 전개되고 있으며 이러한 인도시대에 도덕을 위배하고 권술을 사용했다가는 결국 실패할 수밖에 없기 때문에 도덕의 실력이야말로 중요하다고 강조하였다.[485] 그럼에도 불구하고 도덕을 한국이 부패한 원인으로 지적하는 풍조가 있음을 비판하면서 도덕의 중요성을 역사적 사례를 들어 증명하였다. 영국을 혁신한 크롬웰은 순결한 청교도였고, 미국 독립을 이룩한 워싱턴은 진실한 도덕의 인격자였으며, 청국을 재조하는 공을 세운 청궈판曾國藩(1811~1872)은 거경곤면居敬困勉에 깊은 깨달음이 있었고, 일본의 메이지유신을 만들어 낸 요시다 쇼인吉田松陰(1830~1859)과 사이고 다카모리西鄕隆盛(1827~1877)는 양명학파였다는 것이다. 박은식은 동서고금을 막론하고 대업을 완수한 영웅호걸들은 모두 도덕을 갖춘 이들이었으며 한국은 이런 대학자가 없기 때문에 약해졌다고 보았다.[486]

박은식이 도덕의 핵심으로 본 것은 심성 문제였다. 수구와 구신의 대립을 지적하면서 수구파들은 도덕이 변하지 않는 것으로 생각하지만 도덕 가운데에도 변하는 것과 변하지 않은 것이 있는데 심성에 근본한 도덕은 변할 수 없지만 절목사변節目事變에 대한 도덕은 변할 수 있다고 보았다.[487] 그가 심성에 근본한 도덕이라고 본

484. 『황성신문』 1909년 8월 25일자 논설 「催進文明的思想」.
485. 『황성신문』 1909년 3월 19일자 논설 「酒後妄言」; 노관범(2007), 앞의 논문, p.246.
486. 『황성신문』 1908년 3월 5일자 논설 「警告各社會人士」.
487. 『황성신문』 1909년 4월 4일자 논설 「守舊와 求新者의 誤解」.

것은 양명학이었다. 박은식은 사우士友들의 비판을 받으면서도 양명학을 제창하였는데 양명학의 '양지良知'의 학설이 도덕을 밝혀 백성들에게 행복을 가져다줄 것으로 기대하였다.[488]

박은식은 양명학을 통해 문명화를 달성한 대표적인 예로 일본을 들었다. 일본양명학회 주간에게 보낸 편지에서 박은식은 일본이 서양의 물질로 국력을 크게 떨치게 하고 또한 동아시아의 철학으로 백성의 도덕을 배양하여 문명 사업을 완전하게 도모할 수 있었으니 이것이 과연 어떤 역량이냐며 일본의 문명화를 매우 높이 평가하였다. 그는 타인의 학설에 의지하지 않고 스스로 터득하는 양명학의 정신이 서양 과학의 정신과 통하는 부분이 있다고 주장한 바 있는데 이를 보면 양명의 정신이 도덕뿐만 아니라 물질문명의 발달에도 기여할 수 있을 것으로 판단하였던 듯하다. 그리고 동양과 서양의 정신 사이에 상통하는 부분이 있다는 사실을 통해 동서양의 철학을 융합하면 인도를 발명할 수 있을 것이라고 확신하였다. 세계에 통용될 수 있는 문명적 도덕을 개발하는 것이 그의 최종적인 목표였던 것이다.

488. 박은식의 양명학 인식에 대해서는 신용하(1982), 『박은식의 사회사상연구』, 서울대학교 출판부, pp.185~194; 금장태(2005), 앞의 논문, pp.14~17 참조

결론

'문명'으로 번역되는 'civilisation'은 'culture'와 함께 18세기 후반 프랑스에서 만들어진 신조어이다. 하지만 이 단어의 어원은 고대 로마시대까지 거슬러 올라간다. 'civilisation'과 관련된 일련의 어휘들은 라틴어 'civis', 'civilis', 'civilitas' 등에서 유래한 것이었다. 'civis'는 '시민'이라는 뜻을 담고 있으며, 'civilis'는 'civis'에서 파생된 형용사로 '시민에 속하는'이라는 의미를 지니고 있다. 명사는 한 번도 만들어지지 않았는데 발음상 가장 가까운 것은 도시를 뜻하는 'civilitas'였다. 이처럼 'civilisation'과 관련된 일련의 어휘들은 모두 도시 국가의 시민과 관련된 것이었다. 'civilisation'과 관련된 어휘들은 농촌과 구별되는 도시적 생활의 우월성을 반영한 것이었다. 후일 'civilisation'이 문명과 야만의 이분법적 구도를 바탕으로 타자를 차별하는 개념으로 사용되게 되었던 것도 그런 점에서 보면 내력이 있는 것이었다.

고대의 'civilis'·'civilitas'와 근대의 'civilisation' 사이에서 중간다리 역할을 한 단어는 'civilitas'였다. 이는 르네상스 시대에 개념화된 용어인데 도시인들이 갖추어야 할 세련되고 교양 있는 매너를 뜻하였다. 에라스무스가 쓴 『소년들의 예절론』은 'civilitas'가 예절의 개념으로 사용되었음을 단적으로 보여 주고 있다. 이 책은 유럽 사회에서 커다란 반향을 불러일으켰으며 책의 유행과 함께 'civilitas' 개념은 유럽 각지에 전파되었다. 'civilitas'는 도시 발달, 인간에 대한 관심의 환기와 같은 르네상스기의 변화를 반영한 용어라고 할 수 있다.

'civilisation'은 18세기 계몽주의 사조의 유행과 결부되면서 탄생하였다. 'civilisation'의 탄생은 부르주아로 대표되는 시민계급의 역량을 보여 주는 것이었다. 근대 사회의 경제 활동을 주도하면서 새로운 세력으로 급부상한 시민계급이 궁정귀족의 예절을 겉치레에 불과한 것으로 비판하면서 내면과 외양이 일치하는 진정한 의미의 예절로 'civilisation'을 등장시킨 것이다. 그런데 새로운 용어 'civilisation'은 계몽주의와 결부되면서 이전과는 전혀 다른 차원의 의미를 담게 되었다. 가장 중요한 것은 '진보'와 '발전'의 뜻을 내포하게 되었다는 사실이다. 시민사회의 요구를 반영하여 'civilisation'은 정치 제도나 사회 제도의 개혁과 같은 내용을 포함하게 되었던 것도 중요한 변화이다. 또 그간 개인적인 차원의 예절을 뜻했던 데서 벗어나 사회나 국가를 'civilisation'의 주체로 설정하게 되었다. 이러한 내용이 결부되면서 'civilisation'은 국가의 발전 정도를 나타내는 징표가 되었고 프랑스로 대표되는 유럽 사회가 발전의 정점에 위치해 있다는 논리로 정착하였다.

19세기에 들어서는 'civilisation'을 근거로 인종이나 사회를 서열화하는 작업이 진행되었으며 '미개' 혹은 '야만'으로 분류된 곳을 문명화시켜야 한다는 주장이 제기되었다. 제국주의를 뒷받침하는 논리로 전화된 것이다.

오랜 시간 중국을 중심으로 한 중화 질서를 형성하고 있던 동아시아 사회에서 'civilisation' 개념의 수용은 매우 고민스러운 문제였다. 스스로 문명국임을 자부하고 있던 동아시아 사회에 서구 문물과 서구적인 가치는 고유의 '문명' 을 파괴시키는 것으로 인식되는 경향이 강하였다. 이러한 상황에서 동아시아 삼국 가운데 유학적 바탕이 가장 취약했던 일본은 적극적으로 'civilisation' 개념을 수용하고 나섰다. 후쿠자와 유키치는 'civilisation'을 '문명' · '개화' · '문명개화' 등으로 번역하였으며 이 가운데 최종적으로 '문명'이 'civilisation'의 대표적인 번역어로 자리 잡게 되었다. 'civilisation'의 수용은 그것이 내포한 '문명'과 '야만'의 이분법적 구도를 인정함을 의미하였다. 일본 지식계는 스스로를 '반개'에 있는 것으로 보면서 '문명'의 상태에 도달하기 위한 노력을 기울였다. 결국 서구 사회를 모범으로 삼은 '문명'의 추구는 필연적으로 서구 모방의 모습을 띨 수밖에 없었다. 서양의 제도를 수용하려는 시도는 물론이고 의식주를 비롯한 모든 것들을 따라하려는 풍조가 유행을 이루었다. 모방의 결과 '문명'의 단계에 도달했다고 판단하자 '문명'의 이름으로 '야만'을 교화한다는 또 다른 따라하기가 나타났다.

그러는 가운데 한편에서는 '문명'에 대한 비판 작업도 이루어졌다. 이는 서구식 문명을 추종하는 한 일본은 결코 서구와 동등할 수 없다는 인식에서 나온 것이었는데 이러한 문제를 국수를 강조하여 해결하고자 하였다. '문명'의 보편성을 일본적인 특수성으로 대체하려는 것이었는데 그러한 의도에서 국수주의자들은 '문명' 대신 '문화'를 사용하게 되었다. '문명'은 물질문명을, '문화'는 정신문명을 각각 가리키는 용어로 변화하였으며 점차 '문화'가 '문명'을 누르고 우월한 위치를 차지하였다. '문화'는 '문명'에 대항하는 개념으로 대두한 것이었지만 '문화'에서 강조하는 일본적인 특수성은 천황제와 결부되며 후일 대동아공영 건설의 논리로 작용하였다.

중국의 경우 중화의식 때문인지 일본이나 조선에 비해 '문명' 개념의 수용이 늦었다. 캉유웨이의 경우 '문명' 개념을 수용한 흔적이 보이지만 그가 받아들인 '문명'은 후쿠자와 식은 아니었다. 그는 서구식 문명론의 바탕에 자리 잡고 있는 진화론을 인정하지 않았으며 인도人道를 '문명'과 '야만'의 경계로 설정하였다. 그는 서양의 '문명'을 긍정적으로 인식하는 한편 '문명'의 부정적 측면도 파악하고 있었다. 캉유웨이가 사용한 '문명'은 전통적인 '문명' 개념과 신조어 '문명'이 혼재된 것이었다.

량치차오의 경우는 스승 캉유웨이와 달리 '문명'을 철저하게 수용하였다. 독립국가의 건설을 목표로 했던 그는 강자가 되는 길밖에 없다고 생각했으며 강자가 되기 위해 '문명'을 추구하였다. 그에게 경쟁력의 정도가 곧 문명의 수준이었으며 이런 인식으로 '문명'과 '야만'을 갈랐다. 량치차오는 유학을 경쟁력을 약화시킨 결정적 요소로 보아 철저하게 비판하였으며 국가의 경쟁력을 높이는 방안을 찾는 데 매진하였다. 하지만 제1차 세계대전 이후의 유럽 사회를 돌아본 후 그의 사고는 완전히 바뀌어 그간 철저하게 비판하였던 유교를 미래 사회의 대안으로 제시하였다. 캉유웨이나 량치차오는 중국인들에게 유교의 의미가 어떠하였는지를 짐작하게 한다.

한국은 1880년대에 들면서 '문명' 개념을 수용하였다. 유길준과 윤치호에 의해 '문명' 개념이 소개되고 『한성순보』가 창간되면서 '문명'은 영향력을 확대할 기회를 갖게 되었지만 갑신정변으로 그러한 기회는 없어졌다. 한국에서 '문명' 개념은 1894년 갑오개혁을 계기로 본격적으로 확산되기 시작하였다. 갑오개혁은 일반적으로 '개화'로 지칭되었는데 개화를 핑계로 전통 질서를 파괴하는 행위가 벌어졌다고 이야기될 정도로 개화의 영향력은 상당하였다. '개화'에 대한 관심은 『독립신문』과 『미일신문』이 창간되면서 더욱 확산되었다. 유학계마저 이러한 풍조를 외면할 수 없어 『황성신문』을 창간하여 인민의 개명에 나섰다. 1890년대 후반 조선에서는 '문명'을 비롯하여 '개화'·'개명' 등 유사 개념들이 난무하였다.

문명개화론을 대표한다고 할 수 있는 『독립신문』과 『미일신문』이 주로 내세운 것은 '문명'이었다. 특히 『독립신문』은 문명의 개념을 전파하는 데 총력을 기울였다. 『독립신문』에서 언급된 문명은 서구 문명을 의미하는 것으로 『독립신문』은 의식주에 이르기까지 철저한 서구화를 추구하였다. 『독립신문』과 『미일신문』의 문명론을 규정하는 가장 특징적인 요소는 기독교주의였다. 이들 신문은 기독교를 서구 문명의 본질적 요소로 파악하였으며 기독교의 수용 여부가 국가의 운명을 좌우한다고 강조하였다.

반면 『황성신문』에서 가장 빈번하게 등장하는 용어는 '개명'이었다. 개명은 본래 사람의 정신이나 마음을 밝게 한다는 뜻을 내포한 용어로 개신 유학자들은 서양 학문의 수용을 통해 인민의 지적 능력을 강화하는 데 주력하였다. 지적 능력의 개발을 통해 부강을 달성하는 것이 그들의 기본적인 목표였다. 또 이들은 국제적으로 통용되는 법규의 제정을 문명의 핵심적인 요소로 보았는데 풍속의 변화를 중시하였던 문명개화론자들의 인식과는 차이가 있는 부분이었다.

'문명'은 필연적으로 그 반대 개념인 '야만'을 동반한다. 문명개화론자들은 서구 문명을 추구하였기 때문에 서구적이지 않은 모든 것들을 '야만'으로 매도하였으며 이러한 인식은 인종주의로 치달았다. 개신 유학자들 역시 '문명'과 '야만'의 이분법적 인식에서 자유롭지는 못했지만 문명개화론자들과 달리 '야만' 개념을 자주 사용하지 않았다.

1900년대 후반 5년의 시간은 그야말로 '문명' 개념의 전성기였다. 을사조약 체결에 따른 충격에서 벗어나기 위해 지식인들은 문명에 대한 논의에 적극 참여하였다. 약육강식의 경쟁이 가속화되는 시기에 문명화 뒤처지는 것은 곧 멸망을 의미하는 것으로 판단하였기 때문에 문명화를 결코 포기할 수는 없었다. 문명화 작업은 보다 조직적이고 효율적으로 추진되어야 하는 것이었다.

한국이 더 강해져야 한다고 본 자강론자들은 문명화 작업에 박차를 가하였다. 그러한 분위기를 타고 대한자강회를 비롯한 많은 학회들이 결성되었으며 이들 단체를 중심으로 문명에 대한 논의가 전개되었다. 『황성신문』이나 『대한매일신보』와 같은 신문 역시 많은 문명 관련 논설들을 게재하여 문명 담론에 참여하였다.

1900년대 후반에 활발하게 전개된 문명론에는 두 가지 경향이 발견된다. 하나는 문명화에 실패한 국가는 문명국의 지도를 받아야 한다는 논리가 전면에 부상하였다는 점이다. 대한자강회에서도 이러한 모습이 일부 드러났고 대한자강회를 계승한 대한협회는 노골적으로 일본 지원의 필요성을 역설하였다. 다른 하나는 서양 문명의 핵심을 '물질문명'으로 설정하여 '물질문명'을 적극적으로 추구할 것을 주장하였다는 점이다. 무력의 중요성에 대한 강조는 이러한 물질적 문명론의 단면을 잘 보여 준다. 두 경향 모두 '문명'에 대한 과도한 집착으로 인해 나타난 것이었다. 일본의 침략성을 비판하고 추구하는 문명화의 방향이 옳은 것인지에 대한 진지한 점검 없이 문명화의 논리에 매몰되어 문명따르기에 나섰던 것이다.

한편에서는 문명화 작업에 문제를 제기하고 문명화의 방향을 새롭게 모색하는 움직임도 등장하였다. 그러한 움직임을 주도한 것은 일본 유학생들이었다. 이들은 신학을 빙자하여 사욕을 채우고 매국을 일삼은 신학가의 행태를 비판하며 '정신문명'의 중요성을 강조하였다. 이는 물질 중심적 문명론을 반성하고 일본의 지도에 의한 문명화 작업을 견제하려는 것이었다는 점에서 주목된다. 국내에서도 신학가들에 대한 비판이 제기되는 가운데 '문명' 개념을 새롭게 정립하려는 시도가 나타났다. 구학 즉 유학의 장점인 도덕을 문명의 핵심적인 부분으로 재구성하려는 것이었다. 양명학을 도덕의 핵심으로 설정하였던 박은식은 그 대표적인 경우였다.

'civilisation'은 인류가 무한히 발전할 것이라는 장밋빛 전망과 함께 탄생하였다. 하지만 문명화 작업은 그러한 기대와는 전혀 다른 결과를 초래하였다. 문명국들 간에 벌어진 두 차례의 세계대전은 참혹한 재앙이었으며 문명의 총아라고 할 수 있는 고도의 과학발전은 지구의 멸망을 초래할지도 모른다는 음울한 예언까지 낳고 있다. '문명'의 미명 아래 '미개' 혹은 '야만'으로 분류된 곳에 가해진 가학으로 많은 사람들이 고통을 받아야 했다. 많은 '미개'·'야만' 지역이 '문명'의 논리에 세뇌되어 '문명화'를 지상의 가치로 설정하면서 문명따르기에 나섰다. 하지만 문명따르기는 제대로 진행될 수 없었다. 많은 국가들은 문명을 수용하기도 전에 그들이 따라야 할 모범으로 설정했던 서구 국가들의 식민지로 전락하고 말았다. '문명'의 논리에 동화되어 식민지로 전락한 후조차도 문명을 제대로 수용하지 못한 스스로를 탓하며 자괴감에 빠져야 했다. 운이 좋게 문명따르기에 성공했던 일본의 경우 그들이 배운 그대로 또 다른 '문명'의 정복자로 등장하여 주변국들을 침탈하였다.

'문명'에 대한 대항 논리로 독일에서 '문화'가 등장하였지만 그것은 결과적으로 패권 논리로 귀결되었다. 독일에서 '문화'는 극단적인 민족주의와 결부되면서 결국 나치즘으로 연결되었으며, 일본의 '문화' 개념은 천황제와 결부되면서 대동아공영 건설의 이론으로 작용하였다. 모든 문명의 가치를 동등하게 인정하는 문화상대주의는 '문화'의 이름으로 비인간적인 전통까지도 용인하는 문제점을 낳기도 하였다. 물질과 정신이 분리될 수 없는 것인 한 물질적인 측면을 강조하여 '문명'이라 부르고, 정신적인 측면을 강조하여 '문화'라 지칭하는 이분법적인 인식 또한 성립하기 어려운 것이다.

에라스무스가 'civilitas'를 내세웠을 때 그것은 고귀한 인간성에서 우러나오는 예절을 의미하는 것이었다. '문명'의 개념이 그런 것이었다면 혹시 세계사는 다른 방향으로 전개될 수도 있지 않았을까 하는 생각이 든다. '문명의 충돌'이 많은 이들의 공감을 얻는 주제가 되었다면 이제는 '문명'을 대체할 새로운 용어를 고민해야 하는 것이 아닐까 싶다. 그렇다면 그것은 '문명'과 '문화'를 통합하는 어떤 것이 되어야 할 것이다.

| 문헌목록 |

1. 1차 문헌

1) 국내 자료

『漢城旬報』·『漢城周報』·『皇城新聞』·『독립신문』·『ᄆᆡ일신문』·『大韓每日申報』

『太極學報』·『大韓自强會月報』·『大東學會月報』·『畿湖興學會月報』·『大韓協會會報』

『親睦會會報』·『西友』·『西北學會月報』·『湖南學報』·『大韓留學生會學報』·『大韓學會月報』

『正祖實錄』·『高宗實錄』·『日省錄』·『承政院日記』·『禮記』·『周易』

權近,『陽村先生文集』

奇大升,『高峯集』

金堉,『潛谷先生遺稿』

朴殷植,『謙谷文稿』·『學規新論』

朴宜中,『貞齋逸稿』

朴定陽,『朴定陽全集』

宋時烈,『宋子大全』

俞吉濬,『俞吉濬全書』 제1~5권(유길준전서 편찬위원회 편, 1971, 일조각)

柳麟錫,『宇宙問答』

李德懋,『靑莊館全書』

李穡,『牧隱文藁』

李瀷,『星湖僿說』

李詹,『雙梅堂先生篋藏文集』

李鑢永,『日槎集略』
張維,『谿谷先生集』
張顯光,『旅軒先生文集』
鄭道傳,『三峯集』
丁若鏞,『與猶堂全書』
正祖,『弘齋全書』
趙翼,『浦渚先生集』
崔益鉉,『勉菴先生文集』

2) 번역서

강유위(2006[1935]),『대동서』, 이성애 옮김, 을유문화사(康有爲,『大同書』).
나카에 조민(2005[1887]),『삼취인경륜문답』, '수유+너머' 일본근대사상팀 옮김, 소명출판(中江兆民,『三醉人經綸問答』).
윤치호(1975),『국역 윤치호일기』上 · 下, 송병기 옮김, 탐구당.
후쿠자와 유키치(2006[1899]),『후쿠옹자전』, 임종원 옮김, 제이앤씨(福澤諭吉,『福翁自傳』).
______(2006[1899]),『후쿠자와 유키치 자서전』, 허호 옮김, 이산(福澤諭吉,『福翁自傳』).
______(2007[1872]),『후쿠자와 유키치의 가쿠몬노스스메』, 임종원 옮김, 홍익출판사(福澤諭吉,『學問のすすめ』).

3) 해외 자료

久米邦武 編(1982),『特命全權大使 歐美回覽實記』第5卷, 東京: 岩波書店.
梁啓超(1932),『飮氷室文集』, 上海: 上海中華書局.
明治文化研究會 編(1968),『明治文化全集 第5卷 雜誌編』, 東京: 日本評論社.
福澤諭吉(1980~1981),『福澤諭吉選集』(全14卷), 富田正文 · 土橋俊一 編, 東京: 岩波書店.

______(1995), 『文明論之槪略』, 東京: 岩波書店.

Lewis Henry Morgan(1877), *Ancient Society, or Researches in the Lines of Human Progress from Savagery through Barbarism to Civilization*, Chicago: Charles H. Kerr & Company.

2. 2차 문헌

1) 국내 단행본

김도태(1972), 『서재필 박사 자서전』, 을유문화사.

김도형(1994), 『대한제국기의 정치사상연구』, 지식산업사.

김봉렬(1998), 『유길준 개화사상의 연구』, 경남대학교 출판부.

김용구(2008), 『만국공법』, 소화.

김채수(2005), 『일본의 내셔널리즘과 글로벌리즘』, 제이앤씨.

박명규(2009), 『국민 · 인민 · 시민—개념사로 본 한국의 정치주체』, 소화.

박지향(2000), 『제국주의: 신화와 현실』, 서울대학교 출판부.

박찬승(1992), 『한국근대 정치사상사연구—민족주의 우파의 실력양성 운동론』, 역사비평사.

서영희(2003), 『대한제국 정치사 연구』, 서울대학교 출판부.

신용하(1982), 『박은식의 사회사상연구』, 서울대학교 출판부.

______(1985), 『독립협회연구— 독립신문 · 독립협회 · 만민공동회의 사상과 운동』, 일조각.

유영렬(1995), 『개화기의 윤치호 연구』, 한길사.

윤병희(1998), 『유길준연구』, 국학자료원.

이광린(1992), 『유길준』, 동아일보사.

이혜경(2002), 『천하관과 근대화론: 양계초를 중심으로』, 문학과 지성사.

______(2007), 『량치차오: 문명과 유학에 얽힌 애증의 서사』, 태학사.

임종원(2001), 『후쿠자와 유키치 연구: 문명사상』, 제이앤씨.
정용화(2004), 『문명의 정치사상: 유길준과 근대 한국』, 문학과 지성사.

2) 국내 논문

강명관(1988), 「일제초 구지식인의 친일적 문예활동」, 『창작과 비평』 겨울호 제16권 4호.
강영안(1995), 「문화 개념의 철학적 배경」, 『문화철학』, 철학과 현실사.
강정인(2003) 「서구중심주의의 사상사적 연원과 전개과정」, 『한국과 국제정치』 제19권 3호.
______(2003), 「서구중심주의의 이해」, 『국제정치논총』 제43권 3호.
강정인 · 안외순(2000), 「서구중심주의와 중화주의의 비교 연구」, 『국제정치논총』 제40권 3호.
구범진(1994), 「1920년대초 양계초의 과학인식과 동서문화관—『구유심영록』을 중심으로—」, 『서울대 동양사학과논집』.
금장태(2005), 「박은식의 유교개혁사상」, 『종교학연구』 제24집.
길진숙(2004), 「『독립신문』 · 『미일신문』에 수용된 '문명/야만' 담론의 의미 층위」, 『국어국문학』 제136권.
______(2006), 「문명의 재구성 그리고 동양 전통 담론의 재해석—『황성신문』을 중심으로—」, 『근대계몽기 지식의 발견과 사유 지평의 확대』, 소명출판.
______(2007), 「1905~1910년, 국가적 대의와 문명화—『대한매일신보』의 문명 담론을 중심으로—」, 『근대계몽기 지식의 굴절과 현실적 심화』, 소명출판.
김경일 · 채수도(2006), 「근대 일본의 지역평화사조에 대한 고찰」, 『일본사상』 제11권.
김도형(1996), 「한국 근대화 과정에서의 구학 · 신학 논쟁」, 『역사비평』 제34호.

______(2003), 「대한제국 초기 문명개화론의 발전」, 『한국사연구』 제121호.
김동면(1981), 「협성회 활동에 관한 고찰—토론회와 기관지간행을 중심으로—」, 『한국학보』 제25집.
김석근(2008), 「'문명'과 '전쟁'—후쿠자와 유키치의 청일전쟁 인식에 대한 비판적 접근」, 『'문명' '개화' '평화'』, 아연출판부.
김승태(2003), 「서재필」, 『63인의 역사학자가 쓴 한국사인물열전』 3, 돌베개.
김연미(2002), 「『서양사정』의 영어 원전 번역부분에 관한 연구: 『Political Economy for Use in Schools and Private Instruction』과의 비교를 중심으로」, 고려대학교 대학원 일어일문학과 석사학위논문.
김영작(2008), 「조선조 말기의 서구 수용과 전파 양상에 관한 실증 연구—문명개화, 자주독립, 부국강병 의식의 구조를 중심으로—」, 『'문명' '개화' '평화'』, 아연출판부.
김완균(2005), 「문화의 개념과 이해에 관한 연구」, 『독어교육』 제33집.
김윤희(2008), 「갑신정변 전후 '개화' 개념의 내포와 표상」, 『개념과 소통』 제2호.
김의진(1985), 「운양 김윤식의 서학수용론과 정치활동」, 연세대학교 대학원 사학과 석사학위논문.
김하원(1993), 「초기 개화파의 대외인식」, 『부대사학』 제17집.
김 헌(2008), 「"문명(文明, civilization)"에 관한 논의를 시작하며」, 『인물과 사상』 제128호.
김현주(2001), 「『서유견문』의 '(문명)개화'론과 번역의 정치학」, 『국제어문』 제24집.
나인호(2003), 「'문명'과 '문화' 개념으로 본 유럽인의 자기의식(1750~1918/19)」, 『역사문제연구』 제10호.
노관범(2007), 「대한제국기 박은식과 장지연의 자강사상 연구」, 서울대학교 대학원 국사학과 박사학위논문.
노대환(2006), 「조선 후기 기계 유문의 정치활동과 학풍」, 『호서사학』 제43집.

도면회(1996), 「총론: 정치사적 측면에서 본 대한제국의 역사적 성격」, 『역사와 현실』 제19권.

류준필(2001), 「'문명' · '문화' 관념의 형성과 '국문학'의 발생—'국문학'이라는 이데올로기 서설—」, 『민족문학사연구』 제18호.

미원겸(2003), 「일본에서의 문명개화론: 후쿠자와 유키치와 나카에 쵸민을 중심으로」, 『동양정치사상』 제2권 2호.

박성래(1982), 「중국에서의 진화론—양계초의 경우를 중심으로」, 『한국과학사학회지』 제4권 1호.

박양신(2001), 「후쿠자와 유키치(福澤諭吉)에 있어서의 문명과 독립」, 『한양일본학』 제9집.

______(2008), 「근대 초기 일본의 문명 개념 수용과 그 세속화」, 『개념과 소통』 제2호.

박찬승(1999), 「1890년대 후반 도일(渡日) 유학생의 현실인식—유학생 친목회를 중심으로—」, 『역사와 현실』 제31권.

박충석(2008), 「박영효의 부국강병론—전통과 근대의 내적 연관을 중심으로—」, 『'문명' '개화' '평화'』, 아연출판부.

박홍규(2005) 「나카에 쵸민(中江兆民)의 평화이념: 민주제 · 연방제 · 군비철폐론」, 『한국정치학회보』 제39집 5호.

______(2008), 「나카에 조민의 평화 이념과 맹자」, 『'문명' '개화' '평화'』, 아연출판부.

백동현(2002), 「대한제국기 신구학논쟁의 전개와 그 의의」, 『한국사상사학』 제19권.

______(2008), 「대한협회계열의 보호국체제에 대한 인식과 정당정치론」, 『한국사상사학』 제30권.

백봉종(2000), 「중국적 세계질서와 서구적 근대 국제질서의 비교」, 『한국동북아논총』 제6권 1호.

백영서(1999), 「양계초의 근대성 인식과 동아시아」, 『아시아문화』 제14호.

서진교(1992), 「1898년 도약소의 결성과 활동」, 『진단학보』 제73호.

송병기(1998), 「개화기 일본유학생 파견과 실태(1881~1903)」, 『동양학』

제18집, 단국대학교 동양학연구소.
안성찬(2009), 「'문명'의 기원—근대 서구에서 문명 개념은 어떻게 탄생하여 전개되었나—」, 『인물과 사상』 제129호.
______(2009), 「문명 속의 야만 · 1 차별의 문명담론」, 『인물과 사상』 제130호.
______(2009), 「문명 속의 야만 · 2 폭력의 문명담론」, 『인물과 사상』 제131호.
야마다 에이코(2008), 「사카이 유자부로의 '근세 문명'론과 사회주의 비판—공화주의 사상과의 관련을 중심으로—」, 『'문명' '개화' '평화'』, 아연출판부.
오수웅(2007), 「문화와 문명개념 비교연구: 루소의 사상을 중심으로」, 『동서연구』 제19권 2호.
와타나베 히로시(2008), 「경쟁과 '문명'」, 『'문명' '개화' '평화'』, 아연출판부.
유영렬(1987), 「대한자강회의 신구학절충론」, 『최영희선생화갑기념 한국사학논총』, 탐구당.
______(1987), 「대한자강회의 애국계몽운동」, 『한국근대민족주의운동사연구』, 일조각.
유재곤(1996), 「일제의 대한침략논리와 만국공법」, 한국정신문화연구원 박사학위논문.
이경구(2009), 「화이관과 문명 · 야만관의 사유 접점과 비판적 성찰」, 『유교사상연구』 제35권.
이광린(1968), 「『한성순보』와 『한성주보』에 대한 일고찰」, 『역사학보』 제38호.
______(1975), 「개화파의 개신교관」, 『역사학보』 제66호.
______(1975), 「서재필의 『독립신문』 간행에 대하여」, 『진단학보』 제39호.
______(1977), 「유길준의 개화사상—서유견문을 중심으로—」, 『역사학보』.
______(1978), 「서재필의 개화사상」, 『동방학지』 제18집.
______(1980), 「구한말 신학과 구학의 논쟁」, 『동방학지』 제23 · 24합집.

______(1988), 「유길준의 영문서한」, 『동아연구』 제14권.
______(1989), 「개화사상의 형성과 그 발전」, 『개화파와 개화사상 연구』, 일조각.
이송희(1986), 「대한제국말기 애국계몽학회 연구」, 이화여자대학교 대학원 사학과 박사학위논문.
이원영(1996), 「문명사관과 문명사회론—유길준의 서유견문을 중심으로—」, 『한국정치학회보』 제30권 4호.
이현종(1970), 「대한협회의 조직과 활동에 관한 성격」, 『아세아연구』 제39호.
______(1996), 「대한자강회에 대하여」, 『진단학보』 제29 · 30호.
이혜경(2003), 「나카에 조민의 이상사회—동양과 루소의 만남—」, 『철학사상』 제17호.
______(2009), 「'중화'에서 'civilization'으로—동아시아 문명 패권의 이동—」, 『인물과 사상』 제132호.
______(2009), 「청인(淸人)이 만난 두 '보편' 문명—중화와 시빌리제이션」, 『철학사상』 제32호.
임종원(2004), 「후쿠자와 유키치와 「명육사」소고」, 『한양일본학』 제13집.
장인성(1999), 「유길준에 있어서의 '도덕'과 '정치'—자기－타자 인식의 정치적 사유—」, 『세계정치』 제23집 1호.
전복희(1995), 「19세기 말 진보적 지식인의 인종주의적 특성—『독립신문』과 『윤치호일기』를 중심으로—」, 『한국정치학회보』 제29권 1호.
정대철(1984), 「한성순보 · 주보의 개화방향에 관한 고찰」, 『한국학논총』 제5집, 한양대학교 한국학연구소.
정선태(2004), 「『독립신문』의 조선 · 조선인론—근대계몽기 '민족' 담론의 형성과 관련하여—」, 『근대계몽기 지식 개념의 수용과 그 변용』, 소명출판.
______(2009), 「근대계몽기 '국민' 담론과 '문명국가'의 상상—『태극학보』를 중심으로—」, 『어문학논총』 제28집, 국민대학교 어문학연구소.

정용화(2001), 「문명개화론의 덫: 윤치호 일기를 중심으로」, 『국제정치논총』 제41권 4호.
정진석(1983), 「한성순보와 주보의 뉴스원」, 『신문학보』 제16호.
조관연(1996), 「탈식민지 시대 이전의 원시 종교에 대한 시각들—문화진화주의와 구조 기능주의를 중심으로—」, 『한국아프리카학회지』 제8집.
조승래(2007), 「서구중심주의 논쟁에 대한 검토: 세계화 시대의 역사인식을 위한 예비 작업」, 『호서사학』 제46집.
주진오(2004), 「19세기 후반 문명개화론의 형성과 전개」, 『서구문화의 수용과 근대개혁』, 태학사.
차배근(1998), 「대조선인일본유학생 『친목회회보』에 관한 연구: 그 창간 취지, 경위, 내용을 중심으로」, 『언론정보연구』 제35권.
______(1999), 「대조선인일본유학생 『친목회회보』에 관한 연구(속)—창간후 종간호까지의 발간실태와 주요 내용—」, 『언론정보연구』 제36권.
차선혜(1994), 「애국계몽운동기 윤효정의 정치활동과 그 사상」, 경희대학교 대학원 사학과 석사학위논문.
표세만(2006), 「구가 가쓰난(陸羯南)의 "국민" 문화—메이지 내셔널리즘의 한 단면—」, 『강원인문논총』 제15집.
하영선(2002), 「문명의 국제정치학—근대 한국의 문명 개념 도입사—」, 『세계정치』 24.
한시준(1985), 「한말 일본 유학생에 관한 일고찰」, 『천관우선생환력기념한국사학논총』.
함동주(2004), 「근대일본의 문명론과 그 이중성—청일전쟁까지를 중심으로—」, 『근대계몽기 지식 개념의 수용과 그 변용』, 소명출판.
______(2007), 「일본제국의 한국지배와 근대적 한국상의 창출—대한협회를 중심으로—」, 『일본역사연구』 제25집.
허동현(2001), 「어윤중의 개화사상 연구—온건 개화파 내지 친청사대파설에 대한 비판적 검토—」, 『한국사상사학』 제17권.

______(2002), 「1880년대 개화파 인사들의 사회진화론 수용양태 비교 연구—유길준과 윤치호를 중심으로—」, 『사총』 제55호.

홍원식(2000), 「애국계몽운동(愛國啓蒙運動)의 철학적 기반—박은식과 장지연을 중심으로—」, 『동양철학연구』 제22집.

황성면(1997), 「福澤諭吉의 문명론 연구—「문명론지개략」을 중심으로—」, 서울대학교 대학원 외교학과 석사학위논문.

황수영(2008), 「대립개념과 보완개념들을 통해 추적한 문명 개념의 변천 과정—18세기와 19세기 초의 프랑스를 중심으로—」, 『개념과 소통』 제2호.

황호철(2004), 「후쿠자와 유키치(福澤諭吉)의 유교비판 일고찰」, 『문명연지』 제5권 1호.

3) 번역서

가토 슈이치 · 마루야마 마사오(2000[1991]), 『번역과 일본의 근대』, 임성모 옮김, 이산(加藤周一 · 丸山眞男, 『飜譯の思想』).

고야스 노부쿠니(2007[2005]), 『후쿠자와 유키치의 『문명론의 개략』을 정밀하게 읽는다』, 김석근 옮김, 역사비평사(子安宣邦, 『福澤諭吉『文明論之概略』精讀』).

노버트 엘리아스(1995[1978]), 『문명화 과정: 매너의 역사』, 유희수 옮김, 신서원(Norbert Elias, *The Civilizing Process: The History of Manners*).

니시카와 나가오(2002[1998]), 『국민이라는 괴물』, 윤대석 옮김, 소명출판(西川長夫, 『著國民國家論の射程: あるいは「國民」という怪物について』).

______(2006[2001]), 『국경을 넘는 방법』, 한경구 · 이목 옮김, 일조각(西川長夫, 『國境の越え方: 國民國家論序說』).

다나카 아키라(2006[2003]), 『메이지 유신과 서양 문명—이와쿠라 사절단은 무엇을 보았는가—』, 현명철 옮김, 소화(田中彰, 『明治維新と西洋文明: 岩倉使節團は何を見たか』).

마르퀴 드 콩도르세(2002[1795]), 『인간 정신 진보에 관한 역사적 개요』, 장세룡 옮김, 책세상(Marquis de Condorcet, *Esquisse d'un Tableau Historique des Progrès de l' Esprit Humain*).

매슈 아널드(2006[1869]), 『교양과 무질서』, 윤지관 옮김, 한길사(Matthew Arnold, *Culture and Anarchy: An Essay in Political and Social Criticism*).

야나부 아키라(2003[1982]), 『번역어 성립사정』, 서혜영 옮김, 일빛(柳父章, 『飜譯語成立事情』).

외르크 피쉬(2010[1972]), 『코젤렉의 개념사 사전 1: 문명과 문화』, 오토 브루너 · 베르너 콘체 · 라인하르트 코젤렉 엮음, 안삼환 옮김, 푸른 역사(Jörg Fisch, *Geschichtliche Grundbegriffe. Historisches Lexikon zur politisch-sozialen Sprache in Deutschland: Zivilisation/Kultur*, Otto Brunner, Berner Conze, Reinhart Koselleck Eds.).

3. 해외 자료

家永三郎(1984), 『植木枝盛研究』, 東京: 岩波書店.

鹿野政直(1984), 『陸羯南, 三宅雪嶺』, 東京: 中央公論社.

朴羊信(1997), 「陸羯南の政治認識と對外論―公益と經濟的膨張」, 北海道大學 博士學位論文.

西川長夫(1995), 『地球時代の民族＝文化理論』, 東京: 新曜社.

西川長夫 · 松宮秀治 編(1995), 『「米歐回覽實記」を讀む: 1870年代の世界と日本』, 京都: 法律文化社.

松永昌三(1993), 『中江兆民評傳』, 東京: 岩波書店.

日本外務省 編, 『日本外交文書』 卷21, 「朝鮮內政ニ關スル朴泳孝建白書」.

全且煥(1998), 「陸羯南の國際觀」, 『立命館言語文化硏究』 第9卷 4號.

諸橋轍次(1984), 『大漢和辭典』 五, 東京: 大修館書.

戸澤行夫(1991), 『明六社の人びと』, 東京: 築地書館株式會社.

丸山眞男(1942),「福澤諭吉の儒教批判」,『丸山眞男集』第2巻, 東京: 岩波書店.

Edward Burnett Tyler(1958), *Primitive Culture*, New York: Harpe.

Mason Hersey(1993), “Lewis Henry Morgan and the anthropological critique of civilization”, *Dialectical Anthropology* Vol.18, No.1, Kluwer Academic Publishers.

Peter Burke(1997), *Varieties of Cultural History*, New York: Cornell University Press.

Raymond Geuss(1999), *Morality, Culture and History: Essay on German Philosophy*, Cambridge: Cambridge University Press.

Raymond Williams(1983), *Keywords: A Vocabulary of Culture and Society*, London: Flamingo.

Richard L. Velkley(2002), *Being after Rousseau*, Chicago: University of Chicago Press.

| 찾아보기 |

인명

서명 · 논설

사항

노대환(盧大煥)

서울대학교 국사학과 졸업
서울대학교 대학원 국사학과 졸업(문학박사)
서울대학교 한국문화연구소 특별연구원
동양대학교 한국전통문화연구소장 역임
현재 동양대학교 교수
　　동양대학교 박물관장

주요 저서
『정조시대의 사상과 문화』(공저, 1999)
『영양 주실 마을』(공저, 2001)
『고전소설 속 역사여행』(공저, 2002)
『소신에 목숨을 건 조선의 아웃사이더』(2007)
「개항기 지식인 김병욱의 시세인식과 부강론」(2001)
「민영익의 삶과 정치활동」(2002)
「동도서기론의 전개와 성격」(2003)